「地域市民演劇」の現在

芸術と社会の新しい結びつき

日比野啓［編］

森話社

［カバー図版］右上・赤門塾演劇祭『わが町』（本書一三五頁）、右下・劇団メリーゴーランド『誘惑のクミンシード』（二〇一九年／撮影：コイシカワ Instagram@spica514）、左上・箸荷むら芝居保存会『時代人情劇　情けの捕り縄』（本書二〇九頁）、左下・「むすび」公演（本書二七一頁）

「地域市民演劇」の現在——芸術と社会の新しい結びつき　目次

第1章

「素人演劇」の現在

様式・教育・コミュニティ

日比野啓

総論

一　「素人演劇」の現在

「地域市民演劇」。私たちが研究対象とし、本書で記録と分析を試みる演劇活動のことだ。地域共同体において、さまざまな職種の人々が――理想的には、収入・資産や学歴、社会階層による隔たりをも乗り越えて――集まって作る演劇を、このような価値中立的で記述的な用語によって対象化するほうが、学術的態度としてふさわしいのかもしれない。けれども導入にあたる本章では、あえて地域市民演劇ではなく、また英語圏の概念の直訳であるコミュニティ・シアターでもなく、「素人演劇」という、二十世紀初頭から日本社会で頻繁に使われはじめた用語を用いる。なぜなら素人演劇とは、英語の amateur theatre におおよそ対応する一個の概念であるだけでなく、そのような概念を規定することで職業演劇（プロフェッショナル・シアター）とは何か、さらには演劇とは何か、ということを問う問題意識でもあるからだ。

素人演劇が概念であるとともに問題意識にもなったのは、その歴史的経緯ゆえだ。素人が余興で芝居を手がけることを意味する「しろうと狂言」「しろうと芝居」という言葉は従来からあったが、素人演劇という言葉が使われるようになったのは西洋から「演劇」という概念が移入されて定着した、明治期以降のことになる。その後、十五年戦争期（一九三一～一九四五）に「国民演劇」構想が本格化すると、「素人演劇」はその重要な一翼を担うものとして認識されるようになった。歴史上はじめて、素人が芝居をすることに意義があると、国家や社会が考えるようになった。

本来、「国民演劇（national theatre）」とは、国民＝民族（nation）の気風や生活感情をよく表現している演劇、という程度の意味合いであって、はっきりとした政治的含意があるわけではなかった。近代化・西洋化を遂げた日本社会にふさわしい、旧弊な歌舞伎にとってかわる「国民の演劇」が必要だ、という考えは、坪内逍遥が唱えた「国劇」にまで遡る。けれども用語としての「国民演劇」は、総力戦体制下において文化統制を実施した当時の政府の方針に歩調を合わせて唱えられたために、余計な「色」がつき、民主化の進展した戦後社会においては使用されなくなった。

戦時中、それによる国民意識の涵養が目された素人演劇も、同様の運命を辿った。敗戦直後、会社・職場のサークル活動として急速に広がった素人による演劇上演は、当初自立演劇と呼ばれ、業余《ぎようよ》演劇、職場演劇、サークル演劇などの別称も併せて使われるようになる。一九五〇年のレッド・パージをきっかけに職場単位の上演は衰退するが、地域住民による演劇上演はそれ以降も盛んに行われ、それらを総称してアマチュア演劇という言葉が使われるようになった。これらはいずれも、戦前の素人演劇とは別個の運動体であると捉えられた。実際、演劇研究者の飯塚友一郎や評論家の大山功といった素人演劇の理論的指導者たちは、戦後も活動を続けたものの、戦後に発表した飯塚『農村と演劇』（家の光文庫、一九四六年）、大山『素人演劇』（麻耶書房、一九四八年）は大きな影響力を持つことはなかったし、『素人演劇の方向』（坂上書院、一九四二年）のような理論書だけでなく、戯曲を提供して現場に近かった園池公功《きんなる》は戦後沈黙する。素人演劇を現場で指導したのは飯塚や上泉秀信のような新劇人だったが、戦後の自立演劇に指導者として赴いた新劇人はたとえば戦時中活動を禁じられていた村山知義であり、重ならなかった。

にもかかわらず、戦後のアマチュア演劇においては、戦前・戦中の素人演劇と同様、演劇活動が社会的意義を持つものだとみなされた。戦後間もなくからアマチュア演劇について発言をはじめた演劇評論家の加藤衛《まもる》は、一九七三年に「「アマチュア演劇」は、決して職業演劇の「物真似」ではなく、職業演劇と並んで、社会の要請に従った演劇活動なのであり、したがって、当然、社会に対して職業演劇同様に重大な「責任」を負っているのであり、決して、個人的なお道楽にとどまることはできないものなのだ(1)」と書く。もちろん、往時のアマチュア演劇に携わる人々全員がこのような高い理想を抱いていたわけではないだろうが、加藤は一九五二年に横浜演劇研究所を設立して国内外のアマチュア劇団の調査・資料収集を行うだけでなく、翌五三年に附属小劇場を作って上演を行っていたから、決して現場を離れた空理空論というわけではない。

とはいえ、加藤がこう書いた七〇年代前半は、すでにこのようなアマチュア演劇の社会的意義に疑問符がつけられはじめた時期だった。創立四十五周年を記念して岐阜県の劇団はぐるまが二〇〇〇年に刊行した『あゆみ』では、一九七〇年頃からの停滞を打ち破って一九七二年七月に上演した『王子と乞食』の観客動員が四千九百十五人を記録したのは企画力のせいだと述べた上で、「高度成長と多様化の波の中で、自分の人生と舞台をつないで見る観客はいるかもしれませんが、演劇を運動と見、社会運動と結び付けて考える60〔年〕代前半の時代の観客はもういないのです(2)」と書く。劇団創設者であり座付作家でもあった、こばやしひろしのものだと考えられるこの率直な把握は、この時期のアマチュア演劇関係者の多くが抱いた実感だったろう。これが一九九九年になると、富山で文芸座を率いてきた小泉博が、「演劇を通して培った筈の社会的責任の果たし方に対する意識が乖離しつつある(3)」と嘆くようになる。

七〇年代は、新劇が敗戦直後からの圧倒的な支持を失っていく時期でもあった。六〇年代初頭に始まった高度経済成長は、人々の生活だけでなく、感性も大きく変えた。消費主義・快楽主義が公然と主張され、新劇が得意だった社会や道徳についての問題提起はしばしば忌避されるようになった。映画、テレビ、コンサート、漫画、観光など、他の娯楽も豊富になり、日本人の生活に浸透していった。新劇を見に劇場に足を運ぶ観客は徐々に減っていき、先鋭的なものを好む若い世代はアングラ演劇に熱中するようになる。新劇的感性と深く結びついていたアマチュア劇団は、観客動員もさることながら、団員集めにも苦労するようになった。

一九五〇年前後に設立され、現在でも活動を続けている老舗アマチュア劇団――前述の劇団はぐるま、文芸座以外にも、岩手・ぶどう座、石川・北陸新協劇団、神奈川・劇団こゆるぎ座、神奈川・京浜協同劇団、岐阜・劇団ともしび、山口・はぐるま座、島根・劇団あしぶえ、福岡・青春座など――は、七〇年前後に運動体としての劇団の変質という状況に直面して、それを何らかの形で乗り切ってきたものがほとんどだ。他方で七〇年代は、集団としての結束がそれほど強くなく、活動に社会的広がりを見出せない劇団が次々と脱落していく時期でもあった。『アマチュア演劇　一つの方法』（一九七二年）によれば、一九六六年から一九六七年にかけて日本アマチュア演劇連盟の委嘱により横浜演劇研究所が行なった全国アマチュア演劇実態調査で活動中の劇団は三百九あった。[4]『アマチュア演劇年鑑1979』（一九七九年）ではその数は二百四となっている。[5]二〇二〇年現在まで半世紀以上にわたって活動を続けているのは、その十分の一程度だろう。前述したように、一九五二年から国内外のアマチュア劇団の調査・資料収集を続け、『白書』や三冊の年鑑にくわえて隔月刊の雑誌『アマチュア演劇』を刊行した横浜演劇研究所は、設立者である演劇評論家・研究者の加藤衛の没後（一九九三年）も十年活動を継続するが、二〇一三年に解散したため、現在はアマチュア劇団の活動状況を網羅的に調査する団体はない。

では現在、アマチュア演劇は衰退しているのか。そんなことはない。ウェブサイト「劇団員になろうよ！」[6]では、二〇二一年八月の段階で八百五十一件の劇団が新規団員を募集している。この中にはすでに活動を停止しているが募集の掲示が取り消されていないものや、プロをめざす集団などもあるので、単純な比較はできないが、その多くがそれぞれの地域で集まり、生業を他に持つ人々が余暇を使って活動する地域市民演劇だ。五〇年代から六〇年代にかけてのアマチュア演劇運動が高まりを見せた時期ほどではないかもしれないが、現在でもそれなりに活発だといえる。

アマチュア演劇が七〇年代に落ち込みを見せたのち、八〇年代以降に復活するのは、政治・経済・社会状況の変化にも関係がある。八〇年代末のふるさと創生事業から二〇一一年に成立した地域主権改革一括法まで、東京一極集中体制を打破し地方の振興を図るため、人口が少ない自治体への地方交付税の傾斜配分の強化をはじめとしてさまざまな政策がとられてきた。とりわけ公共投資のための予算が増額されたことで、市や区だと文化会館・多機能ホールの新規建設が、町や村では既存の公民館・集会所の改築や大規模修繕が、八〇年代に始まる。使い道のない公共施設＝「ハコモノ」を作って税金を無駄遣いしていると批判されたのはこの少し前の時期からだ。だが、ことアマチュア演劇の活性化という視点からは、文化会館・ホールの建設によって演劇上演の場が確保され、公民館・集会所が整備されたおかげで稽古場として使いやすくなったので、無駄遣いどころか大変有益だった。そして一九九五年に文化庁によってまとめられた報告書「新しい文化立国をめざして」から、二〇〇一年に施行された文化芸術振興基本法（その後二〇一七年の法改正で文化芸術基本法となる）まで、文化芸術の振興によって地方創生を推進するという機運が高まったこともあって、「ハコモノ」だけでなく、地方のさまざまな文化事業に相当額の助成金・補助金が交付されるようになった。私たちが調査してきた地域市民演劇でも、公演ごとに市町村の助成を受けているものは多い。

高度経済成長期に顕著だった若年層人口の都市圏への流出が、七〇年代半ばになると緩やかになったことも関係がある。地方から流出する十代後半から二十代前半の人数は、バブル経済をはさむ八〇年代には再び増加するも、九〇年代前半には減少傾向となる。九〇年代後半からは再び増加が始まるが、高度成長期ほどではない。八〇年代以降の地方のアマチュア演劇の指導者には、大学進学や就職のために都市圏に居住した後、二十代後半以降、生まれ故郷に戻ってきた人が多い。また八〇年代以降に活動を始めた地域市民劇団の多くは現在高齢化が進み、三十代以下が少ない。これらの特徴はこの四十年ほどの国内の人口動態と合致している。さらに八〇年代は大企業を中心に週休二日制が導入されはじめ、一九八八年に施行された改正労働基準法で週の法定労働時間が四十時間となって法的根拠が与えられたことで、労働者の余暇のいっそうの充実が目された時期でもある。

乾式コピー機が中小企業や店舗でも使われるようになり、日本語ワープロが急速に普及し、CDや家庭用ビデオカメラが登場するのも八〇年代だ。コピー機はそれ以前に使われていたガリ版や青焼きよりずっと手軽に脚本をコピーできたし、日本語ワープロは手書きや和文タイプよりも執筆の速度が上がった。CDでの頭出しはレコードやカセットテープでの頭出しより正確で、九〇年代になるとMDも出てきて編集が容易になった。家庭用ビデオカメラが実際にアマチュア劇団でよく使われるようになるのは九〇年代以降になってからだろうが、撮影したものをその場で再生して演技指導を行うことができるようになった。また稽古場に居合わせなくてもスタッフが稽古の録画を見て、たとえば照明ならきっかけの設定や立ち位置などを決めることができるようになった。これらの技術革新によって演劇上演の困難さは軽減した。

二　ジャンルの多様化

とはいえ、八〇年代以降現在まで続く地域市民演劇は、敗戦直後から始まったアマチュア演劇とは大きく姿を変えている。第一に、上演演目のジャンルが多様化し、従来のように新劇一辺倒ではなくなった。一九五〇年までの職場演劇も、それ以降の地域単位のアマチュア演劇も、都市圏で上演される新劇をお手本としていた。ヨーロッパで十九世紀末から発達した近代劇をモデルとした新劇は、社会や文明の腐敗や機能不全を告発し、観客に人間や社会についての認識の変革を促す真面目な作風のものが多く、また緊密な構成の物語によって上演の間舞台を注視することを観客に要求する台詞劇が大半を占めていた。

なるほど、江戸期に発展し、明治期以降労働者階級だけでなく知識人層も楽しんだ歌舞伎もまた、村芝居（または地芝居）とよばれて、おもに農漁村の素人が演じることがあった。だが農漁村の素人歌舞伎は戦後から七〇年代にかけてゆっくり衰退していっており、アマチュア演劇の勢いに到底太刀打ちできなかったし、アマチュア演劇の実践者たちが新劇ではなく歌舞伎に目を向けることもほとんどなかった。同様に江戸期に人気の出た人形浄瑠璃は、人形の操作も含めてそのまま素人が真似して演じる形態のものもごく少数あったが、三味線にあわせて浄瑠璃の節を太夫が語る素浄瑠璃と呼ばれたものは真似しやすかったため、明治期以降も素人が浄瑠璃を語ることがしばしば行われた。本職＝「プロ」の師匠について稽古を積み、温習会《おさらい》のような場でその芸を発表する、日本舞踊などにも共通する「お稽古事文化」「発表会文化」の一部となっていた素人浄瑠璃はしかし、やはりアマチュア演劇の隆盛とは無関係に存続していた。

このように、アマチュア演劇が各種の伝統芸能と結びつかなかったのは、アマチュア演劇の実践者たちが進歩的思想の信奉者だったことが大きい。歌舞伎や文楽、講談や浪曲は、その物語を通じて主君への忠義あるいは親への孝行のために自分の人生や命を犠牲にすることを称揚する。第二次世界大戦後の民主化された日本社会には相応しくない、「前近代的な」封建主義道徳が描かれている。アマチュア演劇の実践者たちはそう考えた。だが言うまでもなく、七〇年代までは義理人情に縛られ葛藤する登場人物が登場する物語は、映画であれ浪曲であれ──三波春夫が始めた歌謡浪曲のように、テレビの普及とともに舞台での芸能が衰退しても、浪曲はまだ時代についていけていた──多く作られ、また人々から愛された。こういった心情を抑圧したのが、新劇人であり、新劇をお手本としていた一九七〇年代までのアマチュア演劇の担い手たちだった。

実際、敗戦直後に農漁村で大流行した「やくざ踊り」は、こうした進歩的なアマチュア演劇の実践者たちに目の敵にされた。やくざ踊りとは、同時代あるいは戦前期のヒット曲のレコードをかけながら、その曲で歌われている登場人物になりきって踊る、一種の一人芝居だ。大別するとやくざ踊りには「股旅《またたび》踊り」と「マドロス踊り」の二種があり、前者は東海林《しょうじ》太郎「赤城の子守唄」「名月赤城山」に登場する国定忠治や、美《み》ち奴《やっこ》「次郎長ぶし」などのレコードをかけて、清水次郎長のような博徒《ばくと》になりきって踊り、後者は岡晴夫「憧れのハワイ航路」などをバックに水夫（マドロス）の格好をして踊る。(7) 長く苦しい戦争が終わって食料事情も多少なりとも改善されると、文化や娯楽に飢えていた人々が真っ先に飛びついたのがこのやくざ踊りだった。人前で特定の登場人物を演じつつ踊ってみせるという点でそれは十分演劇的だが、農漁村でアマチュア演劇の指導者となるような知識人層――たとえば、学徒動員ののちに帰村し大学に進学した若者や、師範学校を卒業した学校教員など――はやくざ踊りを嫌い、かわりにゴーゴリ『検察官』や山本有三、真山青果《まやませいか》といった戦前から新劇のレパートリーで人気があったものを上演しようとした。だがこれらのやくざ踊りは、二〇二一年現在でも一定数の愛好者がおり、優勝者を決める大会も定期的に開催されている。(8)

八〇年代以降の地域市民演劇におけるジャンルの多様化は、ある意味では、この時に抑圧された「前近代的な」感受性の復活を意味していた。長らく休眠状態だった地歌舞伎団体が次々と活動を再開し、新しい団体もいくつか作られた。それらはいずれもかつてのように狭い地縁共同体を基盤とするものではなく、もっと広範な地域から集まってきた、会社員や教員などさまざまな職種の人々が参加する「市民歌舞伎」の名前にふさわしいものだった。復活したのは歌舞伎だけではない。八〇年代以降の地域市民演劇の顕著な特徴は、ミュージカル、宝塚歌劇の影響の濃いレヴューやショー、現代版組踊、地歌舞伎、神楽《かぐら》、博徒が登場する「やくざ芝居」などの演目を上演する「ニュー・ウェイヴ」集団が、新劇のような台詞劇を演じる「オールド・ウェイヴ」集団よりずっと多くなっていることだ。

これらはいずれも広義の歌舞劇に分類される。すなわち、台詞劇と異なり、対話によって物語が展開するだけでなく、歌や舞踊が作中で披露されることに大きな意義があり、歌や舞踊が物語を進めることもある。「オールド・ウェイヴ」の作品だと、台詞を聞き逃すと物語の展開がわからなくなることがあるから、観客は舞台の対話を集中して聴き、「知的」「論理的」に物語を把握する。それに対して「ニュー・ウェイヴ」の作品では、勧善懲悪のような定型の物語が語られ、そもそも筋の把握が容易であるうえ、間に歌や舞踊が挟まるので息抜きができ、「情緒的」「感覚的」に物語を受け入れる。かつて新劇が、そしてアマチュア演劇が否定した、単純な筋に笑い、泣き、怒るという素朴な芝居の楽しみを現在の「ニュー・ウェイヴ」集団は追求している。

本書の第I部「「地域市民演劇」と様式」では、現代版組踊、宝塚歌劇の影響の濃いレヴューやショー、地歌舞伎という三つのジャンルの新しい地域市民演劇を取り上げることで、従来の新劇中心のアマチュア演劇が大きく様変わりしたことを示す。また第7章「市民ミュージカルの興隆」では市民ミュージカルを、第8章「地域共同体における「素人演劇」」ではやくざ芝居を取り上げる。市民ミュージカルの説明については、後述する各章の内容要約に譲ることにするが、やくざ芝居についてはここで簡単に説明しておこう。日本の演劇には、アマチュア演劇と同様、学術的に軽視されてきたジャンルとして大衆演劇がある。「大衆演劇」といっても、(「低俗な)「大衆」向けに上演されるさまざまなジャンルの演劇全般を指すわけではない。二十世紀初頭に誕生した新国劇やその俗化した形態である剣劇が、現代の大衆演劇のもとになっている。(9) といっても、往年の新国劇、剣劇と違ってチャンバラだけが売りなのではなく、歌舞伎、文楽、浪花節、講談などで語られてきた義理と人情の板挟みをはじめとする封建道徳の主題を再構築/再定義し、歌と踊りのレヴューショーで三部作に挟んだのが現代の大衆演劇だ。全国には、大衆演劇専用劇場が四十以上、健康センターと呼ばれる大衆演劇の劇団が公演を行う

「劇場」（というより舞台のある広間）をもった公衆浴場が十以上あり、百五十以上の大衆演劇団が毎昼夜異なる演目を披露し、大抵は百席以下、多くても三百席程度の劇場に一ヵ月間滞在して、一ヵ月後には別の劇場へ向かう。

やくざ芝居は素人が演じる大衆演劇だ。新劇が抑圧し、文化上の中心から追放した「前近代的な」形態であるこのような大衆演劇の影響のもとに素人によるやくざ芝居が現在演じられるようになっている——第8章で紹介されている兵庫県多可郡多可町の「むら芝居」や岐阜県高山市荘川町の村芝居のような伝統的村落共同体が残っている地域だけでなく、北名古屋市の福祉座のように都市郊外でも見られる——ことは、八〇年代以降の地域市民演劇が「自生的」であって、七〇年代までのアマチュア演劇のように、理念や理論をもとに運動体として組織されていないことを示す傍証だ。

同様に「ニュー・ウェイヴ」地域市民演劇として注目すべきだが、本書で詳しく論じられていないジャンルとして「ネオ神楽」について見ておきたい。[10] これは広島北西部の地名からとって芸北《げいほく》神楽と呼ばれることもあるが、実際には広島県内に広く見られ、さらに伝統的な島根県西部の石見《いわみ》神楽の一部にも同様の特徴が見られるものだ。

現在日本各地で（部外者が）見ることのできるどんな民俗芸能も、程度の差こそあれ、観光化されている。神に捧げるものであるはずの儀式は、実際には人間の観客を意識したものになっている。もっとも、観客を意識してショーアップされている神楽であれば「ネオ神楽」というわけではない。私たちが芸北神楽を「ネオ神楽」だと考える理由は、まず現在広く演じられている演目の多くが古くから伝承されているものではなく、第二次世界大戦後になってから創作されたものだからだ。高千穂神楽（宮崎県）や石見神楽といった有名で観光客が多く訪れる神楽でも、天岩戸《あまのいわと》伝説や八岐大蛇《やまたのおろち》退治など須佐之男命《すさのおのみこと》を主人公とした『古事記』の物語をはじめとする昔から伝わる内容になっている。これに対して芸北神楽では、「滝夜叉姫」「紅葉狩」「山姥」のような題目からもわかるように、歌舞伎をはじめとする伝統芸能の作品を題材にとり、また衣裳や小道具（たとえば能や歌舞伎の『土蜘蛛』で用いる千筋の糸）なども それらの伝統芸能の影響を窺わせるものになっている。

次に、組織編成も異なる。通常民俗芸能は地域共同体の構成員によって演じられ、往時であればその構成員は、年配の構成員から指名された。特定の家系が特定の役を代々受け継いでいる場合は指名すらないこともあり、個人の選択の自由はほぼなかった。これに対し、広島や島根で行われている「ネオ神楽」は、個人が志願して参加するもので、地域に根ざして組織されているものも多いが、地域を超えたメンバーで構成されているものもある。安芸高田市には二千人を収容する専用の観覧施設である神楽ドームがあり、広島県内で活動する三百組近くの神楽上演団体は、県内各地で行われる地方大会の予選を経て、神楽ドームで年一回開催されるグランド大会で優勝することをめざして稽古を積む。

民俗芸能研究では、宮中以外の各地神社で行う「俗化」した神楽を「里神楽」といい、芸北神楽もまた里神楽の一つと分類されることがある。だが素人の演者が広い地域から集まり、集団を作って稽古をし、幅広い観客の前で演じる芸北神楽は、伝統的な神楽の一つの形態と考えるよりも、地域市民演劇の「ニュー・ウェイヴ」として考えるほうがふさわしい。実際、広島県北部の中学・高校の多くには神楽部があり、他の地域であれば演劇部に入るような生徒は、神楽部に入ることもある。広島の高校の神楽部員は、芸北神楽に影響を受けて神楽を演じる全国各地の高校の神楽部員と競い合って、毎年七月に開催される、その名も「神楽甲子園」で全国一を目指す。

このような「ネオ神楽」は、第2章でとりあげる現代版組踊や、やはり中高生の部活動として盛んな和太鼓演奏、北海道を中心に組織されている「YOSAKOI／YOSAKOIソーラン祭り」など、前世紀末から盛んになってきた「新しい芸能」の諸形態との共通性が大きい。これらはいずれも、⑴もとになった伝統芸能から大きく姿を変え、⑵社会の幅広い層、とりわけ若者に熱狂的支持者を持ち、⑶鑑賞するより参加することが大きな意味をもたらす、という特徴を持っている。他方で、これらは独創（originality）や他者に対する卓越（excellence）

といった西洋の芸術で必須とされる要素をあまり考慮せず、様式として洗練されることのみを追求する。このような意味において、これらはヨーロッパ十七・十八世紀市民革命以降もっぱら都市に居住する知識人層やホワイトカラーが享受してきた芸術ではなく、より広範な社会の趣味や感受性が反映された新しい芸能といえる。

三　地域市民演劇と「発表会文化」

さて、八〇年代以降の地域市民演劇の第二の特徴は、それが各地での教育の実践と結びついたかたちで行われることだ。ただし、ここでいう教育は、学校教育でも、あるいは新劇のイデオロギーの中核にあった啓蒙のことでもない。なるほど、中学演劇・高校演劇は戦後のアマチュア演劇とともに発展し、アマチュア演劇の重要な一部をなしていた。けれども本書第Ⅱ部「「地域市民演劇」と教育」では、学習塾の催しとして行われる赤門塾演劇祭、名門女子校出身者を構成員とし同門同窓の絆によって結ばれた「女子校ミュージカル」のように、現在の地域市民演劇が学校演劇とは異なる価値観・組織論のもとで「教育」を行う様子を見ていく。現在の地域市民演劇でもっとも勢いのあるミュージカルや現代版組踊は、土地の民話・伝説に基づいた物語、名所旧跡を題材にしたもの、郷土出身の偉人の生涯を描くものが多い。そのような作品を地元の観客が鑑賞すると、地域ナショナリズムが鼓舞されることになる。だがもっと重要な教育効果は、演じ手として作品創造の過程に参加して「故郷」の歴史や風土を自分たちの手で作り上げるという実感を味わえることだ。

さらに第7章「市民ミュージカルの興隆」で詳述するように、八〇年代以降の地域市民演劇には「お稽古事文化」「発表会文化」との合流という側面もある。[11] 前述した浄瑠璃や日本舞踊のように、素人がその道の師匠について稽古をし、その成果を披露する場が与えられる、という文化慣行／教育形態は江戸期の町人たちの間にすでにあったが、高度経済成長期にはそれがピアノやヴァイオリン、クラシックバレエや社交ダンスのような西洋文化の習い事にとってかわられるようになる。だが七〇年代までのアマチュア演劇はこのような「お稽古事文化」「発表会文化」とはほとんど無関係だった。というのも、アマチュア演劇では指導者はいても同じ「素人」であり、集団のなかでの構成員たちはある程度対等な関係を保っていたからだ。また、稽古場の維持や上演のための費用を各構成員が負担することはあっても、習い事と違って「先生」に謝礼を支払うわけではなかったし、指導者がそれで生計を立てる、ということもなかった。

ところが八〇年代以降の地域市民演劇、とりわけ市民ミュージカルでは、歌唱やダンスのような「発表会文化」にもともとなじみやすい要素が入ってくることもあって、「プロ」が指導し「素人」が従う、「先生」は構成員からの謝金によって生計を立てる、という現象が見られるようになった。行政主導型の地域市民演劇だと、外部からプロを呼び、その指導に対する謝礼も予算に含まれる、ということもある。七〇年代までのアマチュア演劇では、自分で工夫し考えた演技プランを演出家や劇作家、同僚の劇団員たちなどの示唆によって修正していくことが多かったし、今でもそういう慣行をとっている集団は少なくないが、八〇年代以降の地域市民演劇では、(1)プロの演出家を外部から招く、(2)歌唱やダンスの指導のため専門家を外部から招く、(3)地元の民間のダンススタジオなどが生徒の発表会をかねて地域市民演劇作りの主体となる、ことが行われるようになった。そのような集団では、参加者たちは主体的に「お芝居」を作り上げていく喜びより、経験豊富で専門的知識を持った「先生」から学び、言われたとおりにやってみせることの喜びを選びとっている。学んだことがどれだけ身についたかを人前で披露するという意味で、公演は発表会に限りなく近づく。

もちろん、これはどちらが正しいとか、望ましいとかいう問題ではない。たとえば、第9章で詳述するように、超高齢化社会の現在の日本で高齢者を対象としたアマチュア劇団は現在増えつつあり、そのなかには指導料込みで高い月謝を取るところがある。だがそこでは参加者たちは、手とり足とり演技を教えてもらえることを、そして半年または一年の自分たちの努力の成果を誇るハレの場としての公演を、本当に楽しみにしている。そもそも、どんな場での教育でもそうであるように、全くの受け身でものを学ぶ人間はいない。程度の差こそあれ、主体性や創造性を発揮しつつ、上演にまつわるさまざまな知識や技術、慣行を習い覚えていくという意味で、八〇年代以降の地域市民演劇では、七〇年代までのアマチュア演劇におけるものと重なりつつ、いくつかの点では明確に異なる教育の実践が行われている。

四　演劇研究者にとっての「地域市民演劇」

最後に、もっとも重要な特徴は、一九八〇年代以降の地域市民演劇は、私たちが抱いている「演劇」の概念の見直しを促す、ということだ。ポストコロニアリズム理論の提唱者ホミ・K・バーバは『文化の場所』で、被植民者があたかも自分が植民者のように振る舞う「ミミクリ」（模倣）＝「植民地的擬態」という現象は、従属国の人々が帝国主義国家の権威や制度、文化を卑屈に受け入れているように一見見えるけれど、実際には自らの制度や文化を完全に捨て去ることはできないゆえに、その「模倣」は「似ているが、完全に同じではない」（almost the same, but not quite）と主張した[12]。もとのお手本にない過剰さや欠如、あるいは一般に差異は、もとのお手本が備えているはずの権威を失墜させ、帝国主義国家の支配を危うくさせる。これにならっていえば、地域市民演劇の実践者たちは、都市圏で上演される職業演劇を模倣しているつもりであっても、どうしても模倣しきれず、自分たちの現実を反映した表現にしてしまう。普段は職業演劇しか見ておらず、そこから漠然と「演劇」のイメージを紡ぎ出していた都市圏に住む演劇研究者である私たちは、本書第Ⅲ部「「地域市民演劇」とコミュニティ創生」で扱うやくざ芝居、高齢者演劇、日雇い労働者の集まる大阪の釜ヶ崎で結成された紙芝居劇団「むすび」などを知ることによって、再度「演劇とはなにか」「演劇を成り立たせている制度とはどんなものであるか」を再考することになった。

もう少し詳しく説明しよう。作品を上演し、それを観客に演劇として認識してもらうためには、さまざまな技術や知識、上演慣行の集積が必要だ。意味や感情、情緒や雰囲気を適切に表現し、観客に共有してもらうためには、発声のタイミング、声の調子や高さ、仕草や表情、身体の動きや佇《たたず》まい、歌唱や舞踊の表現等々を工夫する必要がある。また、そうした工夫は長年かけて蓄積され、伝承される。その総体を演劇の「制度」と呼ぶならば、演劇は制度に対する態度によって三種類に分けることができる。第一に、商業演劇や伝統芸能と呼ばれているものは、既存の制度にできるだけ忠実に従い、いわば制度の枠をはみ出ないギリギリのところで制度を反復することが期待される。ミュージカルや歌舞伎で「上手い」と言われる俳優は、既存の制度にもとづいた評価基準――声に艶がある、古来伝えられてきた振付や型を再現することができる等々――によって、そう判断されている。第二に、演劇を芸術と考え、芸術表現の一つとして上演行為をとらえるのであれば、既存の制度を打破して独自の「新しい」表現を生み出すことに焦点が当てられる。もちろん、演劇の制度に全く依拠しない「独自の」表現を他者に理解してもらうことは不可能だから、芸術として演劇を実践する人々は制度の枠組みを出たり入ったりして、制度を壊しつつ一部では従う、という態度をとることになる。そして、そのようにして新しく生まれた表現の一部は時間の経過とともに慣行となり、演劇の制度に組み入れられる。

職業演劇を鑑賞し、研究しているだけでは、この二種類の演劇しか目にすることはない。また、表現のためのさまざまな技術や知識、慣行の総体を、ここでは演劇の制度と便宜上言い慣わしているけれど、演劇の制度なるものが目に見えるかたちで存在しているわけではない。制度を突き破る新しい表現が出てきたり、あるいはたんに制度を忠実になぞることすらできない稚拙な表現に出くわしたりするときに、私たち研究者は違和感を覚え、演劇を演劇たらしめている不可視の制度の存在を想像する。そのような出会いがあるからこそ、私たちは「演劇とはなにか」「演劇を成り立たせている制度とはどんなものであるか」ということを考えるようになる。ところが、さまざまな演劇を鑑賞し、研究をしていくと、作り手が新しい表現だと思っているものがすでに廃れかけた制度の一部であったり、下手な表現を見ても予想のつく範囲だったりして、演劇の制度を想像することは次第に難しくなる。演劇研究の根本には、自分たちを魅了してやまない演劇とは、そもそもどんなものなのか、という問いがあるはずなのに、想定内の演劇を見るだけになってしまうと、そのような問いがあったことすら忘れてしまう。

だから、私たちが二〇一七年から科学研究費助成を受けて地域市民演劇の実地調査を始めたとき、この第三のタイプの演劇——演劇の制度に従順に従うのでも、反抗するのでもなく、職業演劇に「似ているが、完全に同じではない」もの——に出会うことは予期していなかった。そもそも、八〇年代以降の地域市民演劇も、商業演劇や伝統芸能と同様、演劇の制度を模倣しようとする。それ以前のアマチュア演劇も、都市圏で演じられている新劇の制度を模倣するところはあったが、新劇そのものは芸術としての演劇を志向し、制度を打破する新しい表現を探し求めたので、アマチュア演劇もまた独自の表現を生み出そうとした。八〇年代以前から活動を続けている老舗アマチュア劇団のいくつかは、地域の現実を反映した、自分たちならではの表現を作り上げることが自分たちの課題だと考え、高い水準の創作劇を作ることで応えてきた。だがそのような意識の高さを未だに持ち続け、実践している老舗アマチュア集団は現在では数少ない。カリスマ的魅力を持った指導者が集団を率いている間はできていても、死去や引退で集団から離れてしまうと、自分たちが演じて楽しい、既存の戯曲を上演するために集まる、というアマチュア演劇の基本に良くも悪くも立ち戻ってきてしまう。八〇年代以降の地域市民演劇でも、表現の強度を保っているのは指導者を中心に集団としての連帯を保っているところが多いが、その指導者は、確固たる理念を持って集団を率いていくというより、劇団員が直面する現実に向き合い、その現実を作品にどのように反映させていくか試行錯誤を行う、調整型の人間になっている。

では八〇年代以降の地域市民演劇はたんなる職業演劇の物真似、都市圏で上演されているさまざまなジャンルの演劇の制度を稚拙になぞってみせるものなのか。そのような地域市民演劇は存在しない、とは言わない。あるいは、どんな地域市民演劇も、既存の演劇の制度に忠実たらんとするも、技量や認識の不足で目標に遠く及ばない部分や要素がある、と言ってもいい。だが現在の地域市民演劇の実態を知らない人々が想像するのとは異なり、「職業演劇の物真似」だけの地域市民演劇は皆無だ。職業演劇のさまざまな制度をよく知らず、手持ちの知識や技芸だけで自分たちが演劇だと考えるものをやってみたら、職業演劇とは似ても似つかぬものが生まれてしまった。しかし当人たちはこれこそが演劇であると信じており、自分たちがどんなに独自で斬新なものを作ったのかあまり自覚がない。

実地調査に参加した九人の研究者は、五年間でのべ四十ヵ所以上の地域市民演劇の上演に立ち会うことで、**演劇とは、あらかじめ仕組まれた、演じる者とそれを見まもる者との特定の場での出会いであり、そこで生じる言語および言語外のやりとりに刺激されるという体験**であって、それ以上のことは必ずしも必要ではない、と身をもって知ることになった。他人の見ている前で、自分以外のものになってみせようとすると、意識と身体が変容する。その場に立ち会っている人間にとっては、そうした変容が、視聴覚情報に変換されて——ときには台詞や照明などのさまざまな装置で増幅されて——自分のほうに「やってくる」こともあれば、そこはかとない変化として五感以外で感知することもある。いずれにせよ、立ち会う人間の意識や身体もまたそれによって変化を被る。そうした経験に興奮させられるとき、私たちは「演劇」を見た、面白かった、と口にする。

そして「面白い演劇」とは、演じる者の「現実」が何らかのかたちで反映されているものだということも、私たちはあらためて確認した。戯曲こそが社会を映し出す鏡であり、演技や演出、衣裳や照明や舞台美術など実際の上演に必要な諸要素は、いわばその鏡を一点の曇りもなく磨いて観客の前に差し出すためにある、という古典的演劇観を抱いていたわけではもとよりなかったものの、作家をはじめとする作り手たちが伝えたいと考えていることがどの程度伝わっているかを判断するのが演劇の見方であり、伝えたい内容がどこまで刺激的であるかで面白さが決まる、という従来の考えに私たちはとらわれていた。だが、地域市民演劇の上演の場において目前に演者の身体がさらけ出され、演者のさまざまな情動や感覚が漏れ出てくることに立ち会うと、私たちはその切実さ、演者の生きている現実がそのまま感じとられる面白さに夢中になった。それは作り手の意図を超えたところに浮かび上がる「リアル」、すなわち、演劇の制度を通して何かを表現しようとすることとは別に生じている〈出来事《イベント》〉だった。

別言すれば、こういうことだ。アートの制作や鑑賞を通じて人は自己の尊厳を維持・回復できるし、共同体の一員という意識を一層強く持つことができる、という、コミュニティ・シアター研究などで近年共有されてきた主張を私たちも強く支持する。だが同時にその「アート」とは従来の「(高尚)芸術」ではなくてもよい、とも考える。これからの日本社会が「アート」として向き合っていくものとは、芸術作品ほど「純粋」で享受者の精神を「高めてくれる」ものではないけれども、地方において都市圏より顕著に進展している過疎化、高齢化、貧困化という現実をはっきりと反映したものになるのではないか。

五 「素人演劇」の問題意識

そしてそもそも「素人演劇」という問題意識は、そのような新しいアートとして演劇を想定するものだった。歴史を辿ることでそのことを確かめよう。一八七二年に学制が敷かれ、一八八一年に小学校教則綱領が布達される頃までに、唱歌（小学中等科・小学高等科）・奏楽（中学校）、図画（小学中等科・小学高等科）・画学（中学校）のような教科が制定されて、音楽と美術は学校教育に組み入れられ、「芸術」として制度化される。しかし演劇は、川上音二郎が言ったとされるように「文盲の早学問」と認知はされていたものの、学校教育とは馴染まない、娯楽として捉えられることが多かった。なるほど、一八七二年に教部省を新設して芸能を管轄することにしたことなどをきっかけに「芸能を体制内に組み入れ、民衆教化の一手段として活用する動きが生じた」[13]が、これは職業演劇であって、「しろうと狂言」「しろうと芝居」が国民の教育・文化水準を高めるための政府の諸方策の対象となることはなかった。

このような演劇の認識に変化が起きたのは一九二〇年前後だ。『早稲田文学』第一二九号（一九一六年八月）で発表された本間久雄の論文「民衆芸術の意義及び価値」を皮切りに、民衆芸術運動論争が起きた。この動きと連動しつつ、坪内逍遥は一九二一年一月から四月にかけて『早稲田文学』で連載した「理論の事業化とお祭気分の厳粛化——附熱海ページェント劇」をはじめとする数本の論文でいわゆるモダン・ページェントを提唱した。二十世紀初頭、英米圏を中心に市民参加による野外劇が盛んに上演された際、中世ヨーロッパで儀式として実施された仮装行列を指すパジェント（pageant）の名前が多く冠されたことを知った逍遥が、日本でも同様のものをと唱導した。それだけでなく、熱海の史実や伝統を題材にした「熱海町の為めのページェント」を執筆し、一九二一年十月にはその一部を陸軍戸山学校内の広場で試演するにあたって指導を行った。この上演を準備したのは逍遥の弟子筋からなる文化事業研究会会員であり、そのうちの仲木貞一《ていいち》（『黒本尊と家康公』）、小寺融吉《ゆうきち》（『お竹大日如来』）、永田衡吉《こうきち》（『ペリー来航』）らは自分たちでもページェントを作って実演した[14]。

とはいえ、逍遥や文化事業研究会会員の書き残したものを見る限り、欧米で実践されている市民野外劇の理念を広め、民衆を指導するという使命感が強く、地域住民とともに地域の現実を反映させた作品を作る、という意識は乏しい。熱心な唱導者たちがいたにもかかわらず、ついぞモダン・ページェントが日本で定着しなかったのはこの「上からの改革」志向ゆえだろう（一九二三年から続く合衆国最古の野外劇『ラモーナ・パジェント』やノースカロライナ州ロアノーク島での植民者たちの謎の失踪事件を現地で上演する『ロスト・コロニー』など、英米圏ではいまだに上演されている市民野外劇がいくつかある）。その一方で、歌や舞踊を積極的に活用し、郷土の史実や伝説を題材にすること、その土地の芸能を取り入れるなど折衷的な様式をめざすことなど、八〇年代以降の地域市民演劇が期せずして取り入れた、先見の明を示しているところもある。

戦時期に提唱された国民演劇構想の一環として注目された素人演劇運動は、一九二〇年前後の民衆芸術論争やその後に続いたモダン・ページェントの熱気の影響を受けていたから、「民衆の、民衆による、民衆のための芸術」であることを意識していたが、やはり教導するという発想は強く、「民衆の芸術」「民衆のための芸術」はある程度できていても、「民衆による芸術」にはほど遠かった。戦後になって「素人演劇」がタブーとなり、かわってアマチュア演劇が使われるようになると、素人演劇の問題意識は後退した。一九五〇年以降、それまでの自立演劇のように新劇の指導者を喜んで迎えるということはなくなったけれども、地方の「意識の高い」指導者が集団を率い、劇団員たちはその理念や価値観を受け入れる、という体制が大きく揺らぐことはなかった。

今後の地域市民演劇がますます盛り上がっていくか、それとも再び衰退していくのかはわからない。だが確かなのは、「民衆の、民衆による、民衆のための芸術」という素人演劇の問題意識はこれからも抱き続けていくべきだということだ。過疎化、高齢化、貧困化という日本社会に今起きている変化を反映し、地域住民がそれをわがこととして捉えられる演劇。そのようなものとしての地域市民演劇は今後も必要とされ続けるだろう。

以下では、各章ごとの要約を示す。

第2章「「名もなき民の／声なき歌を／道に立つ人よ／風に解き放て」――パブリック・ヒストリーとしての「現代版組踊」」において本橋哲也は、ジャンルとしてはミュージカルだが、名目としては沖縄の伝統芸能・組踊との近縁性をうたう、現代版組踊を取り上げる。沖縄、福島、熊本、北海道といった過疎化の進行する「周縁」地域において、中高生が出演し、大人たちが裏方として支える現代版組踊の制作過程と上演作品を分析することで見えてくるのは、近年の歴史学において重要な転機を画しているパブリック・ヒストリー運動との関わりだ。パブリック・ヒストリーとは、歴史学の研究者の独占から歴史を解放する試みであり、市井の人びとが日常的に歴史に対して抱いている関心や歴史実践に注目する。「正史」から排除された地域の歴史や伝説・偉人について語り継ぐ現代版組踊は、身体と声による人びとの日々の歴史実践の諸相であり、「倫理的な歴史としての演劇」が地域市民演劇において実現されていると論じる。

第3章「宝塚風ミュージカル劇団のオリジナリティ」で鈴木理映子は、「男役」「娘役」の役割分担があり、芸名で活動、歌と踊りのレビューショーを上演するなど、宝塚歌劇に代表される歌劇のスタイルを模倣する地域劇団の活動を取り上げる。具体的には、劇団ウィンド・カンパニー（仙台／一九九六年〜）、クラーナ・ジュネス（東京／二〇〇三年〜）、劇団メリーゴーランド（東京／二〇一一年〜）、歌劇団エトワール（福岡／一九九七年〜）、レビューチーム風（熊本／二〇〇三年〜）、シークレット歌劇團０９３１（北海道／二〇〇二年〜）の活動実態、公演内容を紹介しつつ、それらの成立と「本家」である宝塚歌劇との重なりと隔たり、さらに観客との関係の結び方を分析する。前半では、宝塚歌劇を参照しながらも「スター」に依存しないアンサンブルを目指す劇団をとりあげ、彼女らの目指すミュージカル像がどのように生まれ、共有されていったのかを明らかにする。その過程では宝塚歌劇自体の構造や独自性に加え、それらへの批判的な眼差しも浮かび上がるだろう。また後半では、あくまでも「男役」「女役」「スター」にこだわりながらも、現在の宝塚歌劇とは異なる様相を見せる劇団の成立過程や活動内容、地域のファンとの関係を紐解く。さらに、明らかなフェイク、パロディーとして出発しながらも地元・札幌を中心に高い人気を誇るまでになったシークレット歌劇團０９３１の「コピー」「なりきり」だけではない「キャラ」の付加価値の高め方、ファンとの共犯関係から、宝塚歌劇由来の「地域歌劇団」の発展可能性を考える。

第４章「地芝居（素人歌舞伎）の現在」で舘野太朗は、東京都で活動する二つの団体を取り上げ、現在の地芝居（非専業俳優によって演じられる歌舞伎）の多様なありかたの一端を示す。地芝居は民俗芸能の一ジャンルで、文化財指定を受けている団体もあるが、必ずしも継続的に上演が続けられてきたわけではなく、中断から復活したり、新しく興された団体もある。あきる野市の秋川歌舞伎保存会（一九九三年～）は、中断していた地芝居の演目を受け継ぎつつも、担い手を大人から子どもにかえて復活がなされた。中央区の新富座こども歌舞伎（二〇〇七年～）は、当地在住の日本舞踊家が長浜曳山祭の子ども歌舞伎に刺激を受けて立ち上げたため、新興団体でありながら神社の祭礼の折に神楽殿で歌舞伎を上演するなど、地域に密着した民俗芸能としての性格を早くも帯びるようになっている。両団体とも、各種団体の助成事業に積極的に応募し、活動の経済的基盤を作り上げてきた。現在の地芝居が、古典芸能として伝統を受け継ぐとともに、地域市民演劇としての新しい活動形態を模索していることがよくわかる。

第5章「赤門塾演劇祭——学習塾を母胎とする演劇創造」で片山幹生が取り上げるのは赤門塾演劇祭だ。在野のヘーゲル研究者として知られる長谷川宏が創設した埼玉県所沢市の学習塾・赤門塾において毎年三月末に実施されるこの演劇祭では、塾の教室が「劇場」となり、塾生である小中学生の子どもたちが出演するだけでなく、塾のOB・OGを中心とした二十代から中高年までの男女が出演する作品も上演される。顧問教員の指導のもとで三年（中高一貫教育校であれば六年）だけ部活動として行う学校演劇と違い、赤門塾演劇祭において参加者は関与の度合いを毎回自分で決めることができ、希望すればいつまでも参加できる。自分の子どもが大きくなり卒塾しても、裏方として上演に協力する大人たちもいる。「指導しない指導者」としての長谷川のカリスマ的魅力もさることながら、学校とは異なる緩やかな結びつきによる共同体の居心地の良さが参加者を惹きつけている。同じ時空間を共有することで生まれる共同体意識や高揚感といった演劇本来の楽しさだけでなく、教育の場において演劇がどのように活用されるべきかを赤門塾演劇祭は教えてくれる。

第6章「「女子校ミュージカル」の絆」で舘野太朗は、関東圏に多く見られる公立の女子校進学校（他の地域では進学校は共学が多い）の出身者が結成し、宝塚歌劇のように女性が「男役」を演じるミュージカルやレヴューを上演する集団を取り上げる。群馬県で活動するミュージカル劇団A-ile（エール／二〇一一年〜）は、群馬県立前橋女子高校と太田女子高校の卒業生によって結成された。国内外の有名ミュージカル作品を演出家・指導者である武正菊夫（群馬在住のプロの演出家で、高校の部活動の指導者でもあった）が劇団向けに書き直したものを上演する。Mono-Musica（モノムジカ／二〇〇四年〜）は、埼玉県立川越女子高校の卒業生を中心に結成されたグループで、活動規模はもっとも大きい。「男役」はいるが、宝塚歌劇風の芸名を名乗るということはなく、オリジナル脚本を上演するなど、宝塚歌劇の影響は限定的だ。これらの集団は、参加者全員が本業を持ち、年一回の公演を基本とし、裏方を兼務するなど、地域市民演劇としての特質を持っていながらも、特定の学校の卒業生で占められており、メンバーシップに実質的に制限がある。作品づくりを通した結びつきだけでなく、名門校の同窓という意識が劇団の紐帯となっている。第2章で取り上げた宝塚風ミュージカル劇団と同様、女性同士の絆に重きを置くが、それ以上に学校という均質性のある集団が母体であることが作品上演にどのような影響を与えているかを分析する。

第7章「市民ミュージカルの興隆」で日比野啓は、市民ミュージカルの形式的特徴として、その多くが「歌入り芝居」になっていること、斉唱が多用されること、物語の語り手が登場して物語をわかりやすく説明することを挙げる。こうした特徴は、「本場」のアメリカン・ミュージカル——とくに歌入り芝居だった一九世紀末のミュージカル・コメディから、四〇年代中葉以降ナンバーと物語が有機的に結びつく統合ミュージカルへと変わった以降のもの——には見られないものだが、日本の市民ミュージカルは「敷居の低さ」、つまり誰でも気軽に参加できる演劇のジャンルとして独自に発展を遂げた。その参入障壁の低さゆえに、市民ミュージカルは子どもの参加者が他の地域市民演劇に比べて多く、ピアノや水泳と同様の「習い事」、つまり公教育では十分ではない(と保護者が考える)情操や運動能力の発達を目的として家庭が担う教育の一環として機能している。それはさらに歌唱やダンスの指導や演出等をプロが行い、「お膳立て」された発表の場で、参加者は自己の創造性を披露するというより、習ったことをどれだけ忠実に再現できるかを競う「発表会文化」と結びつくことが他のジャンルの地域市民演劇より多い。照明や音響、衣裳や舞台でもプロが介在することが他のジャンルの地域市民演劇より頻繁に見られ、とくに行政が主導して企画する市民ミュージカルは、その傾向が強い。以上のことを概観してから、市民ミュージカルの具体例として⑴鹿野ふるさとミュージカル(鳥取県鳥取市)、⑵函館野外劇(北海道函館市)、⑶大杉ミュージカル(石川県小松市)を紹介する。

第8章「地域共同体における「素人演劇」——神社祭礼との関わりから」で畑中小百合は、兵庫県多可《たか》郡多可町のむら芝居を取り上げる。集落の中核となる神社の秋祭宵宮《よいみや》で上演されるむら芝居は、「やくざ芝居」といわれる人情時代劇だ。演者も観客も集落の人々という閉じた空間のなかで、和やかに演じられるむら芝居の魅力は、演じる本人の出自とキャラクターを熟知した観客が、演者本人と、その演技によって描き出される虚構の人物とを時折重ね合わせ、その異同を味わうところにある。職業演劇に求めるような、台詞廻し・感情表現の巧みさや、身体所作の美しさを素人演劇に期待することはできないが、だからといって素人演劇をたんなる社会活動や日常の娯楽と捉えてしまうと、演劇の豊かな可能性を削いでしまうことにもなる。多可町のむら芝居は、地域共同体で演じられる素人演劇が別種の美学と判断基準を持っていることを示している。

第9章「超高齢社会における高齢者演劇の展開——「老いの空白」を豊かにするもの」で五島朋子は、近年活況を呈しているシニア演劇を取り上げる。超高齢社会における高齢者の演劇活動の広がりを、活動内容、運営形態、指導者の特色などから概観したうえで、特に二〇〇〇年代後半以降活発になってきた、演劇人が主導する活動に注目する。一つは京都市にあるNPO法人劇研が立ち上げたシニア劇団星組（細見佳代指導）、もう一つは岡山県を拠点に活動する介護福祉士で俳優の菅原直樹によるものである。両者はどちらも、老いの身体や高齢者の人生の記憶をどう演劇として生かしていけば良いのか、「老い」と丁寧に向き合いながら、アマチュアの高齢者との演劇活動を続けている。その活動は、「老い」の受容の多様なあり方を提示するとともに、「覚えられない」「忘れる」「思い通りにならない」老いの身体によって、これまでの演劇観を問い直す可能性を示すものとなっている。

第10章「「弱さ」とともにある表現——紙芝居劇団「むすび」」において中川真は、生活保護受給率日本一である大阪市西成区あいりん地区（通称・釜ヶ崎）において二〇〇五年に結成された紙芝居劇団「むすび」の事例を通して、最貧困地域における表現活動の意味、劇団の社会的機能などについて論じる。釜ヶ崎は二十世紀初頭から日雇い労働者の「寄せ場」として発展し、第二次大戦後の高度成長期には活況を呈したが、バブル崩壊後には景気の衰退によって雇い市場が縮小し、並行して住民の高齢化が問題化してきている。家族との縁を断ち切ってしまう男性単身者の、相互の孤立状態は深刻なものとなっている。そういう時に出現した紙芝居劇団は、引きこもっていた人々を外に引き出し、地域をつなぐ新たなコミュニケーションの触媒となった。「むすび」の誕生経緯と活動状況を概観したのち、⑴紙芝居作品（台本）とパフォーマンス、⑵担い手の特質、⑶劇団に関する他者の語りと自己の語り、⑷社会的包摂と表現活動、⑸「むすび」の釜ヶ崎における、あるいは現代社会における存在の意味の観点から論じる。近年、ソーシャリー・エンゲイジド・アートに関する議論が高まってきているが、ジェントリフィケーションが活発化する大阪のインナーシティにおける劇団活動の分析を通して、その議論に新たな補助線を引くことになる。

六　「素人演劇」の二つの隣接領域――むすびにかえて

最後に、本書で「素人演劇」として扱わず、隣接領域だと私たちが考えているものを二つ挙げたい。素人演劇とは何か、という問いに直接答えるだけでなく、素人演劇は何でないかについて考察することで、私たちの定義する素人演劇についてより良い理解が得られるはずだ。第一に、都市圏の若年層の作り手たちによる小劇場演劇。第5章で詳しく分析されるように、「演劇活動が興行として成立し、その報酬によって生計を営んでいるかどうか」だけを指標として職業演劇を定義するなら、日本で職業演劇といえるのは（ほぼ毎日公演を行う）歌舞伎と大衆演劇だけになってしまう。能狂言や文楽のような伝統芸能でさえ、興行収入だけで生計を立てることができる人々は限られている。弟子をとって教えることで収入を得られればよいほうで、全く関係のない副業を営む人も多い。商業演劇や新劇の俳優も、テレビや映画に出演できる人はごく僅かで、副業をやっているといっても、収入や仕事に費やす時間を考えると俳優業が副業になってしまう人々が大半だ。小劇場演劇はもともと客数の少ない劇場で公演することもあり、公演に参加して出演料をもらえるどころか、各自に割り当てられたチケットノルマを払うと持ち出しになることがしばしばだ。また、「高い専門性、経験、熟達した技芸を有しているかどうか」という技術的指標を持ち出すと、俳優も劇作家も演出家も若い世代が中心になっているような小劇場演劇では心許ない。日本で俳優教育を受けられる場はごく限られているし、数少ないそうした場においても、技術的達成より演劇的教養の陶冶や「感性を磨く」ことがしばしば強調されがちだからだ。

しかし「自分たちの表現・活動が内輪を対象とするものでなく、外側に開かれた公的なものであるという意識を持っているかどうか」という第三の指標でいえば、小劇場演劇は素人演劇ではない。とりわけ若い世代の小劇場演劇は、自分たちの表現を社会に認められたい、マスコミやインターネットをはじめさまざまな媒体にとりあげられ、観客動員数を増やしたい、と考えている。多くの地域市民演劇の集団が、地元の固定客向けに上演を重ね、客席は知り合いばかりになっていくのとは対照的だ。また、公演回数も一つの目安になるかもしれない。地域市民演劇の大半の集団は年一回、土日だけの公演を行う。生業をやりながら演劇活動を続けていくためにはそれが精一杯だからだ。小劇場演劇の作り手たちは、アルバイトでその大半の収入を得ながらも、必要があればそのアルバイトを休み、あるいはやめて、なるべく多くの公演に出演しようとする。ものを作りあげることの喜びだけでなく、社会的認知を早く得て、アーティストとして自立したいから、無理をする。地域市民演劇の参加者はそのような動機を持たない。

とはいえ、個別の集団を見ていくと二者の差は限りなく縮まる――いや、逆転することもある。小劇場演劇であっても、活動歴が長くなり、観客動員が頭打ちになってくると、数少ない客席で目にするのはいつも同じ顔ぶれ、ということになる。もっともこれは老舗の新劇団やアングラ劇団でも同じことで、日本社会に演劇文化が根づいておらず、観客数が少ないことの証左だ。もっと重要なのは、地域市民演劇のなかで、実際の観客動員はどうあれ、社会に開いていこう、新たな観客に出会おう、という意志を持った集団は無視できない数ほど存在することだ。地元で活動するだけでなく、国内外で開催される演劇祭やフェスティバルに参加する地域市民演劇集団は多いし、なかには八雲国際演劇祭を主宰するあしぶえのような集団もある。さらに前述のように、文化・芸術の振興によって地方創生を推進しようという八〇年代以降の機運に際して、たんに国や市町村から公演や活動持続のための助成金・補助金を引き出そうというのではなく、行政や事業体との密接な協力のもと、地域文化や社会を活性化し、地域経済を刺激するための多様な役割を担う地域市民演劇集団も増えてきた。演劇祭やフェスティバルを主催する、観光施設・名所でその土地にまつわる寸劇を上演する、小中学校などで演劇関連の出前講義やワークショップを行う、高齢者や障がい者、外国人に向けて公演を行って生活に役立つ情報を発信するなど、演劇を通してできるさまざまな営みに八〇年代以降の地域市民演劇は積極的に関わり続けてきた。

他方、都市圏の小劇場演劇で、地域社会の文化・経済の発展の手助けまで活動を広げる集団は少ない。自分たち(の集団)が社会の一部を構成しているという、自らの公共性についての認識は共通していても、その認識を実践に結びつけるための方向性において二者は異なると、ひとまずはいえる。もっとも、小劇場演劇の担い手たちのなかには、おもに行政から招聘されるかたちで地域市民演劇に関わり、ともに地域社会の文化や経済を盛り立てていく人々もいた。一九九〇年に開館した水戸芸術館では、初代演劇部門芸術総監督だった演出家の鈴木忠志を継いで開館時の演劇部門芸術総監督となった松本小四郎のもとで、水戸市民野外劇や市民演劇祭が行われるようになった。また同年に開館した湘南台文化センター市民シアター(神奈川県藤沢市)では、初代芸術監督に就任した劇作家・演出家の太田省吾のもと、地方劇団の招聘や市民向けの演劇ワークショップを行った。以来、各地に公共劇場が創設されていくと、大都市圏で活躍してきた職業演劇人をトップに据えて、(1)職業演劇人の指導のもとで市民参加の演劇公演を行う、(2)職業演劇人の指導のもとで職業演劇志望者の教育を行い、その成果として演劇公演も行う、(3)職業演劇人の推薦により複数の職業劇団公演を招聘する、ことが行われた。招聘された職業演劇人の多くはその土地と縁もゆかりもなく、地元で長らく活動してきた地域市民演劇の集団が招聘された職業演劇人とともに公共劇場の運営に関わるような事例はほぼない、という問題は残るものの、ある程度の期間、芸術監督などを勤めていくなかで、地域演劇文化の発展につながることはある。

「素人演劇」の隣接領域として私たちが考えているものはもう一つ、「小商《こあきな》いの演劇」がある。生計を立てるための手段として演劇をとらえ、演劇の制度を打ち破ろうとするのではなく忠実になぞろうとする、という点においては、大都市圏の商業演劇と変わらないが、想定観客数の少なさゆえに、「小商い」にならざるを得ない演劇集団が各地に存在する。多くの飲食店やクラブが立ち並ぶ福岡市天神・親不孝通りの劇場でレビューを上演する劇団あんみつ姫や、名古屋山三郎一座による「ナゴヤカブキ」のような、都市で活動を続ける集団。ジャンルとしては大衆演劇に分類されるが、全国の大衆演劇劇場を巡演することで生活を成り立たせるのではなく、一ヵ所にとどまって常打ち公演を行う香川県琴平の南ファミリー劇団や、栃木県塩谷郡塩谷町船生の劇団暁（後者は巡演組と船生かぶき村で常打ちを行う組と二つに分かれる）。二〇一三年に宝塚歌劇団やOSK日本歌劇団の出身者によって結成され、テーマパークのハウステンボスで公演を行うハウステンボス歌劇団（長崎県）や、能登・和倉温泉にある温泉旅館・加賀屋で公演を行う雪月花歌劇団（石川県）。高度経済成長期に戦後最初の温泉ブームがおとずれると、各地の温泉旅館やヘルスセンター（多くは温泉設備のある総合レジャー施設）では専属バンドを雇うだけでなく、専属の大衆演劇劇団を作るところも現れた。全国巡演する大衆演劇劇団の立ち寄り先に現在でも温泉旅館やヘルスセンターがあるのはその名残だ。当時のような温泉ブームが廃れて久しい現在では、専属の大衆演劇劇団を抱える温泉旅館はほぼなくなってしまったが、雪月花歌劇団はこの温泉旅館専属劇団の系譜に属する。もともとOSKの地方公演として加賀屋内のシアタークラブ花吹雪で公演をしていた縁から、OSKが二〇〇三年にいったん解散したのをきっかけに雪月花歌劇団が作られた。もっと小規模だが、温泉旅館で宿泊客のために上演するということでは女将《おかみ》劇場（山口県湯田温泉）や、歌舞伎俳優の十七世市村家橘《かきつ》が指導する歌振り座（那須塩原・芦野温泉）もある。

これらの「小商いの演劇」は、大都市圏の商業演劇と「似ているが、完全に同じではない」。地域市民演劇の調査・研究を行っていくなかでこのタイプの演劇に出会った私たちは、「小商いの演劇」が素人演劇同様、演劇についての研究者の既成概念に揺さぶりをかける、独自で斬新なところがあることを発見した。けれどもまだ十分な調査・研究をしておらず、「小商いの演劇」というレッテルでこれらの劇団・集団をまとめてよいのかどうか、またこれらの演劇は素人演劇とどのような点で区別されるのか、等々について私たちの間でも議論が分かれているところだ。「小商いの演劇」についてのまとまった論述は、現在準備している次の論集でなされることになるだろう。

（1）横浜演劇研究所編『アマチュア演劇のすべて』横浜演劇研究所、一九七三年、一一頁。
（2）劇団はぐるま『あゆみ』劇団はぐるま、二〇〇〇年、四六頁。
（3）「ご挨拶」『劇団文芸座50年のあゆみ』劇団文芸座、一九九九年、一頁。
（4）横浜演劇研究所編『アマチュア演劇　一つの方法』横浜演劇研究所、一九七二年、一三〇頁。
（5）横浜演劇研究所編『アマチュア演劇年鑑1979』横浜演劇研究所、一九七九年、二三四頁。
（6）「劇団員になろうよ！」https://theatrical.net-menber.com

（7）敗戦直後、各地で実践されたやくざ踊りについては、当時の思い出を寄稿者が綴る高木護編『戦後の青春1　やくざ踊り』（たいまつ社、一九七八年）がよくその実態を伝えているが、地域による相違や様式の変遷など全体像を見通せるような学術研究は行われていない。

（8）やくざ踊りは現在ではいくつかの呼称がある。まず、コンクール形式の大会が開催される、股旅舞踊または股旅演芸と呼ばれるもの。なかでも、二〇二一年十一月に岩手県遠野市民センター大ホールで第三十八回を迎える股旅舞踊大会や、二〇一九年十月に宮城県石巻市桃生総合センターで第二十一回を迎えた股旅演芸東北大会は有名で、東北地方を中心に全国から愛好者が集まり腕を競う。次に、新舞踊や新日本舞踊は股旅踊りとマドロス踊りだけでなく、広く歌謡曲や演歌に合わせて踊るものを指す。初代家元・松若寿恵由《すえゆき》が一九六三年に創設した松若流、北九州市を拠点とする若竹会などが稽古や発表会を行っている。

（9）もっとも、現在のように特定のジャンルの演劇を「大衆演劇」と言い慣らわすようになったのは七〇年代以降だ。それまでの大衆演劇は文字どおり「大衆向けの」（低俗な）演劇、という意味だった。『大衆芸能資料集成』第九巻『舞台芸Ⅱ　浅草大衆演劇Ⅰ』（三一書房、一九八一年）および第十巻『舞台芸Ⅲ　大衆演劇Ⅱ』（同）では、編者である田中英機が「浅草を中心とした軽演劇などの流れと新宿ムーラン・ルージュの大きな流れを考慮した」（「解説」第十巻、三〇九頁）と書くように、益田太郎冠者や佐々木邦、サトウ・ハチローら、また伊馬春部《いまはるべ》（鵜平《うへい》）や小崎政房、中江良夫らの喜劇作品を収録しており、刊行当時の時点ではまだ現在の「大衆演劇」の意味は定まっていなかったことがわかる。なお、現在の意味での大衆演劇については社会学者・鵜飼正樹が参与観察の手法をとって書いた『大衆演劇への旅――南条まさきの一年二ヵ月』（未来社、一九九四年）のほか、橋本正樹が現代書館から刊行した『あっぱれ旅役者列伝』（二〇一一年）、『晴れ姿！　旅役者街道』（二〇一四年）、『風雪！　旅役者水滸伝』（二〇一六年）のようなルポルタージュもあるが、演劇史において大衆演劇をどう位置づけるかを演劇研究の立場から論じた研究は管見の限り皆無だ。

（10）芸北神楽については、民俗学の研究者たちが実地調査を行い、分析を行っている。そのおよその内容については、俵木悟「神事と芸能の現在」（『民俗小事典』吉川弘文館、二〇〇五年、四三一―四三五頁）の簡潔な記述が参考になる。

（11）「お稽古事に熱心な国民性」ゆえに公立文化施設は「多様な利用目的のイベントがごちゃまぜになって」おり、「プロの舞台」として使いにくい、ことを米屋尚子は指摘している（『演劇は仕事になるのか――演劇の経済的側面とその未来』彩流社、二〇一一年）。また発表会文化については宮入恭平編『発表会文化論――アマチュアの表現活動を問う』（青弓社、二〇一五年）が詳しい。いずれにおいても七〇年代までのアマチュア演劇が八〇年代以降変質するにあたって「お稽古事文化」「発表会文化」の要素を取り入れていった、という本書の基本的な見立ては共有されていない。

（12）ホミ・K・バーバ、本橋哲也・外岡尚美ほか訳『文化の場所――ポストコロニアリズムの位相』（法政大学出版局、二〇〇五年）一四八頁。原著は Bhaba, Homi K. *The Location of Culture*, Routledge, 1994.

（13）倉田喜弘編『日本近代思想大系18　芸能』岩波書店、一九八八年、二四〇頁。

（14）市民劇としてのページェントについて学術的研究はまだないといってよく、わずかに舘野太朗「民俗藝能の大正――民衆藝術・ページェント・郷土舞踊」（『都市民俗研究』第二四号、二〇一九年二月）などが見られるだけだ。坪内逍遥以来の歴史的発展を辿ったものとしては、日本ページェント協会編『余暇を楽しくページェント』（日本ページェント協会、一九八一年）があり、飯塚友一郎、印南喬、大村弘毅、永田衡吉、本間寿夫ら坪内に直接薫陶を受けた人々が寄稿している。

（付記）本書に収録された研究はいずれも、ＪＳＰＳ科研費・基盤研究（Ｂ）「日本の地域素人演劇の包括的研究」（17H02302）の助成を受けたものである。私たちは現在、同・基盤研究（Ｂ）「現代日本における地域市民演劇の諸相」（21H00482）のもとで研究を継続している。当然のことながら、本書の内容は前者の助成期間だけでなく、後者の助成期間において得られた知見も反映されている。

第2章

「名もなき民の／声なき歌を／道に立つ人よ／風に解き放て」

パブリック・ヒストリーとしての「現代版組踊」

本橋哲也

はじめに

本章は、地域アマチュア演劇の一類型として、沖縄で創始された「現代版組踊」を取り上げ、それを近年の歴史学において重要な転機を画している〈パブリック・ヒストリー〉運動との関わりにおいて考察することで、「倫理的な歴史としての演劇」の可能性に迫る試みである。そのような視点から見えてくるのは、プロとアマチュアの演劇といった表層的な判別を超えた、身体と声による人びとの日々の歴史実践の諸相であり、教育や労働を中核とする異なる世代をつなぐ個々でありながら普遍的な営みとしての「地域の歴史を演じる」ことの可能性である。まずパブリック・ヒストリーについて概説を行い、その文脈において「現代版組踊」の意義について論じたい。

一 〈パブリック・ヒストリー〉という歴史実践

一九七〇年代から英国とアメリカ合州国の歴史学では〈パブリック・ヒストリー〉と呼ばれる運動が関心を集めるようになった。岡本充弘による明快な整理によれば、パブリック・ヒストリーは「「パブリックに対する」(to the public) 歴史と、「パブリックの中」(in the public) にある歴史、に区別できる」。すなわち、岡本充弘によれば――

前者〔「パブリックに対する」歴史〕は、博物館、文書館、遺跡・遺物をとおしての歴史である。マスカルチャー、サブカルチャーというような媒体によって伝えられている歴史、小説、ラジオ、映画、テレビ、そしてマンガやゲームを媒体とした歴史もここには含まれてよいかもしれない。これらもまたある意味では、何らかの媒体によって「専門的な作り手から」伝えられている歴史だからである。対して後者〔「パブリックの中」にある歴史〕は、パブリックの中にある、一般の人々自体が作り出している歴史である。必ずしも遺跡とか遺物として保護の対象とはなっていない、あるいは「制作」されたものでもない、日常の中に遺されている有形・無形のものが生み出している歴史、あるいは日常において実践されている歴史である。口承的なもの、習俗、習慣、記憶や感情、身体的経験などをとおした歴史がここには含まれる。そうした歴史は、いわゆる専門的なエリート的な歴史、近代歴史学はその代表的なものだが、それらとは異なるものとして、長く人々の間に自立的に存在しつづけてきた(1)。

パブリック・ヒストリーが興隆してきた要因の一つとしては、大学の歴史教育のあり方の変化が挙げられる。二十世紀最後の三十年は、各国において第二次世界大戦後の「ベビーブーム」によって増加した入学者の要望に応えて大学教育の拡充が行われ、大学での人文学教育を大衆や社会に対してどう機能させていくかが問われるようになる。大学で歴史学を専攻しても研究者になる人の数はごく一部なので、歴史教育にも社会の公的に役に立つ応用性が求められるようになった。歴史学を専攻した後に、図書館や博物館、遺跡や観光施設といった職場で働いたり、行政や民間企業でも歴史知識を生かせる場は多く、そのためにも専門的な歴史学者以外の人材を養成する必要が増したのである。

パブリック・ヒストリーは、歴史学者による学問的な歴史だけが歴史ではなく、一般大衆が自らの日常において作り出している歴史実践に注目し、口承や伝承、習俗や記憶、感情や身体経験などが歴史の場とされる。これには、一九七〇年代から英米の大学に進出した新しい世代によるカルチュラル・スタディーズやフェミニズム、反人種主義、マイノリティの権利拡充といった社会の動向も大きな影響を及ぼした。たとえば一九六七年に英国でラファエル・サミュエルらが形成した「ヒストリー・ワークショップ」は、「歴史は歴史家の特権ではなく、あるいはまたポストモダニストが言うように歴史家の「発明」でもない。むしろ歴史とは、そのときどきに多くの人びとの手によって生み出される知の社会的形態の一つなのである」と述べて、歴史家による歴史の独占を批判した。[2] 歴史をあらゆる人びとが持っているはずの過去に対する認知の形態であると考えることによって、パブリック・ヒストリーは一般大衆の日常のなかで実践されている歴史を掘り起こそうとするのである。再び岡本の言葉を引用すれば——

本来過去の認識という意味での歴史は、一般の人々の間に広く存在していた（現在も存在している）。歴史の祖がヘロドトスや司馬遷に求められることがあるが、彼らが作り出した歴史、それを継承した歴史は、一部の知的支配層による歴史であった。しばしば政治的に保護されるかたちで成立したものである。一般の人々の過去認識は、異なる場所で、異なるかたちで、有形・無形に存在していた。直接の家族についての歴史、自らが帰属する小さな地域や集団などについての歴史、としてである。しかし、近代的な歴史学が近代国民国家と補完しあうかたちで成立するようになると、そうした過去は学問的な歴史からは排除されていった。文書的な史料にもとづく歴史に対しての、口承やパフォーマンスをとおしての「歴史実践」（history practice）・

「歴史行為」(history doing)、正統性をもつ共同体(国家)の歴史(ナショナルヒストリー)に対しての、私的共同体の歴史(ファミリーヒストリー、コミュニティヒストリー)などが学問的な歴史から排除されたのである。(3)

つまりパブリック・ヒストリーとは、「支配の側が作り出してきた歴史、国家や近代、あるいはその枠組みの内部に位置する専門的歴史家が、定まった史料をもとに構築し、人々に共同化してきた歴史に対し、そうした歴史の外部に置かれていた人々が、自らに身近な史料、あるいは経験や記憶・感覚をとおして作り出している歴史への試み」である。(4)言い換えれば、「歴史は研究者が専権的に占有するものではなく、普通の人々が共に行う実践としてしても営まれてきたし、営まれうることである。そのことをとおして一般の人々は、「歴史家」から伝えられた知識としてではなく、過去を体験として「感情世界」においても理解している」のである。(5)

こうした発想から、それまでの伝統的な「専門的歴史学」では軽視されていた、いくつかの問題系が浮上する。一つは題材やジャンルの拡充で、民衆史やオーラルヒストリー、記憶やメディア論だけでなく、大衆向けの雑誌や小説、児童文学、映画、祭礼、演劇、日記や地域伝承といった材料が歴史学の対象とされるようになる。次に歴史に対する「権利」の問題がある。伝統的な歴史学では、あくまで歴史の「真実」を判断するのは歴史研究者の側であり、史料が残されていない場合、記憶を聞き取りによって記録するオーラルヒストリーの手法がとられるが、その場合でも主体は研究者で、聞かれる側は客体とされていた。しかしパブリック・ヒストリーにおいては、歴史に対する権限が聞く側にも聞かれる側にも等しく配分され、オーラルヒストリーの対象者は受動的な聞かれる側から、能動的な語り手へと変貌する。またパブリック・ヒストリーでは、一般大衆の過去に対する知識が、国家を単位とする教科書によって学ばされた歴史ではなく、地域共同体や家族を単位として得られた過去認識によって形成されることが重視される。「ヒストリー・ワークショップ」のメンバーであるヒルダ・キーンが言うように、「毎日の生活の中で、見られていること、経験されていることが、書物や文書と同じように重要である」という考え方が、現在の歴史学の重要な一部分をなしているのである(6)。また近年のＩＴ技術の進歩を背景として、膨大で多様多層な歴史的情報を一般大衆にもアクセス可能なアーカイブとして集積するデジタル・ヒストリーと呼ばれる分野も、このような個々人の記憶や体験に根ざし、開かれた歴史実践への取り組みにすでに不可欠なものとなっている。パブリック・ヒストリーの動向は、歴史学を大学や専門家集団という閉じられた空間から解放し、多様な人びとのさまざまな歴史実践に注目することで、人文学そのものを専門領域を横断する学際的な知の運動として再活性するのである。

このように考えると、パブリック・ヒストリーに対する関心の増加は、人文学の危機に対する処方箋とも見なすことができよう。ここで検討したように、パブリック・ヒストリーは専門的研究者から発信者としての特権を奪い、一般大衆に受容者としてだけでなく、探求者および発信者としての地位を保証する。従来の歴史学も社会史や文化史に注目することで人びとの日常生活における感情や体験、記憶に着目してきたが、あくまでそれは専門家から公衆へという「上」から「下」への伝達という図式を免れていなかった。かえってその反動として、専門歴史研究者の狭隘さを批判する歴史修正主義者が台頭して、政治的な議論を招きがちな歴史的事実に関して、基本的な実証さえも軽視する傾向が生まれてきたのは、そうした学問の危機や「反知性主義」の徴候でもあるだろう。一般の人びとのなかにも、歴史は存在しており、たとえ専門的歴史研究者が語学的知識や時間的・経済的特権によって、一般人よりも資料にアクセスする権限を獲得したからといって、それは「客観性」を保証することにはならないはずである。まとめとして、いま一度、岡本の言葉を引用しよう。

近代歴史学が客観的な事実としてきたことは、本当に事実だったのだろうか。事実ではあったとしても、それはモダニティやナショナリティという近代歴史学を枠付けたものによって作り出されたコンテクスチュアルな事実、その意味では作り手が専門的歴史家に限定され、多くの事実を排除し抑圧するなかで成立してきた限られた事実であったのではないだろうか。パブリックヒストリーが提示しているのは、そうした問題である。(7)

次節では、この問いを深めるために、歴史の倫理性について考察したい。

二　倫理的な歴史とは何か

「歴史の倫理性」を考えるとき、念頭に置きたいのは、多くのパブリック・ヒストリーに関心のある人びとが依拠する保苅実による「"Cross-Culturalising History"文化的差異を消去するのではなく、横断する歴史」の実践である。保苅はオーストラリア先住民のグリンジ・コミュニティのなかで暮らし、彼らの歴史が専門的歴史研究者による歴史とは位相が異なるけれども、それは事実かそうでないかという判別、すなわち「"truth"真実」によって価値を決められるべきではなく、歴史に対する「"truthfulness"真摯さ」によって尊重されるべきであると論じた。そこで彼は先住民の歴史実践を「倫理的」と呼んで、次のように言明する。

ドリーミングは倫理的な歴史である。世界が生命を維持し続ける限り、倫理的な歴史もそこで生じ続ける。大地は歴史である。人々も歴史である。人は、身体化された記憶を場所の記憶と接続することで、歴史を見ることができるし、歴史を聴くことができるし、歴史を感じることができる。歴史は、人々とモノと場所が倫理的に出会う場では、どこでも生じうるのである。(8)

ここで言われている「歴史」が、Public History という、"Historical Past" と "Practical Past" とが「倫理的に出会う場所」であるとするなら、その「倫理性＝反植民地主義性／反消費主義性／反差別主義性」は、何によって支えられるのだろうか。それを私なりに整理すれば、次の五つの概念が重要となるだろう。

一つは「混淆性 Creolization」である。それは歴史を具体的な形で具現している文字的・視覚的・口頭的・物質的なメディアの多様性であり、歴史上の出来事という「ありのままの事実」が多種多様であるという認識だ。

二つめは「分有性 Co-ownership」。これは歴史的出来事として記憶される過去が公共の所有物であって、協働の産物であるということに対する認識である。歴史的語りは、多くの主体とのコラボレーションによってできあがるものであり、語りの所有権は複数であらざるを得ない。それゆえに歴史的事実と言われるものも、開かれた情報として、デジタルヒストリーがその典型的例であるようにデータとして再利用や複製や加工が可能なのである。ここで参照すべき概念としては、人類学者のヨハネス・ファビアンが提唱した "Coevalness"「共在性」という概念だろう。ファビアンによれば、あらゆる知識や情報は「同じ時を生きる」という経験的実証性に根拠を持つが、人類学や植民地管理者は自身の共在性の痕跡を消去する。よってパブリック・ヒストリー実践に基づく歴史の捉え直しは、そのような共在性の痕跡を歴史のなかから探し出そうとするのである。

三番めの重要概念は「身体性 Performativity」だ。このような歴史の捉え方は、祭りや儀礼といった日常的な営みのなかにある身体的な芸の発掘と再評価をめざし、演じることが歴史することであるような地平をまなざす。ここでは日記や身振りのようなプライベートな身体や感情の記憶が、パブリックな共有可能性を持っていることが示される。そのことによって過去と現在が地続きになり、他者の記憶が自己の体験として捉え直される。こうして資料に基づく「信用 Credibility」の歴史学から、個別の身体を介した「信頼 Trust」の歴史実践への転換がはかられるのである。

四つめは「連累性 Complicity」である。例えば私たちは戦争や悲劇の「当事者」にはなれないかもしれないが、共感や想像力によって「当事者性」を獲得することはできる。他者の痛みを解消してしまうのではなく、それを自分の身体に取り込むことで温存すること。これが“Responsibility”「応答可能性」という歴史への責任であろう。つまり、私たちの誰も歴史的に透明な真空に生きているわけではないから、責任を問われるとは、「有罪可能性」の立場に置かれることであり、応答には自らの「無罪」を説明する責任が含まれるのである。

五つめは「対話性 Dialogism」。それは従来の大文字の歴史としての大きな物語と小文字の歴史としての小さな物語の比重を転換して、歴史実践を過去との対話を通じて現在の現実世界を創造する行為として再把握することだ。そこでは当事者性の揺らぎが、寄り添う弱い当事者性と強い当事者性との境界が解体していく。そのなかで専門家と非専門家との関係も変化し、過去の歴史を現在形で奏でるという意味での芸能上演の意味も前景化してくるだろう。ここでは誰もが傷つく可能性“Vulnerability”「可傷性」を抱えていることを「受け入れる」という姿勢が重要となるだろう。

このように考えてくれば、パブリック・ヒストリーという新しい歴史学の動向が、私たちが主題としている地域素人演劇の試みときわめて近い場所にあることが見えてくるだろう。演劇は観客という共感／共苦／共鳴の共同体を踏まえて初めて成立する営みだ。国家と個人のあいだの小さな時空としての劇場において、ある作品（文書テクスト）と演出家・俳優（伝承者）と観客（研究者）の出会いの場が出現する。演劇作品の解釈の正しさは問題ではなく、俳優たちの言葉と身体のパフォーマンスに触発されて、劇場という開かれた場所において、上記の三つの主体（作品・俳優・観客）が遭遇し、一つの小さな共同体ができ、そのことに人びとが動かされたという〈事実〉である。ここにこそ、歴史的過去が現在形で蘇る演劇としてのパブリック・ヒストリーが生まれる動態的な契機（モーメント／瞬間）がある。

演劇とパブリック・ヒストリーをつなぐのは、歴史という事実と物語とのあいだに生起している距離と記憶の問題である。演劇という現在の営みはおしなべて過去の死者との対話であると言える。ちょうど能が彼岸と此岸との境界である橋掛かりを渡って亡霊が仏僧に出会う演劇形式であるように、それは鎮魂の一形式として当事者（個人）と記憶（共同体）の出会う場所だ。当事者の苦しみの体験が、他者である〈仏僧〉がその語りを聞く／聴くことによって、観客へと受け渡される当事者性が発生するのだ。

もう一点、所有と分有による分与に関する問い、演劇や歴史の語りを所有するのは誰かという問いがある。地域素人演劇は、プロの演出家・俳優（専門家）と素人演劇（非専門家）との区別を無効化することに基づいている。そこでのパブリックは、舞台と客席とに厳然と分けられているわけではなく、どちらの場においても当事者性を意識させる形で演劇が成立している。ちょうどそれは、保苅実による歴史実践が、ジミー爺さんによるキャプテン・クックの話を所有ではなく、部族の記憶としてその話に分有されているという事実に基づくことに似ている。ジミー爺さんは、その記憶を日本からグリンジ・コミュニティに実際にやってきて一緒に暮らし、ただしゃがみこんで話を聞いていた、保苅に分与した。このように固有の物語は他者と共有されることで普遍性を獲得し、所有は分有になることで歴史的な当事者性を付与されるのである。そのことをタペストリー（対位法）の比喩で語ることもできるだろう。歴史の縦糸という当事者性と、地域の横糸という連累性がまるで「つづれ織り」のように絡まり、現実／歴史／記憶の多面的な実相は文字化できない、無限／夢幻の身体情報から成っている。そして演劇における身体も（俳優も観客も）、同様に、無限の情報（視覚・聴覚・触覚・味覚・嗅覚）と夢幻の情動（第六感）に包含されている。

これから論じる「現代版組踊」も、縦糸としての日本の近代化・集権化という中央の歴史と、横糸としてのそれぞれの地域アイデンティティの再発見という地域の伝承とがタペストリーとして織り込まれてできあがっているのだ。現代版組踊のそのような特質は、小学生から高校生までの若者たちが歴史上の人物を演じて、語る／騙るという教育実践によって支えられているのだが、そのことを次節から詳しく検討していきたい。

三　平田大一と「現代版組踊」

現代版組踊の舞台の具体的分析に入る前に、まずこの〈歴史としての演劇／演劇としての歴史〉が実現するためには、平田大一《だいいち》という稀有な人間の思想と実践があることを踏まえなくてはならない。そのためにも彼の肉声を聞くことが重要であると考えた私たちは、今年（二〇二〇年）七月に二度にわたりインタビューを行った。全部で六時間にわたるインタビューの内容をここに収録することは紙数の関係でできないので、それについては別個に現代版組踊に特化した書籍を準備しているが、以下の私の記述には平田氏の語りから得たものが多く含まれていることを、氏への感謝とともに記しておきたい。

まず平田大一［図①］のプロフィールから紹介する。「南島詩人」を自称する脚本家・詩人・演出家・歌手・演者というマルチタレントの持ち主である平田大一は、一九六八年に沖縄県小浜島に生まれた。自然に恵まれた小さな島のなかで、歌や踊りに溢れた祭りも多く、また実家が民宿で都会からの客も多かったせいで、島国根性やコンプレックスもなく、子ども心にも世界で一番いい島という感覚があったという。その体験が原点となって、のちに子どもたちの本物の感動体験を教育として伝えたいと思うようになった。舞台デビューは十八歳、東京・

図①　「南島詩人」平田大一舞台写真（写真提供：平田大一氏）

四谷にて「南島詩人」を名乗り、四十冊の学生ノートに書き溜めた詩の朗読会を音楽や踊りや話芸を交えたユニークな形で行った。大学卒業後、故郷に拠点を移し、詩、笛、太鼓、三線、舞を駆使した学校講演を千九百校近く実現。一九九五年に「小浜島キビ刈援農塾」を主宰、全国から大勢の若者が島に集い農業体験ができる宿屋を運営した。主な役職として、沖縄県文化観光スポーツ部初代部長（二〇一一年四月〜二〇一三年三月）、公益財団法人沖縄県文化振興会理事長（二〇一三年六月〜二〇一七年六月）を務め、沖縄県の文化行政を推進してきた。現在はフリーランスの「沖縄文化芸術振興アドバイザー」として、世界と沖縄をつなぐ活動を展開、文化に軸足を置いた新たな地域活性化のモデルづくりを目指している。

現代版組踊に関する平田の創作活動が始まったのは二十一世紀になってからで、「文化を基調とした地域づくり、人づくり」を信条に、二〇〇〇年に『肝高《きむたか》の阿麻和利《あまわり》』の舞台演出を手掛け、以来、地域の伝承や偉人に光をあてた「現代版組踊シリーズ」を県内外で展開するようになる。沖縄での公演を見た人びとが、若者たちの教育と地域の活性化のために自らの地域にもこうした活動を起こしたいと考え、平田を招聘した結果、現代版組踊は沖縄本島だけでなく、沖縄諸島、鹿児島、関西、東北、北海道にまでにまで広がる全国的活動となった。平田は「現代版組踊推進協議会」を二〇一四年に組織し、北海道から八重山まで全十六団体による舞台を軸とした地域おこし活動の中心人物として、演劇を通した教育労働という、子どもたちだけでなく行政、父母、教員、文化活動家を巻き込んだ運動の中核となった。現代版組踊上演に伴って、二〇〇一年「きむたかホール（勝連町。現・うるま市）」初代館長、二〇〇五年初代「那覇市芸術監督」に就任。その間に、「一般社団法人タオファクトリー」を立ち上げ、「教育で地域を、文化で産業をおこす」社会起業家として注目されている。

これまで「現代版組踊」と銘打った平田作・演出の舞台上演には、創作年代順に主に以下のようなものがある――『肝高の阿麻和利』（沖縄県うるま市、一九九九年〜）、『太陽《てぃだ》の王子』（沖縄県浦添市、二〇〇一年〜）、『オヤケアカハチ〜太陽の乱』（沖縄県石垣市、二〇〇二年〜）、『當山久三《とうやまきゅうぞう》物語　未来の瞳』（沖縄県金武町、二〇〇四年〜）、『察度王《さつとおう》物語』（沖縄県浦添市、二〇〇五年〜）、『新龍神伝説〜風の声がきこえる』（大阪府大阪狭山市、二〇〇六年〜）、『翔べ！　尚巴志《しょうはし》』（沖縄県全域、二〇〇八年〜）、『屋蔵大主《やぐらうふぬし》物語〜琉球王朝始まりの島〜』（沖縄県伊平屋村、二〇〇八年〜）、『息吹〜南山《みなみやま》四郎義民伝』（福島県南会津市、二〇〇九年〜）、『北山の風　今帰仁《なきじん》城風雲録』（沖縄県今帰仁村、二〇一〇年〜）、『琉球伝信録〜舞の朝薫《ちょうくん》　武の赤山《せきざん》』（沖縄県那覇市、二〇一〇年〜）、『読谷山花織の宴』（沖縄県全域、二〇一〇年〜）、『シンカヌチャー〜島の祭り』（沖縄県全域、二〇一一年〜）、『北海道歴史舞台　中山久蔵翁物語』（北海道恵庭市、二〇一一年〜）、『百十踏揚《ももとふみあがり》』（沖縄県全域、二〇一二年〜）、『月光の按司《あじ》　笠末若《がさしわか》茶良《ちゃら》』（沖縄県久米島、二〇一三年〜）、『鬼鷲《うにわし》〜琉球王尚巴志』（沖縄県佐敷〜読谷、二〇一四年〜）、『鬼武蔵〜ＴＡＤＡＭＯＴＯ忠元』（鹿児島県伊佐市、二〇一四年〜）、『結―ＭＵＳＵＢＩ―』（鹿児島県徳之島、二〇一五年〜）。

これらの舞台の詳細については別の機会にそれぞれ論じたいと考えているが、本章では、まず全体に共通する特徴を何点か理論的仮説として整理した後に、地域とプロデューサーの異なる三作、すなわち『肝高の阿麻和利』『月光の按司　笠末若茶良』『息吹〜南山四郎義民伝』について触れて、そうした仮説を検証したい。

まず「現代版組踊」という名称についてだが、周知のように、その名のもととなった沖縄の伝統芸能「組踊」は、首里王府が中国皇帝の使者である冊封使を歓待するために、踊奉行であった玉城朝薫《たまぐすくちょうくん》（一六八四〜一七三四）に創作させ、一七一九年の尚敬王の冊封儀礼の際に初演されたものだ。よって、「組踊」自体が近世に構築された「伝統芸能」であるので、「現代版組踊」はいわば「捏造された伝統の再創造／想像」であると言える。組踊は、台詞、音楽、所作、舞踊によって構成される歌舞劇であって、琉歌と同じ八・八・八・六のリズムで語られる唱え（台詞）と音楽、踊り（所作）の三要素で構成される。現代版組踊もこの三つの要素を基本としながら、台詞や演技は現代の若者の劇画的でスピーディな語りであり、音楽はポップス風の叙情的なもの、そして踊りは集団的でモダンな体操風ダンスである。ただ平田も言うように、「型」を重視する点において組踊と現代版組踊は共通しており、後者においてこれまでまったく舞台に立ったことのない子どもたちに演劇教育を施すためには、ダンス＞演技＞歌唱という優先順位が有効であるとされる。さらに現代版組踊では、一つの作品について小学生から高校生まで数十人が舞台に立つので、チーム制度が敷かれることが多く、主に演技、踊り、太鼓などの演奏に特化した三つの集団に分かれる。またどの上演でも、他地域の現代版組踊チームからの応援出演があり、それは主題歌やダンスに共通の要素が多いことから、アンサンブルが損なわれないことによって容易となっている。さらに主題歌などの音楽演奏と照明、装置はプロの人びとが担当する。このような緊密な集団性が子どもたち同士の友情を育み、地域は異なっても、同じ歴史的実践に従事しているという連帯感を生んでいると考えられるのである。

次に物語の共通した性格として、日本の「周縁地域」における歴史的伝承を、現地の小中高校生たちがミュージカルとして歌い踊り演じることによって、それまで知識も関心もなかった子どもたちが社会や歴史に対する積極的な当地者意識を持ち、地域アイデンティティを獲得するような仕掛けが施されていることが挙げられよう。歴史上の人物には有名な人もいれば、無名の庶民もおり、善悪の二項対立よりも人びとがある出来事に対して選択を迫られる生き様のドラマ性が生かされている。そのような物語を子どもたちが自らの身体で演じ歌い踊ることを通して、地域と世界とをつなぐ視点を獲得していく。現代版組踊上演における教育と労働とのつながりは、経済的にも人間的にも緊密なネットワークをなしており、当該地域の全面的支援（行政、父母、学校、活動家の四位一体）がどの公演でも実施されていることが特徴である。子どもたちは学校や家庭や地域社会ではなかなか得られなかった集団性の意義と、友情や感謝の大切さを文字通り汗と涙を通して自分の身体で学んでいく。彼女ら・彼らは地元の歴史上の人物を演じることによって、生まれた場所が単なる地理的場所ではなく、自分のアイデンティティを獲得する場所として生きるための根拠となることを、理屈ではなく身体で学ぶ／真似《まね》ぶ。しかも高校三年生が最後の出演機会であるという時の制約があるために、学校におけるスポーツやクラブ活動を凌駕する熱意が発揮される。そのエネルギーが舞台上で発露するからこそ、観客はその地域の人間でなくても子どもたちの情熱に打たれるのだ。また再演とプロデューサーの変更による伝統と革新のバランスがとれているので、たとえば毎年ほぼ同じ脚本と演出でマンネリ化していくことが避けられていることも特徴だろう。

平田が創始した現代版組踊の脚本と演出には、たとえプロデューサーが変わっても、その本質には独特のドラマツルギーと詩心が融合している。現代版組踊が全国ネットワークとなっていく過程で、その創作には共通の鍵がある。たとえば中央（都市）と周縁（地方）の関係、勝者と敗者、戦乱と平和、学問と伝統、語り手と聞き手、などといった対立と共存が、物語のなかで重要な物語の仕掛けとして機能しているのだ。どの作品でも、それぞれの地域と主題を生かした物語のエッセンスを表現するテーマソングがあり、それとともに全国の現代版組踊に共通のテーマソングであり、いまや野球の甲子園大会の応援歌にも使われるほど一般化した「ダイナミック琉球」とが組み合わせられている。どの舞台でも沖縄のエイサーや太鼓を定番としながら、そこに地元の祭りや伝統の踊りを取り入れた振付とによって、「すでに知ってはいても、しかし本当は知らなかった物語」という歴史の語りが構築されるのだ。元々の発信地である沖縄だけでなく日本の各地域で、演劇をとおしたパブリック・ヒストリーの実践によって、子どもたちが変化する姿を「感動体験」としてその地域の大人たちに見せていくことが、新自由主義による地域の抑圧と荒廃に対する最大にして最良の抵抗であることが示されるのである。

平田の「文化を基調とした地域づくり、人づくり」という信念において、地域創生の鍵は、行政（市町村の職員）、活動家（知識人やNPO）、学校（教員と親）である。その三つの鍵の中核に子どもがいるわけで、つまり現代版組踊が児童・生徒・学生の活動であるのは、文化による人材育成を上からの枠組み（ハコモノ行政やブランドイメージ）からではなく、ボトムアップで行うことが長い目で見て、地域アイデンティティの再創造／想像につながると考えられているのである。つまり平田の信条によれば、芸術や文化だけでの地域創生は不可能であって、そこには経済や産業の視点が不可欠である。とくにそれは沖縄のような新自由主義の弊害を如実に蒙っている地域、若年失業率がきわめて高く、本土のゼネコン産業に支配され、基地への依存が典型的なように植民地主義が色濃く残る地域ではそうだ。たとえば、打越正之『ヤンキーと地元』（筑摩書房、二〇一九年）や上間陽子『裸足で逃げる――沖縄の夜の街の少女たち』（太田出版、二〇一七年）が明らかにするように、沖縄本島で土木作業員や水商売で働く十代・二十代の若者の実態や生育環境は苛酷であり、本土との経済格差や内なる植民地としての沖縄の従属的地位は明らかだ。しかしそこでは沖縄という共同体が持つ絆の強固さ（場合によっては束縛の強さ）が若者に大きな影響を与えている。その絆を現代版組踊は活用することで、文化と産業が一体となった地域の再活性化が目指されているのである。

現代版組踊はプロの演劇を目指さない時限つきで地域限定の歴史実践であるがゆえに、アマチュアであらざるを得ない子どもたちが、「パブリック」という公共圏への参画を可能にしている文化装置であると言える。いわば詩の優位が歌と踊りと音楽によって支えられることで、素人演劇でありながら、というか素人演劇であるがゆえに、歴史の主人公であることにおいては距離感や異化作用を排した「没入型の演劇」が可能となるのである。

しかし同時に語りの手法として、媒介役としての語り手と時代の複層性をつねに設けることで、過度のセンチメンタリズムや、「おらが国が一番」といったリージョナリズム、あるいは「ニッポン万歳！」のような排外的ナショナリズムを回避している点も特記に値するだろう。平田は自らの運動体を「タオファクトリー」と名づける。すなわち、「道《タオ》（教育）」と「工場《ファクトリー》（労働）」とは切り離せないのだ。子どもたちにとって、現代社会が親と学校と警察という壁でできており、それが彼女ら・彼らの自由を抑圧する機構でしかないと見なされているとすれば、現代版組踊による教育と労働は、その「壁」を島と海の自然を介することで「道」に変える試みであるとも言えないだろうか。そこにこそ自分の言葉だけに拘らず人の言葉を記憶して伝えていく「吟遊詩人」「旅する詩人」としての平田大一の真髄がある。現代版組踊が全国ネットワークを獲得していく過程で、沖縄以外の土地でそれぞれの伝承や歴史に題材を得て、縦糸としての地域性が活用される一方で、横糸として沖縄の音楽や踊りをつねに採用していくという二重性が、現代版組踊という歴史実践の普遍性を担保しているのである。

　現代版組踊における特殊性と普遍性を結ぶ鍵を、「三段跳び」の比喩で考えてもいい。すなわち〈当地者性〉（地域の子どもたちと観客による上演）というホップ、〈当時者性〉（過去における地域の伝承や歴史の記憶と反省）というステップ、そして〈当事者性〉（距離がありながらも関与している連累性のある語り手を媒介とすることによって、上演する者にも観客にも自らの体験として過去の歴史や伝承や事件が蘇ること）というジャンプがそれだ。そのことを象徴する歌詞が、すべての現代版組踊の舞台のフィナーレで全員が必ず歌い踊る共通の主題歌「ダイナミック琉球」にある――「名もなき民の」（＝当地者性）、「声なき歌を」（＝当時者性）、「道に立つ人よ」（＝媒介をとおした連累性）、「風に解き放て」（＝普遍性と特殊性とを結ぶ当事者性）という思想がそれだ。ここにこそ、「南島詩人」としての平田の詩学の中核がある。多くの地域おこし運動が、国家主義や地域主義に陥るのは、消費主義や商業主義を旨とする新自由主義的な企業経済活動に支えられていながら、その事実を隠蔽したいという欲望によって幻想の国家や地方を捏造するからである。現代版組踊がその欲望から免れている理由は二つある。一つは子どもたちという未来の世界の「種」を主役としていること。もう一つはどんなに手間暇がかかろうとも、演劇という「いまここ」だけを賭けがねとする総合的当事者性芸術にこだわり続けていることである。つまり「ダイナミック琉球」の歌詞にある「名も無き民」とは、新自由主義や植民地主義が席巻するなかで、アイデンティティの喪失に悩む現代の子どもたちのことでもあるのだ。

現代版組踊の様々な作品のなかで掘り起こされてきた「敗者の歴史」も、パブリック・ヒストリーが試みてきた「マイノリティの声に耳を傾ける」試みの一つと考えていいだろうが、それはともすればセンチメンタリズムや、あるいは「歴史修正主義」に代表されるような歴史の捏造にも利用される恐れがある。ここにあるのは「歴史の事実」と「歴史の解釈」との関係という問題だが、現代版組踊は、それを回避するための重要な仕掛けの一つとして、単に第三者的な視点から「公平」に過去を語るのではなく、過去の出来事を直接には経験しなかったかもしれないけれども、「連累」関係にある「語り手」を設置する。こうした距離を持ちながら、出来事に巻き込まれている人物が劇構造の外枠を作っていることが現代版組踊の大きな特質であり、このようなメタドラマ的な物語構造が没入と異化とのバランスを保っている大きな要因なのである。

次節からは、地域の異なる三つの「現代版組踊」の舞台を紹介することで、以上の仮説を検証していきたい。

四　『肝高の阿麻和利』

『肝高の阿麻和利』［図②］は現代版組踊の最初の作品として、二〇〇〇年三月に沖縄県うるま市の勝連城《かつれんじょう》跡で初演後、沖縄各地だけでなく全国で上演され、現在では三百回以上の公演記録のある文字通り現代版組踊の原点にして代表作である。二〇〇三年には関東公演、二〇〇五年には国立劇場おきなわ公演、二〇〇七年には自主公演による勝連城跡公演、二〇〇八年には初の海外公演としてハワイ公演、二〇〇九年には倉敷・東京・盛岡・福岡公演を行った。他の場所での現代版組踊の創出が、この舞台の上演を見た地域の人びとによって行われてきたことを考えても、この作品の影響力の大きさは強調しても強調しすぎることはない。二〇二〇年七月にはきむたかホールでの公演、十月には世界遺産の指定を受けたこの作品の原点である勝連グスクでの野外公演が予定されていたが、Ｃｏｖｉｄ－19による感染症の影響でともに中止となった。しかしようやく二〇二一年一月に勝連城跡での野外公演が実現し、芸術作品としても、また教育や産業活動の成果としても、きわめて水準の高い舞台が披露されたことは、現代版組踊の原点にして到達点でもある『肝高の阿麻和利』の価値をあらためて認識させることとなった。

図② 『肝高の阿麻和利』フィナーレ（2017年、勝連城跡／写真提供：あまわり浪漫の会）

『肝高の阿麻和利』は、平田大一が、うるま市の教育者として尊敬され二〇一八年に逝去した上江洲安吉《うえずあんきち》のアイデアから示唆を受けて作った物語で、勝連城十代目城主「阿麻和利」の半生を描く。舞台は真夜中の勝連城跡から始まり、年に一度の「幻の村祭り」という噂の真偽を確かめるため、子どもたちが城跡に忍び込むと、謎の老人「長者の大主」が現れ、雷鳴のなかから現れた「肝高神」から渡された巻物には、正史では「逆賊」とされていた「阿麻和利の乱」の真実が書き記されていた。肝高の子どもたちは、巻物の内容を読み解くうちに、一四五六年当時の勝連にさかのぼり、歴史の闇に閉ざされた民草《たみぐさ》の王、阿麻和利の真の姿を発見していくのだ。精霊に導かれて勝連の浜にたどり着いた阿麻和利は、正義党の三人から勝連城主の望月按司《あじ》が悪政で民を苦しめていることを知り、ともに世直しを計画する。それに成功した阿麻和利は十代目の勝連城主となる。しかし阿麻和利の出世を妬む金丸と賢勇の策謀によって、首里の琉球王朝が阿麻和利の殺害を計画、鶴松と亀千代という二人の暗殺者によって阿麻和利は殺される。妻の百十踏揚《ももとふみあがり》に見送られ、民に思いを託して阿麻和利は昇天する。

このように「正史」に対する「叛史」という性格が明白に刻印された物語作りが、最初の現代版組踊から行われていたことが注目に値する。また媒介役の存在や時空を横断するメタドラマ的構造が顕著であり、現代の子どもたちが歴史を学び、歴史上の人物を演じるという基本構造がすでに確立していたことが分かる。また首里王朝との複雑な関係において、地域を支配する城主が犠牲になるという構造も「敗者の歴史」を描くという点で典型をなす。しかし必ずしも、中央が悪であって地方や周縁が善であるといった二項対立図式が貫かれるわけではないことも、現代版組踊の普遍的特質をなす。

伝統的な組踊の代表的な演目である『二童敵討《にどうてきうち》』に登場する阿麻和利《あまおへ》が悪役であるように、阿麻和利は中央の首里政権からは異端視されたが、地元勝連では「天降り加那《あまくだかな》」とも呼ばれ尊敬されてきた。そのような人物を上江洲と平田が地元の子どもたちの教育のために、決起した偉大な民衆の指導者として復活させたのである。平田の脚本には次のような台詞がある――。

勝連のニセター、戦は終わった。
もはや刀や薙刀を振り回す時代ではないのだ。
ところがこの勝連半島は田畑も狭く作物も少ない。

だが、シンカヌチャーものは考えようだ。
島が狭いということは、海が広いということだ。
海の向こうには唐があり、ヤマトがある。
世界中に船を走らせ、異国の宝を持ち帰ろうではないか。

「ニセター」は若者、「シンカヌチャー」は仲間である。つまり上江洲による、沖縄の子どもたちに誇りをもって生きてほしいという次世代への願いが、平田の詩作によって言葉となり、それを若者たちの集団が自らの身体で演じることで、さらに下の世代へと伝えられていくのだ。
『肝高の阿麻和利』の主題曲である平田作詞・作曲の「肝高の詩」は次のように歌われる――。

此ぬ波ぬ高さや志のゆえ
荒れる運命《さだめ》なれど　こぎだしたサバニ
Ｄｒｅａｍ光る風から　Ｄｒｅａｍ答えをつかめ
Ｌｉｖｅ島に生まれた　Ｌｉｖｅ意味を知る
古《いにしえ》の偉人《おとこ》よ教えてはくれまいか
何を求め彼方　海を渡るのか
Ｃａｔｃｈ光る風から　Ｃａｔｃｈ答えをつかめ
Ｊｕｓｔ島に生まれた　Ｊｕｓｔ意味を知る
生まれたてのこの夢に　翼をひろげ翔ぶ

肝高の城《グシク》勝連の　エイサー舞うが如く
勝連の按司《あじ》のように　疾れ時代《とき》を超えて
民草の城　肝高く　獅子ぬ舞うが如く
生まれたてのこの夢に　翼をひろげ翔ぶ
肝高の城　勝連の　ニセター舞うが如く

二〇一八年に上江洲がこの世を去ってから、『肝高の阿麻和利』の公演と、そのための厳しい練習は、この偉大な師を追悼する儀式ともなったことだろう。かくして阿麻和利から上江洲へと受け継がれた「偉人にして異人」の精神は、体験から証言へ、そして記憶へと、平田の言葉を介して、子どもたちが自らの汗と涙と体によって歴史を再構築する営みのなかで、変成しながら生き続けているのである。

五　『月光の按司　笠末若茶良』

『月光の按司　笠末若茶良』〔図③〕は「現代版組踊　島シリーズ」の一作として、十五世紀の久米島の歴史を題材として二〇一二年に初演された。平田による島中心の世界観が久米島という二重の意味での周縁の地を背景として、まさに「敗者の歴史」として結晶している作品である。実際の脚本と演出は、平田の薫陶を受けた藏當《くらとう》慎也が担当した。歴史背景としては一五一〇年頃、首里王朝による久米島の討伐と植民地化が題材として選ばれた。当時の久米島には四つの城があり、それぞれの按司が支配者として民生を司っていた。中心には伊敷索城《いしきなわじょう》があり、その城主である伊敷索按司のチナハには三人の息子がいた。長男の中城《なかぐすく》と次男の真仁古樽《まにくたる》は正妻ウナジヤラから生まれた息子で、それぞれ宇江城按司と具志川城按司であったが、もうひとりの息子、三男のガサシワカチャラは側室で粟国島《あぐにじま》出身の真牛《モウシ》が産んだ子だった。物語はこの真牛の回想によって進んでいく。

　この島シリーズの代表作は、周縁から見た中央という構図が見事に透けて見える構成をとっている。すなわち語り手である記憶の主・真牛がもっとも周縁の位置にある粟国島から側室として中央の久米島の按司に嫁ぎ、さらにその久米島を周縁の地として対照される中央政権の首里王府が、久米島の内部抗争を利用して久米島を支配下におさめるという構図である。こうした政治的・地理的対立構図のなかで、民話の伝統に従って長男と次男が凡庸であり、三男が優秀であるがゆえに民衆の信頼を得るという物語が創作された。しかし民草に愛された三男は、それゆえに首里王朝に警戒され、兄たちに疎まれ、ついには中央政権の尚真王《しょうしんおう》の命を受けた父王の刃に倒れるという悲劇が出来する。

　この作品は、側室というつねにすでに周縁化を運命として生きた母の視点から、三男であるがゆえに家父長制王権の犠牲となった悲劇の英雄を描く。そこにある意匠は、ガサシワカチャラが民衆に愛されたがゆえに、中央権力からは危険視されたことをむしろ誇りある歴史として再認識し、それを現代の離島に生きる若者たちのアイデンティティにつなげようという教育的意識だろう。それゆえ、こうした意図は沖縄本土を舞台にした作品よりもさらに明白となる。テーマソングである「琉美の詩」に「夢よ永久《とわ》に響け〔…〕しぶき上げる波は歌う民の声」とあるように、ここでも島とそこに住む民衆がつねにその地を囲む海と共に生きてきた歴史が、歌となって響いているのである。

図③『月光の按司　笠末若茶良』（2018年、きむたかホール／写真提供：久米島町教育委員会）

六　『息吹〜南山義民喜四郎伝』

『息吹〜南山義民喜四郎伝』〔図④〕は、二〇一〇年十二月に平田の演出で初演されたが、二〇一一年三月の震災で予定されていた平田演出による卒業公演が中止になり、その後、平田を引き継いだ下村一裕の手によって、（語り手が松尾芭蕉から山本八重に替わるなど）会津色の強い舞台作りへと変化してきた点で興味深い作品だ。

歴史的背景は一七二〇年の「南山御蔵入騒動《みなみやま》」、すなわち会津藩下郷百姓八百余名による年貢への抗議行動である。一七二一年一月、百姓代表十三名が江戸に上り、幕府勘定所へ「十三ヶ条訴状」を提出し、後に十八名が加わり、領内二百七十一ヶ村が結束した一揆体制で代表三十一名の江戸訴人を支えた。しかし直轄地での民衆反乱という事態を重く見た江戸幕府による領内全戸取り調べによって、分断された百姓たちは態度を豹変し、一七二二年七月、一揆の指導者として名主三名（久治右衛門・喜左衛門・儀右衛門）、百姓三名（喜四郎・兵左衛門・茂左衛門）は斬首、江戸での取り調べ中の牢死者九名という犠牲者を出した。この事件の結果、幕府直轄支配は会津藩の預け支配に変更された。しかし農民たちの要求は、高率年貢の引き下げ、年貢の江戸廻米の中止、年貢金納の村へ米納強制の反対、小穀割等の新雑税の廃止、郷頭制の廃止といった形で実現された。指導者として斬首された六名は「南山義民」と称えられ、奥会津の誇りとして歴史にその名を残している。

下村一裕が平田の原作を書き直した版は「戊辰バージョン」と呼ばれ、幕末最後の会津藩主・松平容保《かたもり》への歴史教育という形式をとる。重要な語り手＝媒介者として、山本八重を配し、彼女が南山御蔵入騒動の聞き手から百姓一揆の語り手へ、そして会津藩を守る戦士へと変貌していく姿が物語の基本線となる。そこには吉田寅次郎（松陰）・宮部鼎蔵・山本覚馬（八重の兄）といった旅する知識人集団による新しい日本のビジョンが描かれている。

つまりここでの歴史的視覚は、一七二〇～二二年の南山御蔵入騒動という〈百姓vs幕府〉の構図、一八六八～六九年の戊辰戦争〈会津藩vs薩摩・長州・土佐を中核とした新政府軍〉の構図、そして現代の〈東京vs福島〉という構図の三層の時空間構造である。平田から下村へのプロデューサーの変更にともなって、福島が原子力発電所の事故によって被災の代名詞となったという現代史を経て、「フクシマ・アイデンティティ」の再創造という新たな要素が東北で唯一のユニークな現代版組踊のなかに挿入されたのである。

図④　『息吹～南山義民喜四郎伝』喜四郎と千代の別れ（2021年、沖縄市民会館／写真提供：息吹公演事務局）

　この作品には二曲、平田の作詞による主題歌があり、一つは「息吹」と題されて「風光る山／遠きふるさとの／燃えるこの命／永遠《とわ》の道しるべ」というように村人のために尽くした義民たちの生き様が今を生きる子どもたちの道標であるとの希望が歌われる。もう一つは「芽吹き～山の子守唄～」と題され、「山河懐かしき／木霊《こだま》の山よ／河の流れ永久《とわ》に／義民《たみ》の子守唄」と歌われて、山と河、雪と春といった北国の情景が歌いこまれている。また共通テーマ曲である「ダイナミック琉球」の歌詞も、ここでは「海よ…祈りの海よ」が「雪よ…祈りの山よ」と変更され、以下、「風の声響く空よ／遠き眼差しは遥か／響け！　命の息吹」となっている。また微妙な変更であるが、私たちの主題にとって中核をなすフレーズも、「名も無き義民《たみ》の／声なき詩を／道に立つ人よ／風に解き放て！」と記されている。このように現代版組踊としての定型を保ちながら、そこに単に歴史的事象や物語だけではなく、自然の風景や人となりを織り込むことで、地域独自のアイデンティティを歌い踊るなかで子どもたちが獲得していくような身体性の発露が目指されているのである。

二〇二一年八月には、新型コロナウィルス感染症の世界的流行という困難な状況のなかで、日本各地の現代版組踊のメンバーが沖縄の地に集結し、沖縄市民会館で「次世代の息吹」としてアップデートされた舞台が上演された。南会津という地域に根差しながら、日本という国家の行く末を考えるという『息吹』の主題にふさわしい舞台として、今後も日本全国に広がっていくであろう「現代版組踊」という、子どもたちの身体による〈パブリックヒストリー〉の歴史実践の目覚ましい成果を示すことができた。その事実は、感染症の流行や気候変動、自然環境の破壊といった、「人新生」とも「資本新生」とも呼ばれる新自由主義の暴力に席巻された現代世界が抱える深刻な問題群が、私たちそれぞれが自らの「地域」に対する歴史的責任を放棄してきたことへの結果であることへの反省を迫るものではないだろうか。

終わりに

本章では、様々な抑圧の下で生きる普通の人々の傷つく可能性《ヴァルネラブル》を抱えた身体性、しかし同時に遊びや溜《た》めといった自由で活き活きとした精神を懸けた身体性が発露する場である演劇実践を通したパブリック・ヒストリーの試みの実例として、現代版組踊を考えてきた。ここで言う「パブリック」とは、アマとプロ、素人と専門家、文化と経済といった二項対立図式を解体するような公共の福祉を実現し、資本主義的・植民地主義的な私有の欲望から免れた分有の精神を育む、学びと真似びの場だ。現代版組踊の舞台の熱に接した者が誰でも感じるような、限定された時空間である地元に生きる若者たちの誇りと、それでいながら開かれた世界につながろうとする友愛への願いは、歴史構築という過去と現在と未来をむすぶ私たち一人ひとりの日常的な実践が、まさに倫理的な歴史を他者への信頼として獲得する試みであることを、その生身の言葉と身体によって証しているのである。

（1）岡本充弘「パブリック・ヒストリー研究序論」『東洋大学人間科学総合研究所紀要』第二二号、二〇二〇年、六七頁。
（2）Rafael Samuel, *Theatres of Memory*, London: Verso, 1994, p.8.
（3）岡本、前掲論文、六八頁。
（4）同右、七五頁。
（5）同右、七九頁。
（6）Hilda Kean et al. eds., *Seeing History: Public History in Britain Now*, Francis Boutle Publishers, 2000.
（7）岡本、前掲論文、八五頁。
（8）保苅実『ラディカル・オーラル・ヒストリー』岩波現代文庫、二〇一八年、七四―七五頁。

第3章

宝塚風ミュージカル劇団のオリジナリティ

鈴木理映子

はじめに

宝塚歌劇団やＯＳＫ日本歌劇団などが上演するミュージカルやレビューの形式・内容を踏襲した演目を上演するアマチュア女性劇団は、第二次世界大戦後に新劇の影響を受けながら発展した地域演劇活動とも、「文化芸術振興基本法」（二〇〇一年施行）前後から広まった社会的包摂の概念にもとづく（時には公立文化施設が主導するかたちで展開する）市民参加の演劇やミュージカルの流れとも、直接的には関わりのないところから発生した市民演劇の一形態である。

共通する特色は、女性だけのメンバーで男役、娘役（女役）[1]が登場するミュージカル、ショーを上演すること。こうした集団は数年単位で解散や分派、再集結を繰り返しており、正確な数、状況は把握しづらいが、二〇二〇年八月の段階で、北は仙台、南は熊本まで、十団体ほどの社会人劇団が継続した公演活動を行っていることが確認できている。このほかに、ミュージカル上演は行わないが、慰問やイベント出演でのショー上演のみを行うグループも存在するほか、宝塚受験クラスを持つ声楽やダンスの教室の主導で行われる公演、学生サークルまでを含めるならアマチュアによる「宝塚風」ミュージカル、ショー上演の裾野は、かなり広いと言えるだろう。

こうした「宝塚風ミュージカル劇団」（宝塚ファンや活動に関わる当事者たちの間では「もどき劇団」と呼ばれる）の活動については、豊富な資料は残っていないが、少なくとも一九九〇年代の初めには、首都圏を中心に十前後の団体が存在していたことがわかっており、[2]中でも古株の「劇団どりぃ夢」は一九八一年に、「劇団クラーナ」（本章でもとりあげる「劇団クラーナ・ジュネス」の前身）は一九八五年に設立されている。もちろん、それ以前にもこれに類する劇団がなかったと断言はできない。ただ、模倣のための教本ともなる舞台実況ビデオの発売が一九八四年九月からであること、[3]それを再生したり、テレビ中継を録画することも可能な家庭用ビデオデッキの普及率が八四年時点での一八・七％から、一九九〇年には六六・八％にまで上がるといった状況を考えても、一九八〇年代半ばから九〇年代にかけて宝塚風ミュージカル劇団の活動しやすい環境が整ってきていたことは確かだろう。

また、本家の宝塚歌劇の側でも、こうした模倣を呼ぶ背景はあらかじめ準備されていた。一九七四年に月組で初演された『ベルサイユのばら』（八月、宝塚大劇場）と以後の「ベルばら」ブームである。池田理代子原作の少女漫画を舞台化した同作のヒットの要因に、演出を担った長谷川一夫による「型」の演技指導があったことはよく知られる。照明の位置を計算した目線の動きで漫画に描かれた瞳に映る光を再現しようと試みるなど、徹底して形を意識したその表現は、漫画の二次元のイメージを「型」を使って三次元に翻訳、昇華しただけでなく、以後の「男役」のあり方にも大きな影響を残したとされる。

男役（娘役）という「型」の完成は、その演技体をより捉えやすくし、模倣しやすくすることでもあったはずだ。初演からバージョンを変えつつ足掛け三年にわたって上演された『ベルサイユのばら』シリーズ（通称「昭和ベルばら」）のヒットによって、歌劇団の団員を養成する宝塚音楽学校の倍率は跳ね上がった。舞台への熱狂が宝塚独自の「型」への関心となり、そこに自己を重ね、タカラジェンヌを目指すという展開はいかにもわかりやすい。また、それが「音楽学校」という「教育機関」を経て到達する立場であったことも、「できる（かもしれない）」と思わせる要素だっただろう。女子学生やその保護者にとっては、一足飛びに芸能界での活躍を目指すより、入学試験に挑戦することの方が、まだ可能性もあり、馴染みやすく感じられたのではないか。『ベルサイユのばら』地方公演が行われた翌年にあたる一九七七年三月に行われた入試の競争率はおよそ二五倍。(4)戦後東京公演が再開された一九四八年(昭和二十三)の一五・七倍を大きく上回り、志願者の居住地の分布も広げた。また宝塚歌劇七十五周年を記念し、およそ二年にわたりシリーズ四作を連続上演した「平成ベルばら」を経た一九九四年には、四八・五倍という現時点でも最高の競争率が記録されている。(5)今回、聞き取り調査を行った「宝塚風ミュージカル劇団」においても、実際に宝塚受験を経験した主宰者、メンバーは存在しており、こうした劇団の存在が、夢破れたり、「中学三年生から高校三年生」までという受験資格に間に合わなかった者の受け皿となっていることが想像できる。また、これらのカンパニーは、いずれも一九九〇年代後半から二〇〇〇年代の初頭に社会人劇団としてスタートしているが、仕事や子育てが一段落した三、四十代から活動を開始したグループは一九七〇年代の「昭和ベルばら」の、学生のグループからの発展として二十代半ばで劇団を立ち上げたグループは一九九〇年代の「平成ベルばら」のブームの影響下にある世代でもある。

一　脱「スターシステム」のバリエーション

宝塚歌劇の模倣と一口に言っても、何を「宝塚風」と捉えるのか、それを再現するための技術や環境によっても、劇団の規模や活動の形態、作風は異なる。「男役」「娘役」という役割分担、それに準じたメーキャップ、衣裳という共通の条件はあるものの、舞台の形式・内容については相当の幅があるのも、このジャンルの市民劇の特色と言えるだろう。ここからは、全国各地の宝塚風ミュージカル劇団の中でも、十年以上にわたり、オリジナル作品を手掛ける劇団をピックアップし、それぞれの模倣と逸脱の様相、その先に生み出された独自性について考えていきたい。

宮城県仙台市を拠点に活動する「劇団ウィンド・カンパニー」は、この種のミュージカル劇団の中でも活動歴の長い団体で、宮城学院女子大学のミュージカルサークルMGMのOGが主体となり一九九六年に結成された。きっかけは、「平成ベルばら」が流行した時期に、後の代表・真琴ゆう輝が付属高校の文化祭で上演された『ベルサイユのばら』に参加したことにまで遡る。この上演が学内で評判となり、進学先の大学でもミュージカルサークルを創設、卒業後は真琴を代表とするウィンド・カンパニーを始動させた。約二年に一回開催される本公演は、オリジナルのミュージカルとショーの二本立てで、特にミュージカルは、コメディー、ファンタジー、歴史物とバラエティに富んでいる。

二〇一九年十月に上演された『十の契り〜幻の赤い月〜』（仙台市福祉プラザふれあいホール）は、ヴァンパイアと人間、両方の血を引く若き海賊と、ヴァンパイア族の女性との恋と運命の物語。具象の装置も用いた本格的なコスチュームプレイで、ファンタジックな題材、壮大な世界観は、宝塚歌劇とも共通するが、ひとつ意外だったのは、場面構成、ステージングから、出演者間のヒエラルキーがほとんど見えなかったということだ。主人公の青年とヒロインの恋は、たしかに物語を進行させているものの、二人の対話、心理を描く場面は決して多くはない。むしろドラマの中核は、共に孤島に身を寄せ合い、暮らすヴァンパイア族をめぐる因縁や悲哀を、多様な登場人物を通じて描くことに置かれているようだった。

トップスターを頂点に、売り出しの度合いや人気、劇団内での試験の成績により、出番、台詞量から立ち位置までが異なる宝塚歌劇団のスターシステムは、彼女らが演じる物語と併走し、絡み合いながら「宝塚歌劇ならでは」のドラマをつくり出す。だが、アマチュアの劇団に、それを再現できるほどの豊富な人材が揃うことはめったにないし、仮に表現できたとしても、娘役よりは男役、ヒラの団員よりは代表や古参のメンバーが目立つといった程度にとどまることが多い。また、「スターシステム」のドラマは、トップ以下のメンバーが「卒業（退団）」によって刷新されることを前提に生産され、消費される構造になっており、これも、アマチュアの劇団には模倣しがたい要素といえる。結果、多くの宝塚風ミュージカル劇団で、「スターシステム」は、模倣の対象から外れるか、意識的に外されていくことになる。

大学サークル時代から創立当初にかけては、宝塚歌劇団の純然たるコピーを上演していたというウィンド・カンパニーが、オリジナル作品へと移行していった理由について真琴は「著作権に対する意識もありました。ただ、それだけじゃなくて、結局みんな主役になりたいというのもあるし、劇団の中でも、もっと一人ひとりにスポットを当てたいという気持ちがだんだん芽生えてきたんです。そうすると、宝塚の作品じゃダメなんですよね。宝塚って、トップスターがいて、二番手さんがいて、あとはアンサンブルって感じになりがちですから。それならオリジナルの脚本で、できるだけみんなが輝ける作品をつくろうというふうに変わっていったと思います」と振り返る。

ウィンド・カンパニーのアイデンティティは、少なくとも脚本、構成、演出を担う中核のメンバーからすれば、「宝塚風」というよりは「男役・娘役が登場するミュージカル／ショー」にある、という方が実態に近いのだろう。メンバーのほとんどは、宝塚ファンかその経験を持ってはいるものの、必ずしもそれだけを参照軸にしているわけではなく、むしろ劇団四季をはじめとする翻訳ミュージカルの方により親しむ者も多いという。近年は在団二十三年目の扉波《となみ》りき（筆名は森奄美）が、メンバーの希望や意見、会場の大きさ、観客アンケートなども踏まえ、脚本執筆および演出を担う（ショーの構成・演出は真琴）。だが、その扉波にしても、日本舞踊に親しみ、一時は声優も目指したものの、二十代半ばにして、地元で生活しながら演劇活動をしようと決めた、というのが入団の動機であり、宝塚歌劇への関心というよりは「面白そうなことをやっていて、クオリティが高い」ことが決め手だったという。

現在所属するメンバーは五十代から二十代までの三十三名。仕事や子育て、介護のかたわら舞台に関わり続ける古参のメンバーと、ウェブ検索やSNSを通じてウィンド・カンパニーを知り、宝塚的な世界に憧れて入団した二十代とでは、当然、活動に対する意識、舞台に抱くビジョンが異なることも少なくない。「お芝居の内容を考えないで、男役、娘役の形だけ真似したがるってことはありますよね。それはもう、ダメ出しです。なぜそこでかっこつける意味があるの?と」(扉波)。「宝塚的なことをやっているのはもちろんなんですけど、がっつり宝塚をやりたいと思ってウィンドに入ってきたら、かえって壁にぶち当たると思います。均整のとれた体格でもなく、実力もバラバラな私たちが、本当に宝塚的なものをやったらボロが出てしまうし、それはウィンドの求めているものではない。千人規模の劇場でやるスタイルの芝居を三百人の劇場でやっても仕方がないですから。見せる演技であると同時に、もう少しお客さんと気持ちを共有していけるようでないと。そういう意味で、物真似じゃなく、もっと心が通うウィンド的な芝居にしていこうっていう軌道修正はしています」(真琴)。

「男役・娘役が登場するオリジナルミュージカル/ショー」としては、東京都内で活動を展開する「クラーナ・ジュネス」も、ウィンド・カンパニーと同様に老舗劇団として知られている。宝塚のコピーを上演していた「劇団どりぃ夢」で出会ったみさき麗と美雪梨奈により一九八五年に旗揚げ。オリジナル・ミュージカルを上演する女性劇団として、二〇〇一年三月にいったん解散するまで、二十一回の本公演を行い後援会も組織するなど、精力的に活動。その後、二〇〇三年に小学生以上十七歳までを対象とした子供の部(現在は募集停止)を加え「クラーナ・ジュネス」として再始動している。

二〇一九年八月に上演されたミュージカル『ANOTHER WORLD』(脚本・演出:涌井充子、小岩アーバンプラザ)は、タイムスリップ・コメディー。かつては親友だったが、大企業の御曹司と労働者という環境の違いから犬猿の仲となった青年二人が、「チャンスの神様」との出会いをきっかけに、南北戦争前の米国ジョージアにタイムスリップ。立場を交換させられ、ネイティブアメリカンの血を引く使用人と大農園主として生活するうちに、さらなる神と出会い、大騒動を巻き起こす。主人公の青年たちを演じるのは、比較的若手の演者で、代表のみさき麗、副団長で娘役の美雪梨奈をはじめとする大人が、神様、女神などの助演格を演じ、彼らを見守るような構図になっているのが、自然かつ印象的な舞台だった。また、併演のショー『Remenber Me, Remenber You』（構成：樫本三香）も「思い出を預かるデジタルメモリアルバンクから情報流出が起こる」という大枠を設けつつ、怪盗の恋、インドの結婚式に、仲間を想う戦士……とさまざまな設定のエピソードを並べていく展開に、手馴れた様子がうかがえた。宝塚的な見得の切り方、ラブシーンもあるものの、場面ごとにスポットを浴びる俳優が変わるのは、前出のウィンド・カンパニーとも共通する。このような一種の「平等主義」は、ともすればドラマを平板にしがちだが、クラーナの場合は、みさき（涌井）と美雪（樫本）が自ら脚本や構成を手がけ、「トップスター」というよりは「専科」「重鎮」的な役割を演じつつ全体をまとめることで、宝塚のスターシステムとは異なるドラマトゥルギーを生み出していると言える。

かつてのクラーナの始まりがそうであったように、クラーナ・ジュネスからも別の宝塚風ミュージカル劇団が派生している。「劇団メリーゴーランド」の代表、羽良悠里《はらゆり》（俵ゆり）と副代表をつとめる華波蒼《かなみそう》（平野華子）は、同時期にクラーナ・ジュネスに在籍、それぞれに退団した後、二〇一一年にメリーゴーランドを立ち上げた。羽良は都立高校の演劇部と大学のインカレ演劇サークル、華波は女子校の演劇部を経験していたが、どちらも宝塚歌劇のイメージを踏襲するようなものではなかったという。「たまたま入った大学に演劇系のサークルがなくて。じゃあほかの劇団を探そうかなという時に、クラーナの募集を見かけたんです。ミュージカルができて、女性しかいないので親も安心だろう、というくらいの発想で、男役がやりたいとか、娘役がいいとか、そういう考えは一切なかったです。女子校の演劇部でもそこは分けて考えてはいなくて、ただ女の子だけでやっている感じだったんです」（華波）。「高校の時はキャラメルボックスの成井豊さんが演劇部に指導に来てくれたこともありましたし、キャラメルでも初期の、シアターサンモールとかモリエールでやっていた時代の作品はよく観ていました。大学でも、しばらくはストレートプレイをやっていたんです、男子と。ただ、別役実の戯曲だとか、いろんな演劇論を読んでも理解できなかったし、ちょうど第三舞台とか夢の遊眠社が注目されていた時期でもあって、それも読んでみたんですけど、面白くないんです。東大や早稲田の頭のいい男の子たちが面白いと思っていることなんて、東京の女の子が読んでも面白いわけがないんですよね。趣味も感性も全然違うので。そういう時に宝塚を観たら、とても優しい世界が広がっていて。「よかった、これなら私にも理解できる」と思いました。それで、宝塚のもどき劇団があることを知って、そっち（クラーナ・ジュネス）に行ったんです。少なくともそこには私が「素敵、面白い」と感じるものに共感を持ってくれる人たちがいるので」（羽良）。

とはいえ、九〇年代初頭の小劇場演劇に羽良が感じた違和感＝男性中心主義は、彼女たちが参照している宝塚歌劇の中にも内在しているものだ。歌劇団初の女性演出家・植田景子が『ＩＣＡＲＵＳ―追憶の薔薇を求めて』（宝塚バウホール）でデビューしたのは、一九九八年二月で、ちょうど華波や羽良の学生時代にあたる。その後も児玉明子（二〇一三年退団、ライブ・スペクタクル『ＮＡＲＵＴＯ』の演出で知られる）、小柳奈穂子、上田久美子と、女性演出家の活躍の道は拓けてきたが、男性演出家の手による男性（男役）を主役に据えた物語を、女性の俳優に再現させ、女性を中心とした観客が消費するという基本構造自体明らかな変化を見せるまでにはさらに時間がかかるだろう。九〇年代小劇場演劇に批判的だった羽良は、宝塚歌劇を「優しい世界」と言いながらも、同時にその捩《ねじ》れをも看破し、それとは明確に異なる世界観をメリーゴーランドで示そうとしている。「世の中は男性社会で、宝塚にしても「これは女の子の世界だ」と思っていても、結局は、関西のオジさんが仕切っているわけで

図①　劇団メリーゴーランド『王様のピッツァ』（2018年）より。中央左が羽良、同右が華波（写真提供：劇団メリーゴーランド）

すよね。そういう中で、メリゴは女の子の見たい世界をつくっているという自負はあります。それに面白さを感じてくださる方が、ぼちぼち微増して、観にきてくださっていると思います」（羽良）。

脚本・演出は華波と羽良の共同作業。脚本は華波が物語の原案、キャラクターづくりを担当し、羽良がドラマとしての構造を考え、さらに華波が台詞を書くというラリーを繰り返しながら、完成させる。三作目以後は特に「女の子が活躍するコメディータッチの、ハッピーエンドの物語」という方向性を全面に押し出しているという。「どちらかというとコバルト文庫とかの少女小説の世界です。女の子が主軸で素敵な人たちに囲まれて成長していくというのはあんまり宝塚ではないから、それを打ち出して」（華波）。「宝塚の方が演者も舞台装置もレベルは高いわけです。だったら宝塚で観られないものってなんだろう、と考えたら、それは女の子が主人公の物語なんですよね」（羽良）。

二〇一八年九月に上演された『王様のピッツァ』（文化シャッターBXホール［図①］）は、ヨーロッパの小国で、革命を率いた父の急逝により国家運営を暫定的に担うことになった娘と、元王太子、隣国の政治家たちとの駆け引きを描く物語。また、二〇一九年九月の『誘惑のクミンシード』（文化シャッターBXホール〔図②〕）は、女王が治める砂漠の中の魔法の王国にヨーロッパから調査研究にやってきた考古学者が不時着、国を守る壺を破壊したことから王国が揺らぎ始める——というもの。いずれも主人公は知的な女性で、男性陣は彼女をリスペクトしつつ助けるという構図になっている。

ストーリーの鍵となる役を演じるのは、ほとんどの場合、羽良と華波だ。ただし、配役は序列というよりも、キャラクター配置の意味合いが強い。「構成は文章でというよりは、人を見ながら立てていきます。だから当て書きです。あとは私が本能で話したことを、羽良が原因を分析して、演出に反映させていく感じです。演出といっても、キャラづけと出ハケですけど。それさえやればあとは演者が勝手にできるので」（華波）。「半分くらいはお茶の水女子大のミュージカルサークルMMGの出身者でもありますし、もちろん、宝塚が好きで、ダンスをしたい、芝居をしたい、歌いたいっていうことは前提としてあると思います。ただ、男役、娘役の見本みたいな、例えば、娘役たるものは男役にこう寄り添うとか、男役はいつも足を開いて座るなんていう形は、私は嫌で。あくまでもキャラを追求してほしいので、もしそれを団員がやり始めたら止めます」（羽良）。

図②　劇団メリーゴーランド『誘惑のクミンシード』チラシ（2019年／写真提供：劇団メリーゴーランド）

侠気にあふれる美丈夫、権謀術数に長けた策士、主人思いの聡明な召使い……など、ある程度わかりやすいキャラクターを俳優たちに割り振り、その性質をいかに巧みに体現し、関係性を際立たせるかを主軸にする作劇は、宝塚というよりは、近年の2・5次元舞台や団員たちがよく観るという劇団☆新感線に近い印象がある。ライトノベルの執筆を打診されることもあるという華波と、児童向けの書籍の編集、執筆、翻訳を生業とする羽良のコンビは、コンセプトにおいても、その実現においても、「もどき」の世界に新たな文脈をもたらしているように思える。(6)

二　今はなきタカラヅカと、地元に生きるスター

ここまで見てきた劇団は、いずれも、宝塚の男役・娘役のスタイルをなぞることから出発しながらも、どのようにしてそのことと距離をとれるかを模索してきたといえる。だが、その一方で、より「宝塚らしさ」「男役／娘役らしさ」にとどまりながら、オリジナルな活動を展開する集団もある。

福岡を拠点に活動する「歌劇団エトワール」〔図③〕は、一九九七年に、カルチャーセンター・西日本新聞TNC文化サークルのミュージカル講座の講師であった大場久路《くみ》と受講者とで結成されて以来、都度メンバーを入れ替え、継続してきた（二〇一八年十月時点のメンバーは四期にあたる）。代表の大場は「子供のころからの宝塚好き」。音楽学校も受験したが果たせず、大阪樟蔭女子大学時代は、宝塚歌劇団所属の作曲家・高井良純が主宰する「日本ミュージカル研究会」に参加し、年二回の公演に出演していた。卒業後に福岡に戻り、事務職をしながらバレエスクールやダンススタジオに出入りしていた時期に、知人の紹介で文化サークルの講座の声がかかったのだという。

劇団公式サイトなどにも書き込まれている結成の動機は「背が低くても男役をやりたい」。だから、男役、娘役という区別、その技術を磨くことこそが、表現のベースにはある。「小さい時から男役の真似をするのが好きでしたし、劇団を作るときにも、絶対に、宝塚の男役、娘役の世界をやろうと思ったんです。実は、その当時の宝塚はあまり面白くなくて。初舞台生のラインダンスに笑顔がないとか、信じられなかった。私は昭和五十年代から六十年代の宝塚が大好きだったんです。今よりずっとファンとの距離も近くて「スター」というよりは「生徒さん」という感じ。庶民的な、大衆演劇に近いイメージです。そういう存在でいながら、夢の世界を一緒に楽しみましょうと語りかける。それがエトワールのいちばんのコンセプトです」（大場）。

エトワールでは、作・演出から作曲、振付までを大場が一手に手がけている。最近作のミュージカル『如月《きさらぎ》超アナログ探偵事務所』（二〇一八年三月、浄雲寺ブディストホール「アショーカ」）は、行方不明となったＩＴ企業の社長を追跡するドタバタコメディーで、デジタル社会に対する疑問、自然や身体的な経験の大切さを訴えるというものだった。「ちょっと社会風刺的なこともやりたいし、今の世の中のことは取り入れるようにしていますね。素人が恋愛物語をしても、恥ずかしいだけですから。そういうことは宝塚に任せて。一応、みんなのやりたいことも聞いて、取り入れながらつくってい

図③　歌劇団エトワール『DREAM☆STAR』（2018年）より。右が大場（撮影：五島朋子氏）

ますが、やっぱりエロやグロ、それからコメディーじゃなくてコントみたいな方向はやりたくないんです。そこで、私が負けるようになってくると、息苦しくて。そこからバン！と〔関係が破綻して〕辞める人が出てきたりもします」（大場）。

「男役は包容力、娘役は可憐さ」が大切だという大場。現実世界の課題を視野に入れることはあっても、彼女が考える「宝塚らしさ」の規範を出ることはない。「あの、ほのぼのとした時代の宝塚ですよね。私が好きだった宝塚、私の心の中の宝塚を守りたい」（大場）。併演のショー『ＤＲＥＡＭ☆ＳＴＡＲ』では、地元の琉球舞踊団のゲスト出演に続き、宝塚歌劇の楽曲、歌謡曲、オリジナルのテーマ曲にあわせた歌と踊りを、衣裳、振付、照明のイメージを変えながら、全十八曲にわたり披露した。宝塚歌劇団の演出家でレビューの第一人者である白井鐵造《てつぞう》の「デイジー　花咲く丘」や一九六〇年代から活躍する岡田敬二のロマンティック・レビューシリーズから選ばれた楽曲が醸し出すノスタルジックな雰囲気、終盤で客席に降りて観客と触れ合う際のアットホーム感、距離の近さは強く印象に残っている。

ファンのコミュニティから生まれた集団としては、熊本の「レビューチーム風」〔図④〕も、現地の新聞やテレビにも登場する目立った存在だ。結成は二〇〇三年。宝塚ファンの集いの延長線のように始まった集団から独立するかたちで、洋海《ひろみ》純を代表、トップとする劇団風が立ち上がった。宝塚受験を希望するものの父親の反対で見送り、保育関係の仕事と子育てをしながらも、元の集団でトップスター的な役割を演じていた洋海が、四十代にして自らの集団を持つことになったのは、「最初のイベントから『ズームイン朝！』に取り上げられたりして、反響が凄かったんです。変に注目されたことで、文句も言われたし、自分も頭でっかちになったというか、だったら、独立してもっとちゃんとやろうと」（洋海）。この時のメンバーは洋海と、「すごい人を見つけた。この人と歌ったり踊ったりしたい」と彼女を見込んだ娘役の澪《みお》つくしのみ。その後協力者を募り、『風のハムレット』

（二〇〇三年一月、健軍文化ホール）で旗揚げ公演を行った。「昔からシェイクスピアが好きで、シェイクスピアを宝塚風にやったらどうなるか、みたいな感じで書きました。宝塚の曲もいくつか入れて。ただ、コピーはしたくなかったんです。そもそもあんな、何十人も舞台に出てくる壮大なことはできないし、好きだからこそ、真似できない。逆に、宝塚に物申したいようなところもありますし（笑）。それで、宝塚とかほかの演劇にもリスペクトをしつつ、己の解釈で好きに歌やダンスを織り交ぜてやっていったら面白いということに行き着きました」（洋海）。

図④　レビューチーム風『ロマンティック・レビュー』（2019年）より。左・洋海と澪（写真提供：レビューチーム風）

当初はシェイクスピア劇や『源氏物語』『風と共に去りぬ』『エリザベート』など宝塚歌劇の大作と同じ題材を使ったオリジナル・ミュージカルを上演していたが、二〇一三年以後は「レビューチーム風」として、レビューとショーを専門に、年一回の本公演、ディナーショーのほか、ボランティア公演を近隣地域で行っている。レビュー公演では、近年でも『源氏物語』やシェイクスピア劇のイメージを取り入れた作品をつくることはあるが、いわゆるミュージカルを上演するには、それとは異なる難しさがあるという。「演劇は難しいっていうことに気がついたんです。あとでビデオで観るとやっぱり役者が下手。あと今メンバーは五人ですけど、それだとできる芝居に限りもあります。ある意味、原点に帰ってきたという気もしますけどね。最初はいろいろ批判されたりもするから、いろいろとこねくり回して、私たちはオリジナルでやるんだ！と肩肘を張ってたところもあります。でも、歌って踊るのは楽しいし、だんだんお客さんもついてきてくださるようになったし。また演劇もやりだすかもしれませんけどね。画家の話というのをいつかやりたいと思っていて。ルノワールもいいし、『ハムレット』のオフィーリアの絵を描いた人の話とか、アイデアだけはあるんです」（洋海）。

レビューチーム風の舞台の特色は、やはり、トップスターの洋海を中心に据えた構成。出演者それぞれのソロ、デュエット、群舞がバランスよく配置されている一方で、登場すれば必ず洋海がセンターにつき、それを周囲の出演者が盛り立てるという見せ方は、本公演にも、ディナーショーにも共通しており、観客にとってのわかりやすさ、見やすさにつながっている。三部構成の公演の一部を「洋海純のショー」と位置付けることもあれば、旗揚げ当初から単独のディナーショーやパーティーを開催してきた経緯もある。また、何より驚かされたのは、熊本市外からもグループで駆けつけるファンたちの存在だ。毎年秋に熊本ホテルキャッスルで行われるディナーショーでも、市内のホールで行われた本公演でも、客席には、団員の写真を貼った特製のうちわなど、応援グッズを携えた女性たちのグループが複数陣取っている。

「一つは市内の方で、博多座（福岡市の劇場）とかでミュージカルもご覧になってた方のグループ。ある時、市民会館で、料金千円、出演者五人で『源氏物語』をやるというので、来てくださって。以来「こんなもの千円でやってたら足が出るから」と言って、二十人くらいを連れ、祝い酒を持っていらっしゃいます。もう一つは御船町（熊本県）の人たち。以前、そこの出身の幕末の志士をめぐるバスツアーというのに呼ばれて一曲やったのを、民生委員さんが気に入ってくださって。ジャンボタクシーで何人も送り込んでくれます。地震でカルチャーセンターが壊れた時には、そのホールのロビーでボランティア公演したこともあります。それからあとは、この劇団の最初の頃に観にきていた人で、「もう、学芸会。観てられん」とおっしゃっていたのが、「観られるようになってきた」って、シャンソンの先生だったり、地元の歌手の方を連れてきてくださったりするんです」（洋海）。

ディナーショーでは百席ほどの宴会場が駆け付けたファンの女性たちで埋まる。うちわやペンライトを振り、握手のために手を伸ばす彼女たちにとって、レビューチーム風と洋海純は、もっとも身近な、歌って踊るスターだ。もはやその目に本家の宝塚歌劇は映っていないだろう。

三　非「なりきり」が拓く、本物への道

スタイルの定まった宝塚風ミュージカル劇団の作品に、地域の風土、コミュニティとのつながりを見出すのは、一見難しい。だが、ボランティアや慰問、イベント出演などを通して、地域に根づき、ファン層を広げる活動もまた、宝塚風ミュージカル劇団の定番でもある。これらの劇団の本公演のペースは一年に一、二回、あるいは数年に一回とそう頻繁とは言えない。公演予算は二十万円前後から二百万くらいまでと幅があるものの、経済的・時間的な負担を負いながら、稽古のペースを保ち、モチベーションを保つためにも、小さな発表の機会は欠かせない。演劇やミュージカルと異なり、歌や踊りのショーは、比較的短時間にまとめやすいうえ、既製の楽曲を使えば、観客にも馴染みやすく、イベントや慰問として受け入れられやすい。さらに本家のお膝元である関西圏や首都圏をのぞけば、宝塚歌劇自体、知ってはいても触れる機会は少なく、かえって歓迎されるといった事情もあるだろう。レビューチーム風がそうであるように、地域での活動が、独自のファンコミュニティを形成し、彼女らを支えていく構造も、アマチュア演劇のあり方として興味深い。

また、これらの劇団では、リーダーが代表と作家や演出家、看板俳優を兼ねることが多く、中心的な人物が入れ替わってもなお集団が継続するような体制はとられていない。どの劇団も「一代限り」だが、一方で名古屋の

ミュージカルサークル「アンジュプリュム」（二〇一五年結成）や、本書の第6章で舘野がとりあげたMMGのOGによる「Lutea」（二〇一四年結成）、「Fleur」（二〇一六年結成）など、二〇一〇年代以後にもあらたな集団は生まれており、参照元としての宝塚歌劇団が存在する限り、「宝塚風ミュージカル劇団」というカテゴリの命脈は保たれているとも言える。これら若い世代の集団が、今後どのように自分たちの「宝塚風」をつくるのか。「なりきり」で「もどき」だからこそ、その完成度、ブレの度合いには、担い手の「宝塚観」「演劇観」が強く反映されるはずで、時にはそれが本家への批評性を帯びたり、オリジナルな表現へと変異を遂げるさまを目撃できるのも、このジャンルを追う観客としての醍醐味だ。

最後に、宝塚歌劇を参照しながらも、独自の世界観を確立し、エンターテインメントとしても成功した事例を紹介しよう。札幌を拠点に活動する「シークレット歌劇團０９３１」は、女性が男役、娘役を演じるオリジナル・ミュージカルやショーを上演する団体。旗揚げ当初からプロフェッショナルなスタッフが多く参画し、現在は地元メディアやイベントにも登場し人気を博すこのカンパニーを、いわゆる「アマチュア演劇」「市民演劇」と同じ土俵で語ることは難しい。だが、宝塚歌劇やそのスターシステムの引用の仕方、また観客との関係づくりには、このジャンルの展開例として見逃せないものがある。

０９３１の活躍は、二〇〇三年、地元テレビ局のディレクターが企画するライブイベント「雑種天国」に「夢組」トップの銀河祐《ぎんがゆう》と紅雅《こうが》みすずが前座として出演したことに端を発する。銀河と紅雅は長年にわたる仕事仲間で、当初は誘われるまま、素顔がばれないようなメイクでピアノを弾くだけというつもりだった。それが、ピアノを用意する手間を省き、宝塚メイクで『ベルサイユのばら』の劇中歌「愛あればこそ」を「それっぽく」歌ったことで、予想以上の反響があり、四度のイベント出演を経て、二〇〇五年『ホワイトデーには白い薔薇を』（三月、十二使徒教会）で単独公演を行うに至った。以後年に一度の本公演に加え、二〇一八年からは札幌のイベント制作会社ダブルスに所属、地元放送局で自分たちのラジオ番組を持ち、イベント開催、ＳＮＳなどを通じ、ファンを全国に拡大している。

他の宝塚系ミュージカル劇団と異なり、０９３１は初めからフェイクでありパロディーで、そのこと自体が人気を博す理由ともなっている。演出を務める愛海《いとうみ》夏子も、「夢組」トップの二人も、実際に宝塚歌劇団の公演を観るようになったのは、０９３１の活動を始めてからだという。「正直に言えばアンチ宝塚だったんです。変な人たちだなと思っていて、それを面白おかしく真似していた。だから最初は適当でした。でも、チケットを売って、単独公演をやるとなると、もっと責任が生まれるんですよね。観てくださる人たちに満足していただくための完成度と知識がないと絶対にいけない。きちんとやる部分と０９３１らしさのバランスをよくするためにも、本家はちゃんと見ておかないといけないというので、勉強はしました。やっぱり、現地で見るとあの面白さがよくわかるんですよね。演出も素晴らしいですし、華がある世界は圧巻でした。一般のお嬢さんが音楽学校に入って、それを押し上げていく歌劇団があり、観客がいる……そういう構図は私にとってすごく興味深かった。もちろん、宝塚だけじゃなく、東宝のミュージカルも観ていますし、本業で東京からくる舞台の札幌公演に関わることもあったので、いろいろなものの影響を受けていると思います」（愛海）。

本公演は二部構成で、一部はオリジナル・ミュージカル。タイムスリップ時代劇の『響奏の薔薇２０１６』（二〇一七年十二月、道新ホール）のように、物語から楽曲までがオリジナルの場合と、『エリザベーーート！』（二〇一八年十二月、道新ホール）、『スカーレットピンポンパーネル』（二〇一九年十二月、道新ホール）のように、宝塚歌劇でも上演されている大型演目をギャグを交えて再構成する場合がある。いずれにせよ、そこでは銀河と紅雅が中心的な役割を果たすのだが、安定感と思い切りの良さを併せ持つ「夢組大型新人」の音羽美雨、唯一の男性メンバーでいじられ役の「０９３１ジュニア」あいざわなど、それを支える団員も相当にキャラ立ちしているのが印象に残る。また、そのノリは宝塚歌劇というより、劇団☆新感線を筆頭とするエンターテインメント志向の小劇場演劇に近いという印象を持った。

一方、二部のショーは、歌とダンス、トップコンビのトークで構成される。そこでは既存の歌謡曲に加え、宝塚歌劇の楽曲も定番として歌い踊られるが、もっとも0931らしさが発揮されるのは、むしろ、その間をつなぐトークである。加齢による体の不調や稽古中の失敗、夢のない私生活を赤裸々に語り、「素顔」を垣間見せることを厭わない（といって、全てをそこで晒すわけではない）キャラクター越しの「透け感」ともいえるスタンスは、宝塚的なものへの「なりきり」とは大きく異なっているが、それゆえに笑いを誘い、ユニークな個性を際立たせる。人形文化研究の菊地浩平による「着ぐるみ身体」の分析に沿って言えば、劇団トップスターであると同時に「中小貴族」という設定も受け持つ彼女らは、自ら設定したキャラクターを演じながら、「中の人」としての素顔を意図的に「透け」させることでこそ、オリジナリティを強化していると言える。[7]二人合わせて百歳を超えたというトップコンビの丁々発止のやりとりは、設定の裏に隠された素顔の秘密を観客に共有させ、懐に抱き込む。

0931の観客は「（中小貴族が）平素からお世話になっている民」略して「平民」と呼ばれる。公演会場には、平民の証であるTシャツやタオルを身につけたファンが詰めかける一方、そうしたグッズを持たないファンは「オーディエンス（観衆）」として、公演中のファンサービス（いじりやタッチなど）の点で区別される。こうした仕掛けもまた、観客により踏み込んだ参加を促すものとして歓迎されている。どうすれば、この設定、空間により深く参画し、楽しむことができるか――。巧みにつくられた構造に観客が自ら飛び込むことこそが、0931の観劇体験なのだろう。

「一種の宗教的なカリスマに似ていますね、銀河と紅雅の存在が。健全な地方のカリスマ。知識と分別のあるインテリな方々ほどこの特殊なエンターテインメントにどっぷりハマりますし、自己解放もでき、そしてクセになる」（愛海）。ラテン風ユーロビート「Carlito」を流しながら、客席を回り、小樽銘菓「黒潮」を観客の口に入れていくショーの一場面。毎公演行われる恒例の行事に沸き立ち、口を開けて待つ「平民」の様子は、宝塚歌劇の客席とはおよそ似ていないが、どこか共通する仕掛けや心理を感じさせる。

大正から昭和初期に全国各地で設立され、人気を博した少女歌劇団の多くは、地域の遊興施設と結びつき、人気を博した。現在も吉本興業が関わり、広井王子が総合演出をつとめる「少女歌劇団ミモザーヌ」（大阪府）や、「堺少女歌劇団」(8)（大阪府）など、宝塚的な女性集団での公演を前提とするプロジェクトは次々と立ち上がっているものの、宝塚歌劇、OSKのOGをキャスト、スタッフに含む「歌劇 ザ・レビュー ハウステンボス」や「雪月花歌劇団」といった観光劇団が一定の支持を得ていること以外に、本家に並ぶ存在感を示す集団はない。だが、こうしてさまざまに模倣からオリジナルへと移行していくミュージカル劇団を追ってみると、シークレット歌劇團0931が独自の世界を構築し先鞭をつけているように、よりインディペンデントな演劇活動の中から、厚いファン層を持つあらたなエンターテインメントが現れてくることもあながち夢ではないように思われる。

（1）「男役」に対置される言葉としては「女役」というのが名実共に正確だが、ここでは宝塚歌劇団やその影響を受けた劇団が使用する「娘役」に準じる。
（2）天野道映「男役がいて、娘役がいて、ファンがいる　もう一つの宝塚の伝説」『朝日ジャーナル』一九九二年四月十七日、九一―九二頁。
（3）「'84TMP音楽祭」（宝塚音楽出版）。
（4）「ヅカ学校は競争25倍」『朝日新聞』一九七七年三月十二日朝刊。

（5）http://astand.asahi.com/entertainment/starfile/osk2013070800020.html

（6）劇団メリーゴーランドは二〇二〇年六月に主宰・羽良悠里の体調不良による解散を宣言。羽良は同年十一月に逝去したが、残るメンバーにより、過去作のスピンオフ・ラジオドラマが制作・配信されるなど創作活動は続けられている。

（7）菊地浩平『人形メディア学講義』（河出書房新社、二〇一八年）第三章「着ぐるみ身体論序説」九四―九七頁。なお、このことは、元ネタである宝塚歌劇団の生徒たちが、本名、芸名、役名を重ねた存在として舞台上にいること、時にはそこに生徒やファンの間でだけ流通する「愛称」という層が存在することを思い起こさせもする。

（8）戦前、堺市大浜を拠点に人気を博した「大浜少女歌劇」の復活を謳い、二〇一四年に設立された団体。堺東商店街連合会が中心となり、堺市、吉本興業の協力を得て出発したが、二〇二〇年二月以後は「株式会社すみれコーポレーション」が運営している。

第4章

地芝居（素人歌舞伎）の現在

舘野太朗

一　地域演劇としての地芝居

近世に成立した歌舞伎は、江戸、京都、大坂の三大都市圏のみならず、地方都市から、農村、山村、漁村などの村落部に至るまで、全国各地で上演されていた。村落で歌舞伎が上演されていたことは、神社などに建てられた舞台によってうかがい知ることができる。それらの舞台は「農村舞台」と呼ばれている。一部、人形芝居や能楽などのために建てられたものもあるが、大部分が歌舞伎を上演するためのものである。景山正隆によると、一九七七年までに、廃絶されたものも含めて、三十七都府県で、千七百七十七件の農村舞台が確認されているという。[1] 農村舞台は、その土地の住人が自分たちのために建てた劇場である。日本には、劇場を地域の共有財産として所有する文化があったのだ。あるいは、鈴木牧之《ぼくし》が『北越雪譜』で、雪をかためてつくった仮設劇場を「雪中の戯場」として紹介しているように[2]、常設の舞台を建てずに、仮設の舞台で上演されることもあった。そうしたものも含めると、自分たちの住む村で芝居を見るということが普通に行われていたと言ってもよいだろう。

村落で上演される歌舞伎は村芝居と総称され、地域住民がみずから演じるものを地芝居（あるいは地狂言）、地域外から専業の俳優や劇団を雇って上演するものを買芝居と区別する。丸山幸太郎は、村芝居の最も古い記録は、延宝三年（一六七五）、岐阜県可児市下切の八幡神社における上演であると主張しているが[3]、これは三都で元禄歌舞伎が成立するかしないかという時期であり、例外的な事例であろう。守屋毅は、村芝居が全国的に定着するのは、十八世紀の半ば、宝暦・天明期ごろとみている。(4) 当時は芸能興行が厳しく制限されていたため、祭礼での芸能奉納を大義名分として、住民たちがみずから上演する地芝居が主流であったようだ。守屋は近世末期の地芝居の性質について以下のように述べている。

> やや結論めくが、農村に於て、歌舞伎が熱烈な支持を受けたのは、必ずしもその民俗性・宗教性に理由があったのではなく、まずその娯楽性・享楽性にあったのだと思うのだ。日焼けした肌に白粉を塗り、野良着を脱ぎ捨て、綺羅をまとつて〔ママ〕、舞台へ踊り出た彼等の姿こそ近世末期の農村の変貌、民俗の呪縛から解き放たれようとしている農民意識の変化を、象徴的に表しているように思えてならない。しかも、なおそれ等の娯楽も享楽も、民俗を前提とし、民俗を媒介とすることによって初めて成立し得る、民俗を前提とせねば成立し得ないものであったと云う複雑な矛盾を、この場合、孕んで居り、この辺に農村歌舞伎〔村芝居〕の日本芸能史上、ユニークな位置が在ると考えられる。(5)

ここで守屋は、「民俗」を信仰に基づく村落生活の意味合いで用いている。歌舞伎は娯楽性の高い芸能であるが、近世の村落で上演される際には、あくまでも信仰の圏内につなぎとめられていたのである。

明治期に入ると、芸能興行が比較的自由に行えるようになり、村落においても祭礼の場を離れて歌舞伎が上演されるようになった。もちろん、祭礼は芝居上演の主要な機会であり続けたが、それ以外の機会にも上演が可能となったのだ。ただし、上演が全く自由というわけではなく、主要な出演者は俳優鑑札を取得し、上演の際には警察への届け出が必要とされた。芝居の魅力に取りつかれた者のなかには、市川某や尾上某といった芸名を名乗って鑑札を取得し、なかば専業的に芝居の上演を請け負う人もあらわれる。各地で地方劇団が結成され、全国的

に買芝居が優勢となる。(6)

愛知県三河地方では、「万人講」と称する集団が結成された。万人講は村落を超えた芝居好きの集団で、依頼に応じて歌舞伎の上演を請け負った。(7)市川少女歌舞伎の指導者となる市川升十郎は、現在の愛知県豊川市に生まれ、万人講が身近な環境で育った。升十郎によると、万人講では、代表者を都市の大劇場に派遣して、最新の演劇動向を収集していたという。(8)地方だからといって、古い型を素朴に受け継いでいるとは限らず、最新の上演を自分たちの芝居に貪欲に取り入れる仕組みもあったのだ。

守屋毅は、万人講に代表される村落単位を超えた上演組織の形成、および祭礼を離れた芝居の上演を「「地狂言的世界」の崩壊」と評した。(9)守屋にとって地芝居とは、近世末期の村落において信仰と娯楽のあわいに成立した芸能であり、その均衡が崩れた明治以後はその本質が失われてしまったというのだ。ただ、見方を変えれば、村落において演劇が信仰の圏域から離れて、演劇そのものとして存在することが可能になった、と言うこともできないだろうか。

村落における歌舞伎上演は、太平洋戦争の後も流行と衰退を繰り返しながら存続した。永田衡吉《こうきち》は、一九六八年に刊行された『神奈川県民俗芸能誌』で、神奈川県下の歌舞伎について「現在カブキ専門の興行師は坂東調之助（秦野）市川柿之助（厚木）蛭間（座間、廃）(10)」と記している。地方で祭礼を請け負う劇団は、一九七〇年代を境に姿を消したものと考えられる。「最後の小芝居」として知られたかたばみ座は、一九六九年にスミダ劇場で「最後の公演」を行って解散している。(11)小規模な独立劇団による「傍流の歌舞伎」は、このころには立ち行かなくなり、大劇場でプロの俳優によって上演されるものが「古典芸能の歌舞伎」として、しろうとの俳優によって上演されるものが「民俗芸能の歌舞伎」として残っていくことになる。

神奈川県では、一九六五年に津久井郡藤野町牧野篠原（現・相模原市緑区）の地芝居が、横浜高島屋ホールで開催された第二回神奈川県民俗芸能大会に出演し、太平洋戦争後最初で最後と銘打った公演を行った[12]。このことがきっかけとなり、地方劇団の衰退と入れ替わるようにして、県内各地で地域住民みずから演じる地芝居が民俗芸能として復活をとげる。座間市入谷地区では、戦前に歌舞伎をしていた人びとが集まり、一九六五年に復活公演を行い、一九七一年には座間市の無形文化財の指定を受けた。海老名市大谷地区では、一九七一年に大谷芸能保存会が結成され、同年に地区内の大谷神明社で奉納芝居を行い、一九七五年には海老名市の無形文化財に指定された[13]。地芝居の復活に際して、地方劇団が大きな役割を果たしたことにも言及しておかなくてはならない。民俗芸能というと、地域内で技術や道具が受け継がれていると思われるだろうが、地芝居の場合は地域外から指導者を招聘したり、衣裳や道具を借りたりすることが多い。永田の挙げた市川柿之助家と蛭間《ひるま》家は地芝居の指導者としても知られ、蛭間家では現在も地芝居の指導と衣裳や道具の貸し出しを行っている[14]。

一九六〇年代に地芝居が民俗芸能として復活するのは、神奈川県に限った話ではない。さらに言えば、地芝居に限った話でもない。俵木悟は、一九六〇年から一九七〇年までの十年間に地方自治体によって民俗芸能の文化財指定が進められ、それに連動して各地で民俗芸能の「保存会」組織が成立したと指摘する[15]。それまでも調査や研究は行われてきたが、文化財制度に組み込まれたことによって、民俗芸能が建築物や美術品などの文化財と同等の価値を有するという認識が広まった。俵木は、「全国の民俗芸能の「文化財化」が総動員的に進められた」と表現しているが、地方のあらゆる芸能が民俗芸能というジャンルに放り込まれることになり、文化財としての価値が認められるようになった。それまで同時代的な娯楽や余興として享受されていた地芝居も、このころを画期として民俗芸能のひとつとして保護の対象と見なされるようになったのだ。

全日本郷土芸能協会が二〇一一年に実施した調査によると、地芝居は全国百九十五か所で上演されている[16]。この調査では、地芝居の運営団体に調査票を送付して、基本的な情報の収集も行われ、百団体から回答を得ている。

各団体を結成時期ごとに整理すると、一九四九年以前が五件、一九五〇年代が五件、一九六〇年代が十三件、一九七〇年代が十九件、一九八〇年代が十八件、一九九〇年代が二十件、二〇〇〇年代が十五件、回答なしが五件となっている。以前も指摘したことであるが[17]、一九九〇年代、二〇〇〇年代、元号でいえば平成になってから、結成された地芝居の団体も多いのである。その背景には、一九九二年に成立した「地域伝統芸能を活用した行事の実施による観光及び特定地域商工業の振興に関する法律」、通称「おまつり法」があると考えられる。従来からの文化財保護に加え、地域おこしの文脈で地方の芸能の復興や新興が行われるようになり、長らく絶えていた芸能が地域おこしの名目で掘り起こされたり、ときには新しく作られたりした。地芝居も、「ふるさと創生」「地域おこし」といったスローガンを追い風として復活が進んだ。地芝居にも、実質的には新興に近いかたちで復活がなされた事例もある[18]。

本章では、東京で活動する地芝居を二団体取り上げる。いずれも一九九〇年代以降に結成された団体である。「秋川歌舞伎」は東京都あきる野市（一九九五年に秋川市と五日市町が合併）で活動する団体で、かつて当地で活躍した劇団のレパートリーを受け継ぎつつも、市民活動として手作りの歌舞伎を志向する点に特徴がある。「新富座こども歌舞伎」は東京都中央区で活動する新興の団体で、村落コミュニティを基礎とする地芝居の定義からは外れてしまう。しかし、祭礼の出し物として地域に定着しており、いま、地域演劇として上演される歌舞伎を論じる際に注目すべき事例であるため、あえて紹介したい。

二　市民手作りによる地芝居復活——秋川歌舞伎保存会「あきる野座」

東京都あきる野市で活動する秋川歌舞伎保存会は、一九九三年に旗揚げ公演を行った地芝居団体である。同保存会が発行した、書籍[19]、パンフレット[20]に沿って結成の経緯を見ていきたい。

東京都あきる野市二宮の古谷家は江戸時代より神楽《かぐら》師の家系であったが、一八七七年に古谷平五郎が説教節の六代目薩摩若太夫を襲名し、人形芝居の一種である車人形も手がけるようになった。その後、明治二十年（一八八七）代に古谷家は、神楽の道具を他所に譲り、車人形もやめて、古谷一座として歌舞伎の上演を始めた。平五郎の孫娘にあたる古谷エツに婿入りした古谷紋蔵は、初代尾上紋昇を名乗り、座長格として活躍した。一九二一年ごろには、古谷一座から、関芝造の芸名を名乗る栗沢兵吉を中心とする若手が、栗沢一座として分派独立している。両劇団は対立していたわけではなく、双方に出演していた役者もいたという。古谷一座と栗沢一座の両劇団は「二宮の芝居」として知られ、近隣地域から依頼があればそれに応じて興行を行うなど、最盛期を迎えた。一九三一年の満州事変以降、戦争のため歌舞伎の上演は一時途絶えてしまう。敗戦後には、青年団が中心となって歌舞伎上演が復活するが、徐々に低調となり、栗沢一座は一九五九年、古谷一座は一九六二年を最後として上演活動を休止している。

そんななか、一九七五年二月に、あきる野市菅生《すがお》の正勝《まさかつ》神社の祭礼で歌舞伎上演のために使われていた組立舞台が、東京都の有形民俗文化財の指定を受けることになった。同年九月の正勝神社の祭礼では、この組立舞台で栗沢一座が久しぶりの公演を行った。この公演がきっかけとなり、同年十一月に二宮歌舞伎保存会が結成され、一九七六年五月に秋川市中央公民館で二宮歌舞伎の復活公演として、『義経千本桜』と『絵本太功記二段目・十段目』が上演された。このときの二宮歌舞伎保存会は、栗沢一座と青年団で歌舞伎を演じた人びとがメンバーであった。一九八一年に旧秋川市の無形民俗文化財の指定を受けるが、後継者難のため継続的な公演活動ができず、一九八九年に解散してしまう。

二宮歌舞伎保存会が解散届を旧秋川市教育委員会に提出したところ、解散を惜しんだ同市の文化財保護審議委員の原嘉文《よしふみ》の提案によって、栗沢一座の衣裳、かつら、小道具の調査が行われることになった。調査は一九九一年三月に行われ、道具の保存状態が良好であり、栗沢一座の三代目にあたる二代目市川増三郎こと栗沢一雄が歌舞伎の科白や振付をすべて記憶していることが判明した。調査結果が新聞等で報じられると、二宮歌舞伎復活への期待が高まった。原嘉文は、二宮歌舞伎復活に向けて、一九九一年六月に発足したばかりの安田生命クオリティオブライフ文化財団による地域伝統文化助成事業への申請を提案し、応募のため、一九九一年九月に二宮歌舞伎保存会結成準備委員会が結成された。翌一九九二年四月に助成金が無事交付され、同年六月に二宮歌舞伎保存会が発足した。

復活した二宮歌舞伎保存会では、新しい役者の募集を行ったが、大人の応募は皆無であった。そこで、子ども歌舞伎の創設に重点が置かれることになった。一九九二年九月から学校週五日制が始まり、毎月第二土曜日が休業となったことも後押しとなった。保存会の会員は秋川市内の小学校をまわって募集案内を配布し、一九九二年九月に二宮子供歌舞伎が発会した。一九九二年十月には、地方博「ＴＡＭＡらいふ21」のプレイベントとして、秋川市市民運動広場に菅生の組立舞台を設置して、栗沢一座の復活公演が行われた。このときは『種蒔三人三番叟』と『絵本太功記十段目』が上演され、幕間には二宮子供歌舞伎の会員を花道にあげて紹介し、翌年に子ども歌舞伎を旗揚げすることが発表された。

翌一九九三年一月から、子ども歌舞伎の活動が本格化し、栗沢一雄の指導で『絵本太功記』の稽古が始まった。年度をまたいで稽古が続けられたが、主役に決まっていた小学六年生が進学にともなって退会し、配役を組みなおすなどの苦労があったという。一九九三年四月から、多摩地域が神奈川県から旧東京府に移管されて百周年にあたることを記念した地方博「ＴＡＭＡらいふ21」が開催された。二宮子供歌舞伎は旧秋川市を代表して「秋川子供歌舞伎」と改称し、同年十月にメイン会場の立川市昭和記念公園内の多摩アリーナで「秋川子供歌舞伎旗揚げ公演」と称して、『絵本太功記二段目』と『絵本太功記十段目』を上演した。

その後も、秋川子供歌舞伎は旧秋川市内外で公演を重ねていく。一九九七年に子供歌舞伎の保護者が中心となって大人の一座を立ち上げ、秋川歌舞伎保存会と改称した。このとき、一九九五年に合併によってあきる野市が発足していたことから、一座の名称として「あきる野座」を用いることとなった。二〇〇〇年には、秋川歌舞伎として東京都の無形民俗文化財に指定されている。

以上、秋川歌舞伎「復活」の過程を見てきた。「二宮の芝居」として知られた、古谷一座、栗沢一座の時代を原型とすると、演者が大人から子どもへと変化し、地域的には二宮地区から旧秋川市、さらにあきる野市全体へと拡大している。

一九九一年に復活に向けた動きが始まった頃から、各種の助成金の交付を受けていることも秋川歌舞伎の特徴である。以下、パンフレットに掲載されている年表から抜粋する。

一九九二年四月：安田生命クオリティ・オブ・ライフ文化財団より助成金交付を受ける。
一九九二年十月：ＴＡＭＡライフ事業（平成5年）助成が認定される。
一九九五年三月：全国税理士共栄会文化財団より助成金を交付される。
一九九六年：日本生命財団より3年間にわたり助成金を交付される。
二〇〇三年十月：第23回伝統文化ポーラ賞（地域賞）をポーラ伝統文化振興財団より受賞。東京全日空ホテルにて副賞50万円を受領する。(21)

日本では、企業メセナ協議会が一九九〇年に設立され、一九九〇年代より公的な活動に対する民間企業による助成が拡大する。民俗芸能や古典芸能、およびそれに類する活動を対象とする助成事業もこのころに開始される。復活初期に秋川歌舞伎が助成を受けた、安田生命クオリティオブライフ文化財団（現・明治安田クオリティオブライフ財団）と全国税理士共栄会文化財団は、いずれも一九九一年に設立された組織である。

こうした民俗芸能を対象とした民間の助成金で問題となるのは、芸能団体の「受援力」である。まず、助成を受けようとする団体が募集の情報を知ることが第一の関門、つづいて、応募のための書類を作成することが第二の関門となる。肝心の助成団体による審査にたどり着くまでのハードルが実は高いのである。二〇一一年の東日本大震災は東北地方の民俗芸能に大きな被害をもたらした。多くの団体が助成事業を立ち上げたが、芸能団体の人びとが自分たちだけで情報を収集し、申請まで行うのは困難であった。岩手で民俗芸能の復興支援に携わった橋本裕之は、芸能団体と助成団体の仲介を行うなかで、申請書を代筆することもあったと明かしている。(22)

秋川歌舞伎の場合、伝承者中心の組織であった旧二宮歌舞伎保存会が解散する際に、仲介役となる人と出会ったことも復活の助けとなったのではないだろうか。復活を提案した原嘉文は、たましん地域文化財団の発行する郷土誌『多摩のあゆみ』の編集に携わっていた。たましん地域文化財団は、一九九一年に多摩中央信用金庫が企業メセナを目的として設立した外郭団体である。原は早い段階から助成事業の仕組みに精通していたはずである。また、一九九二年に新しく設立された二宮歌舞伎保存会で会長をつとめた河野専一は、一九七五年設立の旧二宮歌舞伎保存会のメンバーであったが、歌舞伎ひとすじというわけではなく、秋川流域考古学保存会やあきる野市郷土史研究会で会長をつとめるなど、郷土史研究の方面でも活動し、孫で演劇学者の小川史《すかし》を聞き手として書籍を残している。(23)保存会として立派な記念誌を刊行していることから、原、河野の他にも筆の立つ会員がいたことが窺える。もちろん、文章が得意だからといって、いわゆる「書類書き」が得意とは限らないのだが、申請へのハードルはずっと低くなっただろう。

復活当初から助成金の申請を行ったのは、旗揚げ公演に際して、衣裳、かつら、小道具を新調するための資金が必要となったためである。大人が演じるのであれば、栗沢一座の道具を借りればよかったが、子ども歌舞伎を立ち上げるにあたって子どもたちに合わせた道具類を新しく用意しなくてはならなかった。このとき、衣裳は松竹衣裳で揃えたという。ところが、子どもたちが成長するのにともなって数年で衣裳の丈が合わなくなったため、団体内で手作りしていくことになった。

歌舞伎の上演には衣裳の他にも、特殊な道具や技術が必要不可欠である。具体的には、衣裳、かつら、小道具、大道具といったモノ、化粧、着付けの技術、下座《げざ》音楽や竹本の演奏である。こうした歌舞伎上演に必要な「インフラ」を地域内で賄えない場合は、地域外に「外部委託」することになる。地芝居において、地域内ですべての道具や技術を伝承していることは稀である。肝心の演技や演出を、地域内で伝承していることもどちらかといえば珍しく、地域外から振付師と呼ばれる専門家を招聘して、指導してもらうのが一般的である。振付師は地方で劇団をやっていた人びとやその家族が営んでいる場合が多く、衣裳、かつら、小道具の貸し出しや、化粧や着付けまで請け負うことも多い。

秋川歌舞伎では当初、栗沢一座の栗沢一雄を指導者に迎えていたが、指導の助手をしていた会員たちが継承し、団体内で賄えるようにした。下座音楽は、説経節の会(24)に依頼していたが、子ども歌舞伎の母親たちが引き継いだ。竹本(25)は、義太夫節の愛好家集団である藻汐《もしお》会(26)に依頼していたが、小学校の教員として子ども歌舞伎の指導を手伝っていた渡部雅彦と、子ども歌舞伎の役者の父親として保存会に関わっていた白檮山《かしやま》誠が、義太夫節を習得し、これも自前で演奏できるようにした。渡部は現在、秋川歌舞伎を離れ、新潟県の人形浄瑠璃劇団・越後猿八座で渡部八太夫として活動している(27)。白檮山は、あきる野座の座長として、秋川歌舞伎に太夫として出演するほか、請われて他の地芝居団体でも床《ゆか》をつとめており、関東の地芝居において欠くことのできない存在となっている。

あきる野座では、かつらの自作まで行っている。手作りのかつらというと、俄《にわか》で用いるボテかつらのようなものを想像するが、一目見ただけでは手作りとはわからないものである。かつらを団体で持っている場合、役に合わせて結いなおすということはあるが、一から自分で作るということはまずしないし、そもそもそういう発想にはならない。

このように、歌舞伎上演のための道具や技術を団体で保持している点が、秋川歌舞伎の特徴のひとつである。一九九七年に大人歌舞伎を立ち上げ、あきる野座を名乗るころには、上演に関わる道具を自給できるようになったという。一般的な地芝居が年一回から二回程度の公演であるのに対して、秋川歌舞伎ではより高い頻度で公演を行っている。現在、秋川歌舞伎が定期的に行っている公演は、九月のあきる野市二宮の二宮神社生姜祭《しょうがまつり》での公演、同じく九月のあきる野キララホールでのあきる野市民文化祭公演、十一月の神奈川県川崎市の日本民家園での公演、二月の東秋留小学校歌舞伎鑑賞教室の年四回で、その他にも依頼があれば上演に応じるという。団体内で上演が完結することが、このペースを可能にしていると考えられる。

復活当初の秋川歌舞伎では、栗沢劇団の栗沢一雄から受け継いだ、『絵本太功記二段目』『絵本太功記十段目』〔図①〕、『義経千本桜伏見稲荷鳥居前の場』の三演目を上演していた。高い上演頻度に対して上演可能な演目数は多くなかった。このうち、『絵本太功記』の二段目「本能寺の場」を歌舞伎として上演しているのは非常に珍しい。小田春長（史実の織田信長）の滞在する本能寺に武智光秀（史実の明智光秀）が攻め込むという、おなじみの「本能寺の変」に、光秀の家臣の妹でありながら小田家につかえる腰元しのぶと春長の家臣・森蘭丸との恋を絡めるという筋書きである。

秋川歌舞伎では、二〇〇〇年から、独自性を出すために、二段目と十段目をもとにして、『絵本太功記』の「通し上演」に乗り出すこととなった。二〇〇〇年八月、前進座劇場で行われた公演で、『絵本太功記』二段目

図①　秋川歌舞伎保存会「あきる野座」の『絵本太功記十段目』。幼児も雑兵を演じる（2014年10月、秋川ふれあいセンター／撮影：筆者）

「本能寺の場」の前に、発端「松永弾正首塚の場」と序段「勅使饗応の場」をつけて上演した。続いて、二〇〇一年十一月、あきる野市民文化祭公演では、十段目「尼ヶ崎閑居の場」に付けるかたちで、十三段目「小栗栖《おぐるす》の場」を初演。翌二〇〇二年十一月のあきる野市民文化祭公演で十段目の前に、五段目「蛙ヶ鼻《かわずがはな》陣所の場」と「御座船の場」を付けて上演し、「通し上演」を達成したとしている[28]。台本の補綴や演出は、栗沢の後を継いで指導役になっていた会員が手がけた[29]。秋川歌舞伎では、二〇〇六年を最後に『絵本太功記』の復活場面は上演されていないが、二段目と十段目は近年も頻繁に上演している。二〇〇八年からは、栗沢一座が手がけていた演目を復活していく方針がとられ、『菅原伝授手習鑑』の「寺子屋の場」、『白浪五人男』の「稲瀬川勢揃いの場」、『仮名手本忠臣蔵』三段目などを上演している。現在は座長を中心に会員の合議制で振付が行われている[30]。

　近年の状況について、あきる野座座長の白幡山誠さんに伺ったところ、二〇二〇年現在の秋川歌舞伎の会員は百五名、男女はほぼ同数で、上は九十歳代から、下は十歳未満まで幅広い年齢層で活動しているとのことだった。このうち、七十歳代が二十名、六十歳代が十九名と退職後にあたる世代にボリュームがあるのに疑問はないが、四十歳代が十一名、三十歳代が十五名と現役世代にも世代的ふくらみがあるところが特徴といえる。子ども歌舞伎として復活した時代に出演した人びと、あるいは現在の子ども歌舞伎の親にあたる人びとが参加していることが窺える。会員の居住地はあきる野市内が八割以上で、市外在住であっても活動場所まで三十分程度の圏内におさまり、「地元密着」の集団といえる。ただし、代々市内に住んでいる人よりも、市外から転入してきた人のほうが多いという。以前の二宮歌舞伎が秋川子供歌舞伎として復活する際に、旧秋川市内の小学校で出演者の募集が行われ、市内全域から会員が集まった。このときに、一集落を基礎とするいわゆる「民俗芸能」的な集団から、自治体全域から参加希望者が集まる「市民演劇」的な集団への変化が起きたものと考えられる。

あきる野市では、秋川歌舞伎の他に、二〇〇三年から菅生地区で菅生一座という地芝居団体も活動している[31]。前述のとおり、あきる野市菅生地区では正勝神社祭礼で芝居上演のための組立舞台の技術が伝承されている。組立舞台が文化財指定された際には、栗沢一座が芝居を上演したが、かつては地元住民も芝居を上演していた。組立舞台で歌舞伎を上演するため、地区町内会を母体に結成されたのが菅生一座である。二〇〇四年秋に旗揚げ公演を行い、以後、毎年秋に公演を行っている。二〇一四年には、東京都の無形民俗文化財に指定された。また、埼玉県秩父市の秩父歌舞伎正和会《しょうわ》と交流関係にあり、『曽我の対面』や『佐倉義民伝』など、秋川歌舞伎で上演していない演目も手がけている。

二〇一五年には、全国地芝居サミットがあきる野市で開催された。地芝居サミットとは、各地の地芝居団体が集い、現状の報告と親睦を図るイベントである。一九九〇年に長野県大鹿村《おおしか》で第一回サミットが開催され、以後、地芝居の伝承されている自治体がホスト役をつとめて地元団体の公演やシンポジウムなどが行われる[32]。「第25回全国地芝居サミットinあきる野」は二〇一五年五月二日、三日の二日間にわたって催された。会場の秋川キララホール前に組立舞台が設置され、午前中は組立舞台で菅生一座が、午後はホールで秋川歌舞伎がそれぞれ公演を行った。大きいコミュニティを基礎とする秋川歌舞伎と、小さいコミュニティを基礎とする菅生一座は、いずれも活発な活動を続けており、他の団体との交流にも熱心である。関東地方で地芝居を見ていると、両団体のメンバーが揃いのハッピやジャンパーを着て芝居に見入る様子をよく見かける。

三　新しい祭礼芸能としての地芝居――新富座こども歌舞伎

新富座こども歌舞伎は、東京都中央区で「大都会の地芝居」として活動している。毎年二月には、歌舞伎座からもほど近い中央区湊の鐵砲洲《てっぽうず》稲荷神社の節分祭で歌舞伎を上演している。上演前には役者のこしらえをした子どもたちが町内を練り歩き、上演へのムードを高める。鐵砲洲稲荷神社の神楽殿は、能舞台のように三方向に開いており、舞台奥の引き戸には鏡板のような老松が描かれている。歌舞伎用に作られた舞台を「神楽殿」と呼んでいる地域もあるが、この神社の神楽殿は里神楽の上演を想定して作られたものだ。

裃《かみしも》姿の子どもによる『口上』が述べられた後、『寿式三番叟《ことぶきしきさんばそう》』が舞われる。節分にちなんで『三人吉三巴白《さんにんきちさともえのしら》浪《なみ》』から「大川端庚申塚の場」が上演され、大喜利として『白浪五人男』から「稲瀬川勢揃いの場」が上演されて終演となる。神楽殿の舞台は決して広くない。役者として出演しているのは子どもばかりだが、傘をさした五人男が並ぶ場面では、背の高い子と低い子を互い違いに立たせて空間を確保するなど、限られた空間で上演するための工夫が見られる。下座音楽は、舞台下に設けられたスペースで大人たちが生で演奏する。見得で「バッタリ」とツケが打たれると、歌舞伎になじみ深い土地柄からか、観客から絶妙の間で掛け声がかかる。

予備知識なく、この光景を見た人は、「歌舞伎の盛んな土地だから、お祭りでは何百年も前から子ども歌舞伎が行われてきたのだろう」と勘違いするかもしれない。しかし実際のところ、新富座こども歌舞伎は二〇〇七年に発足した若い団体である。祭り、神社、神楽殿という舞台に、子ども歌舞伎という伝統を感じさせる要素を巧みに組み合わせたことによって、昔からあったかのように町に馴染んでいるのが、新富座こども歌舞伎の特徴であろう。歴史の浅い団体でありながら、二〇一五年には、東京芸術劇場プレイハウスで開催された第四十六回東京都民俗芸能大会にも出演している(33)。

新富座こども歌舞伎が活動を開始したのは、二〇〇七年四月である。団体が結成に至るまでの過程と現在の活動状況について、代表の諸河《もろかわ》文子さんにお話を伺った。

長年、中央区で日本舞踊の教室を開いてきた諸河は、二〇〇六年四月に長浜曳山まつり（滋賀県長浜市）の子ども歌舞伎を見て、歌舞伎に関わる企業が揃っている新富町でも子ども歌舞伎ができると確信し、町内会、小学校、歌舞伎に関わる企業の協力を得て、「新富座こども歌舞伎」の会を立ち上げた。「新富座」は言うまでもなく、当地に存在した芝居小屋にちなんだ命名だ。新富座こども歌舞伎の提灯には、新富座創設者の守田勘彌《かんや》家の定紋である「丸にかたばみ」が描かれている。二〇〇七年十一月に京橋プラザ区民館でお披露目公演が行われ、翌二〇〇八年二月には鐵砲洲稲荷神社での公演が始まった。

現在は、六月から稽古を開始し、中央区内で年間三回の公演を行っている。その他、依頼に応じて区内外でも上演することもある。六月から翌年五月一年を一区切りとして通年で活動しており、出演者は稽古が始まる前に毎年募集している。対象者は、中央区の小学校に通学しているか、中央区に在住している小学生に限定しており、区内の小学校、児童館、図書館で募集チラシを配布するほか、団体のウェブサイトでも募集を行っている。年度を越えて参加することもでき、九割が継続参加者とのことである。一年生から参加して、五年生まで続けるというケースが多いようだ。二〇二〇年現在、十五名の小学生が役者として活動しており、うち男児が六名、女児が九名である。役者の他には、保護者が二十名ほど、卒業生とその保護者が五名ほど、その他、地元の大人六名が、囃子方や裏方として公演を支えている。日常の稽古は、週に一度、中央区内の公共施設を借りて行われている。歌舞伎は、前進座の藤川矢之輔と代表の諸河が指導している。諸河は舞踊家でもあり、藤間文園《ふみその》の名義で活動している。囃子と長唄は、囃子方の福原清彦と長唄の杵屋佐之義《きねやさのよし》の指導を受けている。

団体の活動は、十一月、翌年二月、五月の年間三回、中央区内での上演が核となっている[34]。十一月の公演は、銀座街づくり会議と全銀座会が主催するイベント「オータムギンザ」の参加イベントとして、中央区立泰明小学校の校庭に設置した舞台で歌舞伎を上演している[35]。この公演では舞台に背景幕が飾られるが、金井大道具とパシフィックアートセンターが手がけている。両者とも歌舞伎や日本舞踊の大道具製作を手掛ける企業であり、本社を新富町に構えている。地元企業による地元行事への協力というかたちで提供されているとのことである。

二月の公演は、節分に合わせて、中央区湊の鐵砲洲稲荷神社の神楽殿で行われる。詳しい様子はすでに述べたが、この公演では、節分にちなんで『三人吉三』を上演するのが恒例となっている。五月の公演も鐵砲洲稲荷神社で行われる。こちらは神社の祭りに合わせた、例大祭公演として行われる。神社神楽殿での公演は、大道具を飾らずに素のままで上演される。小道具は団体で自作し、衣裳も八割程度を団体で所有しており、足りない分は借りているそうだ。

その他にも、依頼があればイベント等に出演しているが、近年は台東区浅草で開催されている「浅草こども歌舞伎まつり」に毎年出演している。このイベントは、ＮＰＯ法人まちづくり推進機構と浅草の商店主が中心となって二〇〇八年から始まったイベントで、関東地方を中心に各地の団体を招いて子ども歌舞伎が上演される。現在は三月の週末に数日間にわたって、浅草神社の神楽殿での開催が定着している。二〇二〇年は新型コロナウイ

図②　新富座こども歌舞伎の『白浪五人男』。神楽殿という限られた空間に傘をさした五人男が居並ぶ（2012年2月、鐵砲洲稲荷神社／撮影：筆者）

ルス感染拡大の影響で中止となったが、埼玉県小鹿野町の小鹿野子ども歌舞伎、栃木県那須烏山市の烏山山あげ保存会芸能部会、群馬県みなかみ町のみなかみ町子ども歌舞伎、東京都中央区の新富座こども歌舞伎、東京都台東区の浅草こども歌舞伎が日替わりで出演する予定であった[36]。

新富座こども歌舞伎では、『寿式三番叟』『三人吉三巴白浪』『白浪五人男』〔図②〕、『義経千本桜』の四演目と、『口上』を主な上演レパートリーとしている。『三人吉三』を例に、上演の特徴を見ていきたい。

『三人吉三巴白浪』は、河竹黙阿弥の代表作のひとつで、安政七年（一八六〇）に『三人吉三廓初買《くるわのはつかい》』として市村座で初演された。江戸世話物を得意とする尾上菊五郎劇団や前進座がしばしば手がけてきた。また、十八代目中村勘三郎と串田和美によるコクーン歌舞伎や、木ノ下裕一率いる木ノ下歌舞伎での同時代的な再検討も記憶に新しい。あるいは、大衆演劇のたつみ演劇ＢＯＸが主人公を三姉弟で演じたのも話題となった。

一方、地芝居で『三人吉三』は人気演目とは言えない。地芝居では、『絵本太功記十段目』『熊谷陣屋』『寺子屋』『袖萩祭文』などの重厚長大な義太夫狂言が好んで上演されてきた。黙阿弥作品としては、『白浪五人男』の「稲瀬川勢揃いの場」が各地で上演されているが、数少ない例外である。長浜曳山まつりなどの曳山で演じる子ども歌舞伎では、若干演目の傾向が異なるものの、振付師、浄瑠璃語り、三味線奏者を「三役」と称して外部から招聘する慣習があるため、やはり義太夫狂言が上演されることが多い。近年は、松竹歌舞伎の関係者が指導する団体を中心に『三人吉三』の上演が広がっている。例えば、石川県小松市で二〇一五年から活動している小松市民歌舞伎では、四代目市川翠扇、六代目市川新蔵の指導のもと、「大川端庚申塚の場」を手がけている[37]。

新富座こども歌舞伎は、花道のない舞台で上演することが普通で、特に神楽殿で上演される際には背景幕も飾らない。『三人吉三』では本舞台に土手をつくり、お嬢吉三が夜鷹のおとせを川へ突き落す場面が前半の見せ場である。新富座こども歌舞伎ではこうした大道具を省略し、おとせが突き落されると同時に後見が浪布を持ち上げて、象徴的に両者のやりとりを見せる。神楽殿や特設舞台では、幕を吊ることができないので、柝《き》を合図に演技の開始と終了を知らせる。神楽殿で大道具なしに演じるという制約は、曳山で上演する子ども歌舞伎と共通しており、再構成の方法も参考にしたものと思われる。

演出の面でも独自性が見られる。現在、松竹系の俳優が演じる際には、お坊とお嬢の争いに和尚が割って入り、争いの原因を訊ねる前に二人は刀を収めてしまう。そのため、和尚が「互いに争う百両は二つに割って五十両、お嬢も半分、お坊も半分、止めに入った俺にくんねえ。その代わりには和尚が両腕、五十両では高いものだが、抜いた白刃をそのままに鞘に納めぬ俺があつけえ、両腕切って百両の額を合わせてくんなせえな」と両腕を広げて男気を見せるのだが、すでに刀は鞘に収まっているので、科白と状況が一致しない。新富座こども歌舞伎では、お坊とお嬢が刀を収めずに和尚の提案を聞き、二人で和尚の両腕に傷をつけたのちに、自分たちの腕にも傷をつけ、義兄弟の盃を結ぶ提案をする流れとなっている。古い脚本[38]では、新富座こども歌舞伎の行き方で書かれており、何かの理由があって現行の形になったのだろう。現実味にやや欠けるが、振りが大きくなり、野外で演じるには効果的だ[39]。

ところで、子どもが演じる歌舞伎は大きく三種類に分けることができる。第一は、長浜曳山まつりのように、曳山で上演される子ども歌舞伎、第二は、秋川歌舞伎のように、地芝居の後継者育成のために子どもだけで演じるもの、第三は、伝統歌舞伎保存会が国立劇場で開催している歌舞伎体験教室のように、古典芸能の歌舞伎の普及のために子どもたちに体験してもらうもの、この三種である。

曳山の歌舞伎に子どもが出演するのは、依り代としての役割もあるのだが、狭い空間で歌舞伎を上演するので必然的に子どもしか出演できないからでもある。農村舞台や仮設舞台で演じる地芝居の場合、舞台装置の制約は小さく、必要と熱意があれば、回り舞台やセリさえも作ってしまうのだが、曳山ではそうはいかない。子どもたちの名演、熱演もさることながら、限られた空間で歌舞伎の舞台を再現する振付にも大きな妙味があると言ってもよいだろう。そういった面で、新富座こども歌舞伎は、曳山で上演される子ども歌舞伎と同じジャンルに属すると言ってよいだろう。すでに述べたが、上演の様子が曳山子ども歌舞伎に似ているため、伝統的な行事にも見えるという副次的な効果もある。

歌舞伎は比較的に上演コストがかさむ演劇ジャンルである。新富座こども歌舞伎では、子ども一人につき、月五千円、年間六万円の参加費を集めている。一般の「習い事」の水準と言って差し支えないだろう。地元企業の協賛も得ており、公演パンフレットにはそれらの企業の広告が掲載されている。地元企業と言っても、都心という土地柄から、三井不動産、三井不動産レジデンシャル、松竹衣裳、昭和信用金庫といった、大企業、有名企業が名を連ねている。地元町内会である新富町会からも助成を受けており、中央区、新富町全体で子ども歌舞伎を支えている。

その他、公募の助成事業にも積極的に応募している。例えば、中央区文化・国際交流振興協会が運営している文化推進事業助成には、これまでに数回採択されている[40]。二〇〇九年度、二〇一〇年度には、日本芸術文化振興会の芸術文化振興基金の助成を受けている[41]。芸術文化振興基金は様々なカテゴリに分かれている。民俗芸能の団体が助成を受けたい場合は、「地域の文化振興等の活動」の「民俗文化財の保存活用活動」に応募することになるのだが、新富座こども歌舞伎は文化財指定を受けていないので、「地域の文化振興等の活動」の「アマチュア等の文化団体活動」として採択されている。このカテゴリは、伝統芸能や民俗芸能ではなく、地域演劇やオペラなどの上演活動を想定したものである。秋川歌舞伎にも共通する点であるが、積極的な上演活動と助成金の獲得を両輪の輪とすることが、現在の地芝居団体の成功の決め手と言えるかもしれない。

四　地芝居の現在

以上、一九九〇年代に復活した秋川歌舞伎、二〇〇〇年代に発足した新富座こども歌舞伎の概要を見てきた。日本における地域演劇の提唱者のひとりである飯塚友一郎は、一九二七年に刊行した『農村劇場』において、地芝居を自身の構想する地域演劇の先行形態として評価し、「演劇の内容を現代的に改め」ることを提案している[42]。秋川歌舞伎で創作に近い復活上演が行われたこともあったが、これは例外的なもので、現在の地芝居ではふるくから伝わる演目をふるくから伝わる型で演じるほうが主流である。多種多様なジャンルの演劇が上演されている現代において、歌舞伎を離れて新たな演劇を創作するよりも、伝統性を強調したほうがその特色が強く出るからだろう。

守屋毅は地芝居が愛好家組織によって担われるようになったことを嘆いたが、現在はさらに層が変化し、地域や伝統への関心から地芝居に関心をもつ人が増えている。二〇一五年に全日本郷土協会が全国の地芝居団体を対象に行った調査によると、「この土地で伝統芸能を継承していく」といった指針を掲げ、上演活動の継続それ自体を目標とする団体が少なくない(43)。もちろん、演劇としての歌舞伎に興味があって入る人もいるが、地芝居サミットに行くと、地域と伝統への関心が入口となって歌舞伎に引き込まれたという人によく会う。

一九九〇年代、二〇〇〇年代に結成された地芝居は、「地域おこし」ムードのもとで結成された団体が少なくない。二〇一二年に当時の大阪市長が文楽への補助金の見直しを表明するなど、古典芸能への助成を批判する論者が支持を集めつつある。地芝居への公的な助成が大きく増えることはないだろう。そのなかで、本章であげた二団体は、非伝統的な芸能や演劇と同様に、各種の助成事業に応募し、採択されている点は注目に値するだろう。上演自体は保守的・伝統的なものを志向しつつも、運営面では助成を積極的に得ることで、活動継続を盤石にしているのである。地芝居に限らず、民俗芸能と呼ばれるジャンルにおいて、芸態、担い手、運営のすべてをむかしのまま、活動を継続していくことは難しい。本章で見てきた二団体は、民俗芸能が現代に生きるためのひとつの指針を示しているとはいえないだろうか。

(1) 景山正隆「序章　農村舞台探訪」、角田一郎編『農村舞台探訪』和泉書院、一九九四年。
(2) 鈴木牧之『北越雪譜』岩波書店、一九三六年。
(3) 丸山幸太郎『岐阜県地芝居史』私家版、二〇一九年。
(4) 守屋毅「地狂言の終焉」、角田一郎編『農村舞台の総合的研究』桜楓社、一九七一年。

(5) 守屋タケシ「農村歌舞伎研究の問題点」『藝能史研究』六、一九六四年。

(6) このころ村芝居を請け負った人びとについては、舘野太朗「「相模の團十郎」たち――村芝居の興行」（神山彰編『興行とパトロン』森話社、二〇一八年）で詳述した。

(7) 守屋毅「地狂言の終焉」、角田一郎編『農村舞台の総合的研究』。

(8) 「古くから京都にも西陣の庶民の中に年に一度の「顔見世歌舞伎」を見物して一年の憂さを晴らすため、費用積み立ての顔見世講というのがありますが、こちらの万人講は、たゞ見物するというだけでなく、その年の（落した人という意味になりますが）くじに当った人は代表して、東京とか名古屋とか京大阪で、その月一番、だしものも良し、役者も揃って前評判も上乗であるという資料に基づいてその芝居を見物に行き、帰ってきて講中の人々を一堂に集め、仔細に見てきた特定狂言を、見様見真似の動作入り、聞き覚えてきた台詞（せりふ）から道具衣裳はもとより扮装に到るまでをじっくり話し聞かせるというなかなか手の込んだものであります。その年見物の役に当った人は、もちろんノートやメモ帳ぐら《ママ》携行して行ったと思いますが、その人に演技ごころがあればある程、一座を魅了し、仕方話を聞いているだけで、笑わせたり泣かせたりしたもので、話を聞くだけでも充分にみんなをたのしませもし納得も行かせたものでした」（市川升十郎『かぶき人生』豊文堂、一九八三年）。

(9) 守屋毅「地狂言の終焉」、角田一郎編『農村舞台の総合的研究』。

(10) 永田衡吉『神奈川県民俗芸能誌』錦正社、一九六八年。

(11) この後にも公演を行ったという記録もあるが、ここでは阿部優蔵（『東京の小芝居』演劇出版社、一九七〇年）の説をとった。

(12) 永田衡吉『神奈川県民俗芸能誌』。

(13) 舘野太朗「神奈川県における地芝居の「復活」について」『まつり』七五、二〇一三年。

(14) 神奈川県教育委員会編『神奈川の民俗芸能　神奈川県民俗芸能緊急調査報告書』二〇〇六年。

(15) 俵木悟「民俗芸能の伝承組織についての一試論――「保存会」という組織のあり方について」『無形民俗文化財の保存・活用に関する調査報告書』東京文化財研究所無形文化遺産部、二〇一一年。

(16) 全日本郷土芸能協会『「全国の地芝居と農村舞台」調査報告書』全日本郷土芸能協会、二〇一一年。

(17) 舘野太朗「地芝居の現在とその課題」『筑波大学地域研究』三四、二〇一三年。

(18)舘野太朗「神奈川県における地芝居の「復活」について」『まつり』七五、二〇一三年。
(19)秋川歌舞伎保存会編著『秋川歌舞伎』財団法人たましん地域文化財団、二〇〇四年。
(20)秋川歌舞伎保存会広報誌編集委員会編『東京都無形民俗文化財　秋川歌舞伎～東京の農村歌舞伎の古里あきる野市～』秋川歌舞伎保存会事務局、二〇一四年。
(21)「秋川歌舞伎年表」、秋川歌舞伎保存会広報誌編集委員会編『東京都無形民俗文化財　秋川歌舞伎～東京の農村歌舞伎の古里あきる野市～』。
(22)橋本裕之「三年目の本気――岩手県沿岸部における民俗芸能の支援と公演」、無形文化遺産情報ネットワーク編『311復興支援　無形文化遺産情報ネットワーク報告書　東日本大震災被災地域における無形文化遺産とその復興』二〇一四年三月。
(23)河野専一・小川史『野の語り部――桑の里にひびきあう今むかし』筑波書房、一九九八年。
(24)「説経節の会」は八王子で薩摩派説経節を伝承している団体である（説経節の会編『説経節研究　歴史資料編』方丈堂出版、二〇一五年）。
(25)古典芸能の歌舞伎では「竹本」の名称が定着しているため、この用語を使った。地芝居では、義太夫と呼んだり、浄瑠璃と呼んだり、統一されていない。
(26)藻汐会は、義太夫協会の主催する義太夫教室のOBの集まりで、竹本弥乃太夫が指導していた（竹本弥乃太夫「藻汐会のこと」『義太夫協会会報』五三・五四、一九九二年五月）。
(27)「～地の声　天の音～かたりもの 八太夫会」http://wata8tayu.hatenablog.com/
(28)ふつう「通し上演」というと、すべての場面を一日で上演することを意味するが、秋川歌舞伎では、数回の公演に分けて上演する場合も「通し上演」と呼んでいる。
(29)『絵本太功記』の通し上演は、文楽では行われているが、歌舞伎としてはあまり行われていない。名古屋の大須演芸場で「師走大須歌舞伎」を上演していたロック歌舞伎スーパー一座が、二〇〇四年十二月に岩田信市の補綴で『絵本太功記』の通し上演を行っている。翌二〇〇五年十一月には、東京の国立劇場で、七代目中村芝翫、三代目中村橋之助（現・八代目芝翫）、五代目片岡我當の一座も『絵本太功記』を通しで上演している。
(30)秋川歌舞伎保存会広報誌編集委員会編『東京都無形民俗文化財　秋川歌舞伎～東京の農村歌舞伎の古里あきる野市～』。
(31)全日本郷土芸能協会『「全国の地芝居（地歌舞伎）」調査報告書』文化庁文化財部伝統文化課、二〇一六年。

ジャン・ルーシュ　映像人類学の越境者

千葉文夫・金子遊＝編

シネマ・ヴェリテの創始者にして映像人類学の巨人、ジャン・ルーシュ。本書は、「カメラと人間」をはじめとした作家自身による代表的な著作の翻訳と、多彩な研究者、作家による論考、詳細な資料からジャン・ルーシュの広大な世界を探る。

目次　［Ⅰ］シネ・トランスの彼方へ＝伊藤俊治　挑発と笑い＝港千尋　［Ⅱ］銛とカメラ＝佐久間寛　神々が息づく映画＝箭内匡　グリオールとレリスのあいだに＝千葉文夫　［Ⅲ］交差する視線＝東志保　未完のまま、どこかあるところに＝ガブリエラ・トゥルジーリョ　［Ⅳ ジャン・ルーシュ著作］他者と聖性　カメラと人間　真と偽と　人格の変化について　［Ⅴ 資料編］インタヴュー［1988］ほか　（A5判416頁／4730円）

フレームの外へ　現代映画のメディア批判

赤坂太輔＝著

あらゆる画面が我々を囲み、新たな「自然」となりつつある現在。我々はこの環境といかに向き合うべきか。フレームの「内」と「外」、画面と音声の関係を軸にヨーロッパ、アメリカ、日本の戦後映画をたどり、さらにロシア、南米、中東などの先鋭的な映画作家まで「フレームの外へ」と分析の眼差しを向ける現代映画論。

目次　「外」の発見に向かって　イン＆アウト　リアルというフレームの行方　フレームを閉じることと開くこと　想像力は消えた　「時代劇」から上演の映画へ　『ミュリエル』から『和解せず』へ　ゴダール、小津から「ソ連映画」へ　闇から浮上する身体へ　現代映画の軌跡　メディア・イメージに抗って　トランスナショナルなメディア批判映画の現状　（四六判304頁／3190円）

ナチス映画論　ヒトラー・キッチュ・現代

渋谷哲也・夏目深雪＝編

プロパガンダにはじまり、戦争責任の追及、悪のイコン、表象不可能性の問題を経て、いま新たな段階を迎えているナチスの表象。本書では、戦前から現代までのナチス映画をとりあげ、それらが人々を「魅了」し「熱狂」させる謎、周辺国や演劇などの他ジャンルにおよぶ余波、現在にいたるファシズムの問題を検証する。

目次　［Ⅰ］現代の映像環境とナチス映画＝夏目深雪　ホロコースト表象の転換点＝田中純　［Ⅱ］ナチス時代のドイツ人＝田野大輔　戦後ドイツにおけるヒトラーの表象＝高橋秀寿　ナチスvsニュージャーマンシネマ＝渋谷哲也　［Ⅲ］石鹼と沈黙＝四方田犬彦　アイヒマンの同郷人＝鴻英良　コラム5編　ナチス映画50作品ガイド ほか　（A5判328頁／3300円）

映画人が語る日本映画史の舞台裏 ［撮影現場編］

谷川建司＝編

美術、大道具、撮影、衣装、スクリプター、監督、殺陣師、俳優など、日本映画の黄金時代、作品が生み出される現場で映画製作を支えた 14 名の証言から浮かび上がる、もうひとつの日本映画史。

目次　美術で彩る、映画の物語＝千葉一彦　実験放送時代からテレビを支えた美術監督＝橋本潔　殺陣師は監督と対峙する＝上野隆三　衣装を通して映画を創る＝池田誠　労映運動から親子映画のヒットメーカーへ＝伊藤正昭　ドキュメンタリーという「真実」を撮る＝羽田澄子　情景としての演技＝平井靖　撮影所・労働組合・時代劇＝品川隆二 ほか　（A5 判 400 頁／ 3960 円）

映画人が語る日本映画史の舞台裏 ［配給興行編］

谷川建司＝編

光学特撮や現像のスペシャリスト、営業・宣伝担当者、劇場支配人など、作品の仕上げから配給までの仕事に携わってきた 15 名の映画人へのインタビューを通して、日本映画史をとらえ直す。

目次　東映京撮から東映動画の編集者へ＝千蔵豊　映画からテレビまで、現像を支えた東洋現像所＝奥村朗・須佐美成　作品の魅力を伝える言葉の力＝関根忠郎　黄金期の映画界と芸能雑誌の時代＝高木清　永田大映から徳間大映へ繋いだ労組委員長＝山本洋　大映の凋落と永田雅一＝安倍道典　満洲映画協会から洋画配給へ＝緒方用光 ほか　（A5 判 368 頁／ 3960 円）

映画産業史の転換点　経営・継承・メディア戦略

谷川建司＝編

1958 年をピークに斜陽産業へと転じた日本映画界は、いかにして時代の変化に対抗・対応していったのか。映画会社の戦略、俳優の組合運動、幻の映画『祇園祭』をめぐる騒動など、映画を産業としてとらえ、日本映画史のオルタナティヴを描き出す。

目次　［Ⅰ 映画産業界の経済と経営］興行戦略としての「青春余命映画」＝久保豊　小津安二郎の興行戦略＝伊藤弘了　［Ⅱ 映画産業の拠点としての京都］京都と時代劇再考＝小川順子　絵師と映画監督＝小川佐和子　［Ⅲ 映画を取り巻くメディア環境］『君の名は』の歌声＝長門洋平　グラビアと啓蒙＝花田史彦　［Ⅳ 映画『祇園祭』を巡って］『祇園祭』論争に見る監督と脚本家の権限＝板倉史明 ほか　（A5 判 424 頁／ 4730 円）

歴史・民俗
文化史

療法としての歴史〈知〉 いまを診る

方法論懇話会＝編

経済の低迷とたび重なる自然災害、パンデミックにもみまわれた日本では、保守化・中央集権化が進み、内向きの日本礼讃と排外志向の文化・メディア状況が目立っている。蔓延する現代日本の〈症例〉に対して、人文諸学が解決策を提示する。

目次 ［Ⅰ］国民国家は〈進歩の到達点〉か＝北條勝貴 〈日本民族〉は存在するのか＝岡本雅享 〈戦後は終わった〉と考えてよいのか＝佐藤壮広 ［Ⅱ］現代日本は〈裕福〉なのか〈貧困〉なのか＝川端浩平 日本は〈定住社会〉か＝工藤健一 〈日本人は勤勉〉なのか＝須田努 ［Ⅲ］日本人に〈日本史〉は必要か＝内田力 神道は〈日本固有の伝統宗教〉か＝門屋温 アニメーションは〈日本のお家芸〉か＝師茂樹 ほか （四六判 368 頁／ 2750 円）

俄を演じる人々 娯楽と即興の民俗芸能

松岡薫＝著

その年の祭礼だけで上演され、台本や記録を残さないことが多い「俄」。世相風刺や機知に富む滑稽な芝居は、いつ頃から作られ、どのように上演されてきたのだろうか。北部九州での現地調査から、この即興芸能が創出される現場をリアルに捉える。

目次 ［序章］本書の視座――現代民俗学としての民俗芸能研究に向けて ［第 1 章］〈芸〉としての俄の成立――幇間芸から民俗芸能へ ［第 2 章］向上会の誕生――大正期における祭礼の資源化と演者集団の組織化 ［第 3 章］俄を演じる人々――〈演技の共同体〉の継承実践 ［第 4 章］俄の演技が生まれるとき――やり取りの〈場〉からみる演技の創出 ［終章］結論――現代における民俗芸能の継承プロセスと創造性 （A5 判 280 頁／ 7040 円）

森話社

刊行案内　2021-11

〒 101-0047　東京都千代田区内神田 1-15-6　和光ビル
Tel. 03-3292-2636 ／ Fax. 03-3292-2638
郵便振替　00130-2-149068
URL: http://www.shinwasha.com ／ e-mail: info@shinwasha.com

新刊 21-11

歌舞伎を読む 武の巻　源平合戦

大矢芳弘＝編著

今日上演されている作品を中心に、「物語」のテーマごとに一巻にまとめたアンソロジー。原作から台詞と詞章を大胆に抜粋し、その場面の状況設定を現代語で補って読みやすくした。言葉の意味、登場人物の役柄、役者の芸の見どころ聞きどころも解説。
「武の巻」は『平家物語』と『義経記』の世界。敗者を思いやる「判官びいき」を描く。

収録作品　［第一章 おごる平家］源平布引滝／平家女護島／鬼一法眼三略巻　［第二章 源氏の旗揚げ］梶原平三誉石切／ひらかな盛衰記／一谷嫩軍記／壇浦兜軍記　［第三章 判官びいき］御所桜堀川夜討／義経千本桜／勧進帳　（四六判 432 頁／ 4180 円）

新刊 21-10

近代演劇の脈拍　その受容と心性

神山彰＝著

明治期から平成期までの約 150 年の生動感に溢れた「近代演劇」の芸談や批評、思い出から浮かび上がる各時代の演劇の多面的様相をさぐる。

目次　［Ⅰ 森鷗外と三木竹二に見る「演劇」］三木竹二の系族　森鷗外のなかの依田学海と末松謙澄　［Ⅱ 歌舞伎の世紀末］坪内逍遙の世紀末　『め組の喧嘩』と『お祭佐七』の間　鏡花劇の台詞の魅力　二代目市川左団次の「セルフ・ヘルプ」　［Ⅲ 大正・昭和戦前期の面影］雑誌『新演芸』に見る大正演劇　十代目団十郎と山崎紫紅　天勝の「流し目」と新劇の「見下し目線」　『沓掛時次郎』と股旅物　［Ⅳ 戦後演劇の肉声］折口信夫の歌舞伎　「三島歌舞伎」の記憶と「戦後」　新派の光芒　ほか（A5 判 392 頁／ 5390 円）

（32）「全国地芝居連絡協議会（全地連）」http://www.jfpaa.jp/jishibai.html

（33）東京都民俗芸能大会では、民俗芸能の研究者が出演団体の選定を行っている。文化財指定を受けている団体だけでなく、それに類する芸能も出演している。この年のテーマは「江戸前の芸能」で、東京らしい芸能ということで選ばれたものと考えられる。

（34）二月の公演は寒さのため、二〇一九年から中止となっている。

（35）十一月の公演は、二〇二一年から中止となっている。

（36）「第12回浅草こども歌舞伎まつり」チラシ。

（37）「小松市民歌舞伎　生徒募集」https://www.city.komatsu.lg.jp/kanko_bunka/6/4699.html

（38）河竹黙阿弥『三人吉三廓初買』春陽堂、一九三一年。

（39）近年は盃のくだりを省略している。

（40）「中央区文化・国際交流振興協会」https://www.chuo-ci.jp/bunkajigyo/kettei/2015-04/

（41）「新富座こども歌舞伎　例大祭での公演」https://www.ntj.jac.go.jp/kikin/casebook/case26.html

（42）飯塚友一郎『農村劇場』大燈閣、一九二七年。

（43）全日本郷土芸能協会『「全国の地芝居（地歌舞伎）」調査報告書』。

第5章

赤門塾演劇祭

学習塾を母胎とする演劇創造

片山幹生

一　アマチュア演劇の指標

私たちが研究対象としている市民演劇は演劇を生業としないアマチュアによって担われているが、演劇におけるアマチュアとプロの違いは必ずしも明確ではない。一般にアマチュアとは「芸術・スポーツなどを、職業としてではなく、趣味として愛好する人」であるのに対し、プロは「ある物事を職業として行い、それで生計を立てている人」を示す。(1) 日本では商業演劇を主な活動の場とするごく少数の演劇人を除いて、大多数の演劇人は演劇で生計を立てていないという現実があるが、新劇の劇団や小劇場を主な活動の場とする演劇人には、たとえ演劇活動だけで生計を立てていなくても、自分たちの演劇がアマチュア演劇と見なされることを潔しとしない人は少なくないだろう。アマチュアとプロの演劇の区別にあたっては、以下の三つの指標がときに恣意的に用いられている。

(1)経済的な指標：演劇活動が興行として成立し、その報酬によって生計を営んでいるかどうか。
(2)技術的な指標：高い専門性、経験、熟達した技芸を有しているかどうか。
(3)表現・活動に対する自意識についての指標：自分たちの表現・活動が内輪を対象とするものでなく、外側に開かれた公的なものであるという意識を持っているかどうか。

この三つの指標のうち、最初の経済的な指標は客観的で明確で、一般的な意味でのいわゆるプロとアマチュアの違いを示すものになっている。二番目の技術的な指標はしばしば曖昧で、一つ目の指標と矛盾することもありうる。通常、職業的に演劇に携わっているプロの技芸は、アマチュアよりも優れているとされるが、プロだからといって必ずしも優れた技芸を持っているとは限らないし、アマチュアでも玄人はだしの卓越した技量を持っている者も少なくない。また演技については、それぞれのジャンルによって求められる表現技術は異なっていて、その優劣を判断することはしばしば難しいからである。

三番目の指標は表現・活動に対する自意識に関わるものだ。プロとして活動しているのか、それでもアマチュアとして活動しているのかという自意識の問題は、私たちの研究の調査対象とのかかわりにおいてデリケートな問題となることがあった。一番目と二番目の指標を満たしていないような場合でも、つまり演劇活動によって生計を立てているメンバーがおらず、技術面でも高い専門性を認めることができないような場合でも、プロとしての自負を持ち、外側に開かれた演劇活動を行っている演劇人もいれば、公演は興行的に成立しており、技術的な面でもクオリティの高い舞台を作っているにもかかわらず、アマチュアと自認している演劇人もいるからである。第三の指標は客観的指標ではなく、当事者である演劇人の主観に基づく指標だが、この当事者による自認こそ、実のところ、アマチュア演劇としての市民演劇を考えるうえで、最も本質的な指標と言えるかもしれない。

学習塾を母胎にした演劇活動としておよそ半世紀の歴史を持つ赤門塾演劇祭を、この指標に照らして考えてみよう。まず第一の指標である経済的な面からみると、赤門塾演劇祭の出演者およびスタッフは、赤門塾のOB・OG、現役の塾生である小中学生、そしてその関係者（家族や友人など）であり、すべて無報酬で演劇祭に参加している。入場料は無料で、稽古場と公演会場は塾の教室であり、公演にかかる諸費用（舞台美術や衣装、そして稽古後や打ち上げ懇親会の食事代など）すべては赤門塾が負担している。第二の指標の技術的な面ではどうか。赤門塾演劇祭は大きく《小中学生の部》と《OB・OGの部》の二部に分かれていて、《小中学生の部》の出演者は現役の塾生の子供たちなので、当然、普段は演劇とは縁がない素人ばかりということになる。《ＯＢ・ＯＧの部》には、十数年にわたって継続して演劇祭に出演する人も少なくない。《ＯＢ・ＯＧの部》には、赤門塾演劇祭がきっかけで演劇にのめり込み、職業としての俳優を目指すようになった人が参加することもある。ただ全体としては俳優としての専門的な訓練を受けた人は少数で、出演者の大半は、年に一回のこの演劇祭でしか演劇を行わない人たちだ。第三の指標である表現・活動に対する自意識についてはどうか。赤門塾創立者の長谷川宏はこの演劇祭を、顔見知りの親しい仲間たちが演劇づくりを通してその人間関係をさらに充実させる「村芝居」のようなものだととらえている。実際、赤門塾演劇祭は出演者・スタッフも観客の大半は、現在塾に通う小中学生とその家族、かつて赤門塾に通っていたＯＢ・ＯＧたちで、赤門塾の一年間の活動サイクルに組み込まれた内輪の演劇活動となっている。赤門塾演劇祭は、以上のようにアマチュア演劇の要件を満たした典型的な市民演劇であるが、これが素人の余興とは思えない熱意と労力でもって四十五年にわたって継続的に行われていることは注目に値する。これから市民演劇としての赤門塾演劇祭の特徴について考えてきたい。

二　学習塾の演劇祭

なによりもまず学習塾が演劇活動を継続的に行っている点が赤門塾演劇祭の特徴だろう。単なる教科指導を超えたユニークな教育実践を行っている学習塾は少なくないと思うが、子供たちが塾に通うのは一日数時間、週に数回であり、そのメンバーは数年で入れ替わってしまう。演劇公演は時間と手間がかかる非効率的な作業だ。演劇づくりにある種の教育的効果を期待できるにしても、本来の業務である教科指導に加えて、演劇づくりに時間を割く余裕は学習塾には通常ないはずだし、学習塾に演劇指導を要望する親や子供はまずいないだろう。学習塾が演劇祭を行う積極的な理由はないし、演劇創造に必要となる共同性が育まれる環境を学習塾に期待することは難しい。

赤門塾演劇祭のことを私が知ったのは二〇一七年六月である。埼玉県所沢市にある学習塾が毎年三月に演劇祭をやっていて、この年には福田善之の『真田風雲録』が上演されたということを、この演劇祭に出演経験があり、赤門塾の長谷川宏と以前から関わりを持っていた知人に聞いたのだ。塾の行事として四十年以上前から続いているその演劇祭では、現役の塾生による芝居のみならず、かつてこの学習塾に通っていたOB・OGや、長谷川宏が長年にわたって行っている読書会の参加者たちである大人たちの芝居の上演があり、むしろ大人たちの芝居のほうがメインの演劇祭とのこと。長谷川はこの演劇祭をある種の「村芝居」のようなものと言っているらしい。

ヘーゲルの翻訳者として高く評価され、多数の著作を世に出している在野の哲学者でもある長谷川宏を私はそのとき知らなかった。「村芝居」ということばから、田舎にある古い民家のような場所に偏屈な変わり者の大人たちが集まって勉強会のようなことを行っており、年に一度、その私塾の内輪の仲間たちの余興として素人演劇を上演する様子を私は思い浮かべた。それにしてもそうした私的グループでの演劇祭が四十年以上続いているのは希有なことだ。がぜん好奇心を刺激され、私はその知人に次回の演劇祭は可能ならばぜひ見に行きたいので開催前に教えて欲しいと頼んでおいた。

このユニークな演劇祭の特徴は、演劇祭の様子のレポートというかたちでこそ、よりよく伝えることができるように思う。私がはじめて見たのは二〇一八年三月に行われた第四十四回目の赤門演劇祭だ［図①］。赤門塾演劇祭は毎年三月第四週の金土日の三日間行われるのが恒例になっている。私は二〇一八年三月二十四日土曜日、三日間のうちの中日の公演を見た。その様子を以下に記しておこう。

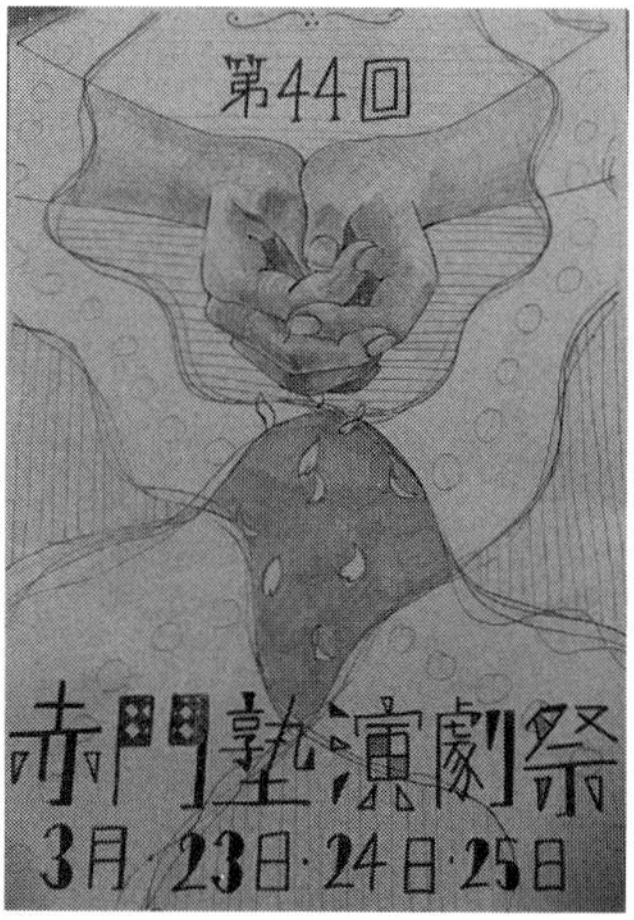

図①　第44回赤門塾演劇祭（2018年）パンフレット

塾の最寄り駅はＪＲ武蔵野線の新秋津駅もしくは西武池袋線の秋津駅である。この付近は東京都と埼玉県の県境にあり一九七〇年代から東京のベッドタウンとして発展してきた地域だ。何軒かの商店があるもののがらんとした新秋津駅前のロータリーから右手に行く道に入り、淵の森緑地を左手に見ながら、三メートルほどの川幅の柳瀬川を渡ると、一戸建てが建ち並ぶ住宅地がある。その住宅街のなかに赤門塾はあった。駅からは歩いて十五分ほどの距離だ。

赤門塾は地元の小中学生を対象とした個人経営の小規模な学習塾だ。周囲の住宅より若干大きめの木造の建物で、左半分が長谷川家の居宅、右半分の半地下のようなところが塾の教室になっていた。教室の広さは二十畳ほどで、小中学校の教室より一回りほど小さいサイズだ。演劇祭の期間中はこの教室が劇場空間に変貌し、長谷川家の居宅の一階部分は出演者たちの楽屋と舞台美術の置き場になる。

手作り感に満ちたこじんまりした仮設の劇場でありながら、思いのほか本格的な公演会場になっているのにまず驚いた。教室前方の五分の一ほどのスペースに舞台が設置され、緋色のカーテンで客席とのあいだが区切られている。客席から見て右手壁際は、教室の出入り口に伸びる通路となっていて、そこは俳優たちが入退場する花道の役割も果たしていた。舞台の下手側は、長谷川家の居住スペースの一階につながっていて俳優たちはそこからも出入りしていた。客席後方には鉄パイプで櫓《やぐら》が組まれ、床面と上層の二層構造になっている。照明、音響のスペースが櫓の二階席にあった。櫓の下は段差が設けられ、そこに腰掛けることができるようになっているのだが、そこに座ることが許されているのは五十歳以上の人だけだ。多くの観客は舞台前の前方の床面に座布団を敷いて観劇する。

会場には七十名ほどの観客がひしめきあっていて超満員だった。観客の年齢層は幼児から老人まで幅広い。数年前から塾の運営は長谷川宏の息子の長谷川優《ゆう》に託されていて、演劇祭の演出と進行も優が担当する。宏は舞台下手側の最前列の端で座椅子に座っていた。

まず小さな子供たちが多数混じる客席の雰囲気が格別だ。子供の観客の多くは出演者である小中学生の塾生の兄弟姉妹だろう。出演者も自分の出し物が終わったあとは観客となり、舞台を見守る。観客は上演中に自由に入退場でき、客席での飲食も自由だ。開演前はざわざわと騒がしいし、赤ん坊が泣いたりすることはあるが、これはむしろ芝居の高揚感を高める心地よい喧噪となっていた。幕が開き、芝居が始まると、騒がしかった小さな子供たちも案外おとなしく舞台を注視していて、プログラムの進行を妨げるようなことはない。ときおり舞台で起こっていることや役者たちに会場から気まぐれな突っ込みが入ったりするのがとても楽しい。

開演は午後二時。公演は三部構成で、第一部が小学生による『すばらしき少年コーラ』（粉川光一作）、第二部が中学生による『あまのじゃく』（加藤道夫作）、そして第三部が高校生と社会人による『ジョン・シルバー　愛の乞食』（唐《から》十郎作）だった。三部トータルで三時間半の上演は「演劇祭」と称するにふさわしい充実感があった。

小学生八人が出演する『すばらしき少年コーラ』の舞台はアラブのとある国。長期にわたる旅立ちに際し、アリコジャは友人のヌーマンにオリーブ油の入った壺を託す。その壺の底に金貨が隠されていることを知ったヌーマンは、その金貨を自分のものにしてしまう。アリコジャが旅から戻り、壺の返却をヌーマンに求めた。壺の底に隠してあった金貨がなくなっていることに気づいたアリコジャはヌーマンを責めるが、ヌーマンはそんな金貨は知らないと突っぱねる。二人の争いは裁判となったが、裁判長には解決のすべが思い浮かばない。その様子を見ていた賢明な少年コーラが見事な解決策を提示する。

子供たちの俳優は舞台化粧をし、美しいアラビア風の衣装を身に着けている。劇場空間と化した塾教室にも驚いたが、化粧、衣装、照明、音響も本格的で、いわゆる学芸会のレベルを超えたものだった。演者も観客も身内同士なのだけれど、作り手の本気を感じる。

小学生たちの演技は棒読みで棒立ちなのだが、自分以外の何者かを観客の前で演じて表現しようとするけなげな姿に心打たれた。子供たちが自分の殻から抜け出し、外に飛び出そうという成長の瞬間に立ち会えたような気がした。子供たちが舞台の上で、思い切って背伸びをして違う世界に足を踏み出そうとしていることがうかがえる舞台だった。

第二部の中学生たちによる『あまのじゃく』では、思春期前期に入った子供たちの成長段階を確認することができる。他人の言葉を自分の言葉として話し、堂々と劇中人物を演じる中学生の役者たちの姿は、小学生の演劇とはまた違った成長のありようを示している。民話劇『あまのじゃく』を劇中劇で演じる中学生たちが、自分こそ本物の「天の邪鬼」だという中学生に翻弄されるというメタ演劇的構造を持つ寓話的な作品だ。赤門塾演劇祭の子供の俳優たちの演技は、こざかしいうまさとは無縁の素朴で素直なものだが、素人の俳優であるがゆえの表現に対する切実な思いがストレートに伝わってきて、その真摯さにしびれるような感動を覚える。

塾生の子供たちの芝居のあと休憩が入り、OB・OGを中心とする大人たちによる第三部が始まった。学習塾の塾生たちによって塾の課外活動として演劇が上演されるというのも滅多にないことだと思うが、現役の塾生ではない大人たちが学習塾が主催する演劇祭に継続的に参加するというのは異例といえるだろう。小中学生の部の出演者は、風変わりな塾の課外教育活動の一環として演劇祭に参加しているのに対し、大人の部はかつての塾生がこの演劇祭のために自発的に集まり、相当な時間と労力を投入しているのである。

二〇一八年の第四十四回演劇祭の大人の部で上演されたのは、唐十郎の『ジョン・シルバー　愛の乞食』だった。新宿の公衆便所と戦前の満州を舞台とする破天荒でダイナミックな戯曲だ。第三部の大人の劇は、上演時間が二時間以上のフルサイズの公演であり、舞台美術も俳優の演技もぐっと本格的なものになる。背景の書き割りの絵は塾の近所に居住するプロの画家が描いたものだという。演者の年齢層は高校生から中高年の人まで幅広い。さまざま年代の人たちのちぐはぐな身体が、全力で唐十郎の怒濤のロマンチシズムの世界に取り組む迫力が圧巻だった。最初の一幕目こそ若干もたついたところはあったものの、二幕、三幕と進むうちに俳優たちのアンサンブルは密度の高いものになり、客席は俳優たちの熱気と勢いに包み込まれていく。俳優の技量には巧拙の幅がかなりあったが、全員が真剣に全力で芝居に取り組んでいることは伝わってくる。ごつごつとした不器用なエネルギーがぶつかりあう舞台のなかで、唐の言葉が濃厚な叙情をたたえた力強い詩として生きていた。低い段差の席で膝を折り曲げて窮屈な状態での長時間観劇は、肉体的にはかなりつらいものではあったが、三幕に入る頃にはそのつらさが気にならなくなっていた。子供の演劇である第一部、第二部も含め、各部の終演後には役者紹介がある。演じ終えた役者たちから伝わってくる解放感が、爽快で親密な空気を会場に作りだしていた。

第三部の『愛の乞食』終演後、出演者と赤門塾関係者が会場に残り、その日の公演の反省会が行われた。私は部外者だったがそのまま会場に残り、この反省会に立ち会った。反省会はシリアスで厳粛な空気のなかで行われ、仲間内のなれ合いのような雰囲気がなかったことにも私は驚いた。観客としての感想を求められたので、観劇直後の高揚した気分といくぶん儀礼的な配慮から、私は最大限の賛辞でこの演劇祭と出演者たちをほめたたえた。しかし長谷川宏や演出を担当した長谷川優は、ほめるべきところはほめながらも、演技や舞台進行についてかなり厳しい指摘を行い、反省点を挙げていた。俳優たちもそれぞれうまくいかなかった点を率直に述べ合っていた。赤門塾演劇祭の出演者の大半は、年に一度のこの演劇祭以外の場で舞台に立つことはない素人俳優だ。出演者はかつての塾生だったり、長谷川宏や塾が行う夏合宿やハイキング等のイベントを通じて知り合った顔見知り同士であり、観客の多くも彼らの直接の知り合いである。しかし彼らが単なる同窓会的親睦会としてではなく、表現者として観客に向き合う場として、年に一度のこの演劇祭をとらえていることが、上演舞台からだけでなく、終演後の反省会からも感じ取ることができた。

四十年以上にわたって、個人経営の小さな学習塾で、手作りながらこんなに本格的で、熱気に満ちた演劇祭が続けられてきたことは驚嘆すべきことだ。赤門塾が多数の人間を巻き込んで、毎年このような盛大な「浪費」を行うには、それを行うだけの理由と意味があるはずだ。いったいどうやったらこんな演劇祭を持続的にやっていくことが可能になるのだろうか。もちろん演劇づくりを通した教育的な効用というものはあるだろう。しかし地域の小中学生を対象とした小さな学習塾にすぎない赤門塾が毎年膨大な時間と労力を割いてこのような演劇祭を実施する理由は、演劇の教育的効用ということだけでは説明できるものではない。また塾に通っている子供たちが塾主催の行事の演劇祭に参加するというのはわからないではないが、生活人として日々を暮らしている大人たちが、彼らの日常とは切り離された学習塾という場に集まり、本気で演劇を楽しむのはいったいどういうことなのか。彼らがこの演劇活動に注ぐエネルギーにも圧倒された。「いったい彼らは演劇に何を求めているのだろう」「演劇っていったい何だろう」——赤門演劇祭は私に演劇についてのこうした根源的で素朴な問いを投げかける演劇体験となった。

三　全共闘体験という原点

赤門塾演劇祭を考察するにあたっては、この塾の創設者である長谷川宏〔図②〕の経歴を確認しておく必要があるだろう。長谷川は一九四〇年に島根県平田市（二〇〇五年に市町村合併で出雲市に統合された）に生まれる。

県立平田高校を卒業後、一九五八年に東京大学文科Ⅰ類に入学した。大学では文学部哲学科に進み、一九六八年に大学院哲学科博士課程を修了する。彼が大学院を修了した年の七月に東大全共闘が結成された。当時、非常勤講師として働いていた長谷川は、この年十二月の哲学科院生によるストライキ決議に共鳴し、全共闘運動に参加した。この体験がその後の長谷川の人生に決定的な影響をもたらすことになる[2]。

彼が参加した東大全共闘がどのようなものであったのかは、ウェブ『論座』に二〇一八年八月十三日、十五日、十七日の三回に分けて掲載された長谷川のインタビュー記事で詳しく語られている[3]。東大全共闘に参加したとき、彼は二十八歳で、運動の担い手の中心だった学生たちより五、六年年長だった。二十代でこの五、六年の年齢の差は大きい。長谷川はバリケード闘争に参加しながらも、教官や学生たち、そして運動の渦中にいる自分の心の動きを、客観的な冷めた視線で観察していたようなところがあったと語っている[4]。全共闘運動のなかで長谷川にとってとりわけ重要な体験となったのは、バリケードで封鎖された研究室で行われた討論だった。現在の多くの日本人は全共闘を大雑把に左翼的学生運動ととらえ、一九七〇年代にテロや内ゲバで悪名をとどろかせた中核派・革マル派などのセクト系集団による過激な政治運動と混同しているが、全共闘は、セクトと異なり明確な組織体ではなかった。参加者の多くはノンセクトの学生であり、ひとりひとりの学生個人が自発的に参加することによって全共闘はなりたっていた。学生運動のバリケード下での討論といえばセクトの指導者たちが興奮した調子で教条的な主張をまくしたて、反対意見を暴力的に抑え込むというイメージがあるが、長谷川が経験した東大全共闘での討論はそのようなものでなかった。そこでは討論に参加するメンバーそれぞれが自分の考えを率直に、自由に表明し、他者の発言に誠実に

図②　赤門塾創立者・長谷川宏（写真提供：長谷川宏氏）

耳を傾け、正確にその真意を理解しようとする姿勢がメンバーに共有されていたという。討論で司会の役を引き受けることが多かった長谷川は、なるべくバラエティに富んだ意見が議論のなかで出るように心がけていたという。大学本来の活動である学問・研究から離れたバリケード闘争の日々には、ある種の非日常的な祝祭性もあったようだ。(5) ゆるやかな共同体における民主主義と祝祭的雰囲気という全共闘運動の精神は、その後の赤門塾の活動に引き継がれていくことになる。

四　ポスト全共闘の学習塾

全共闘運動は大学の権威主義への異議申し立てであった以上、闘争終了後に大学に戻り、アカデミズムの世界のなかで哲学研究を続けることは、自身の身の処し方として納得できなかったと彼は語る。一九七〇年に長谷川宏は大学を離れ、埼玉県所沢市に転居し、そこで赤門塾という地元の小中学生を対象とした学習塾を開いた。塾の運営は当初、彼にとって生活のための手段に過ぎなかった。アカデミズムの権威に反発して全共闘に加わり、在野で研究を続けることを敢えて選んだにもかかわらず、塾の名称として自分の出身校である東大を連想させる「赤門塾」という看板を掲げることには少なからぬ葛藤があったようだが、この名前で生徒がひとりでも多く集まるのならと思い、割り切ったとのことだ。

赤門塾はその名称とはうらはらに、名門校の受験準備のための塾ではなく、地域の子供たちが通う学習塾だった。長谷川宏が学生生活や全共闘運動のなかで経験した戦後民主主義のリベラルな雰囲気と集団活動が作り出す祝祭的雰囲気は、赤門塾にも引き継がれた。学校外での教科教育という塾本来の活動だけでなく、塾のＯＢ・ＯＧたちの参加と協力のもと、ハイキング、美術展見学、山奥の村で行う完全自炊の夏合宿、新春かるた会、読書会、文化祭、そして演劇祭など様々な課外活動が赤門塾では恒例行事として行われるようになった。塾での子供たちとのつきあいが深まるにつれ、長谷川にとって赤門塾での活動は単なる生計の維持の手段を超えた重要な意味を持つようになっていく。

全共闘運動の終息のあと、アカデミズムの世界を離れたインテリたちの糊口をしのぐ手段として、塾・予備校の講師や家庭教師、あるいは文筆業、編集者といった職は典型的なものであり、長谷川のように私塾を開いた者も少なくなかっただろう。戦後民主主義・リベラリズムへの信頼がまだ失われていなかった一九七〇年代には、そうした人たちによって運営された、子供たちを楽しませ、解放するようなポリシーを持って運営された塾はそれなりにあったようだ(6)。しかし時代が進むにつれ、そうした塾は次第に淘汰され、消滅してしまった。また教科指導のほかに、さまざまな文化的な活動を行い、広い視野での学びを提供していた塾は赤門塾以外にもあっただろうが(現在もまだなお、あるかもしれない)、現役の塾生のみならず、OB・OGをまきこんだ演劇祭という行事は塾の課外活動としては異色であり、おそらく赤門塾以外でしか見られないものだろう。

五　長谷川宏の演劇体験

最初に演劇祭が行われたのは、一九七五年、開塾から五年目のことだった。赤門塾に出入りしていた高校生のOBのひとりに、高校の文化祭でクラスで演劇に取り組んだところ、それがとても充実した楽しい体験だったので赤門塾でもぜひやってみたらどうかともちかけられ、長谷川がそれに応じて演劇祭が行われることになった(7)。

上演作品の選定や演出は長谷川宏が行ったが、長谷川はそれまで俳優として舞台に立った経験も舞台作品を演出した経験もなかった。学生時代にはしばしば劇場に足を運んではいたが、特に熱心な演劇ファンというわけではなかったと彼は言う。高校時代の演劇の思い出として次のようなことを長谷川はインタビュー取材で語ってくれた。

長谷川の母校の平田高校が高文連（高等学校文化連盟）文化祭の当番校だったときに、同じ島根県立出雲高校演劇部がやってきた。そのリハーサルの様子を長谷川は見学していた。顧問の教員が上から威圧的に生徒を指導するのではなく、生徒が自由に演じ、それに対して顧問の教員がアドバイスをするというやりかたで行われていたのが、当時の長谷川にはとても印象深く、新鮮に感じられたという。これが長谷川の演劇の原体験となる。

東大入学後は美術館やコンサートに行くのと同じような感覚で演劇を見に行っていた。大学時代によく見に行ったのは民藝、俳優座、文学座といった新劇系の劇団の公演だったという。アングラ劇の台頭はすでに周囲で話題にはなっていたが、地方出身の真面目な学生だった長谷川には、怪しげなアングラ劇の敷居は高く感じられたようだ。長谷川が唐十郎の紅《あか》テントを見に行ったのは、大学院進学後の六〇年代末になってからだった。そのとき、それまで見てきた新劇の行儀のよさを完全に破壊するかのような猥雑で過激なエネルギーに満ちた唐十郎の芝居に、長谷川はすっかり魅了されたという。とりわけ吉祥寺で見た『愛の乞食』への思い入れが強く、赤門塾演劇祭ではこれまで三回、この作品を上演している（一九八五年、一九九五年、二〇一八年。三回目の上演は、長谷川優の演出によるもの）。

このように、赤門塾演劇祭をはじめる前の長谷川は、演劇と無縁であったわけではないが、同世代の他の人間と比べてとりたてて豊かな演劇体験があったわけではない。作り手としてはまったくの素人の状態で、塾のOB・OGたちと手探りではじめた手作りの演劇祭だった。第一回の演劇祭は一九七五年三月二十二日（土）、二十三日（日）の二日間催され、小学生の芝居が四本、中学生の芝居が二本、そしてOBと塾の大人スタッフによる芝居が一本上演された。第一回の演劇祭は好評を博し、これ以降、三月末の演劇祭は恒例となり、夏合宿とともに赤門塾の主要行事として現在まで途切れることなく続いている。ただし二〇二〇年の第四十六回演劇祭は新型コロナウイルスの流行のため、大人の部の公演は行われず、小中学生の塾生による上演のみが無観客で上演された。

六　子供たちの演劇

演劇祭のプログラムの構成は、現役の塾生の部と塾のOB・OGたちを中心とする大人の部の二つに大きく分かれる。塾生の部はさらに小学生の部と中学生の部に分かれ、年によってはさらに学年別に複数の芝居が上演されることもある。上演記録をたどってみると、多い年には一回の演劇祭で大人の部の芝居を含め九本の作品が上演されたこともあったが（一九八一年第七回赤門塾演劇祭）、平均すると一回の演劇祭で上演される塾生の舞台は三、四本になっている。近年は塾生の子供の数が減っているためか、小学生一本、中学生一本、大人の部が一本という三本でプログラムが構成されることが多い。二〇二〇年までに開催された四十六回の演劇祭で上演された作品ののべ本数は二百三十本になる。子供の部の上演作品は、既存の児童劇・学校劇集から選ばれた作品が何年かおきに繰り返し上演されることが多い。

数年前から宏に代わり演劇祭の運営を行っている長谷川優によると、小中学生の劇は一月に戯曲を決め、二月に読み合わせ、二月末に配役を決め、三月から立ち稽古に入るとのことだ。練習は月・水・金の週に三日、一回に三十分ほど行う。大人の部の役者たちは自発的に演劇祭に参加する塾生のOB・OGが中心だが、現役塾生の小中学生には舞台に立つことを嫌がる子も少なくないように思ったので、そのような場合どうするか聞いてみた。優の話では、出たくないという子供もいるけれど、そういう子供たちと話し合い、説得して演劇に引き込む過程こそが、重要でかけがえのないコミュニケーションの時間だと考えているとのこと。最終的にはほとんどの生徒がなんらかのかたちで演劇祭に関わることになるようだ。ただ長谷川宏は、芝居づくりになじめず塾をやめてしまった生徒が出たときの苦い経験も自らのエッセイに記している。[8]

赤門塾演劇祭は演劇の教育的効果を目的として行われているわけではない。しかし教育的効果を目的としない演劇だからこそ逆説的に、赤門塾演劇祭の小中学生の舞台には、演劇に内在する教育力がはっきりと示されているように思える。成蹊大学で二〇一九年六月に行った座談会で、長谷川優は演劇祭の活動によって、普段の勉強の時間では把握できない生徒ひとりひとりの個性が見えてくることや、また生徒同士の関係に深みが生まれること、そしてこうしたことは演劇祭終了後に、生徒たちと勉強でつきあっていく上でもとても重要なことになると語っている。長谷川宏は、著作のなかで演劇祭の魅力について次のように記している。

芝居作りの過程で、何人もの生徒たちが、日常生活ではとてもみられないような、精神的肉体的にはりつめた姿をしめすのには、いつも心うたれる。〔…〕自発性と共同性が集団の場でみごとにとけあうとき、そこにかかわるひとりひとりが、独自の時間を生きるのである。[9]

二〇一八年と一九年に私が見た赤門塾演劇祭の四本の子供の芝居は、達者に演じる子供もいないわけではなかったが、芝居自体の完成度は高いものではなかった。しかし、にもかかわらず塾の生徒たちの芝居は私に予想外の感動をもたらすものだった。必ずしも全員が自発的に演劇に参加しているわけではない小中学生の部の公演でも、演者の表現することの喜びや集団的創造である演劇ならではの充実感を私は感じることができた。子供たちの芝居に演劇が本質的に持つ教育的機能が示されていたからだ。子供たちは演技を通して他者の存在を引き受けるとき、脱皮して変態を遂げる昆虫のように、劇的に変容を遂げる。極度の緊張のなか、舞台上で演じる子供たちのすがたに、私は彼らの変化の瞬間、成長の瞬間に立ち会っているような気がした。子供たちの舞台には、演劇づくりを通して彼らが得た様々な変化や発見が凝縮されている。そしてその凝縮された集団の経験が舞台上で一気に提示されていた。

私は長谷川優が演出した赤門塾演劇祭の舞台しか見ていないが、戯曲を演出家や俳優たちの自己顕示の道具としない演出のありかたに好感を抱いた。優の演出は戯曲が伝えようとするメッセージを丁寧に読み取って、それをデフォルメすることのなく自然に、素直に俳優の身体に落とし込んでいく。戯曲の人物という他者の存在を引き受けさせることで、それを演じる者が持つ潜在的な魅力を引き出すことに演出の重点が置かれているような気がした。演劇祭終了後には『きのふ・けふ・あす』というB５判の手作りの冊子が作成され、演劇祭出演者ほか、関係者に配布される。そこでは稽古開始時から演劇祭本番までの様子が、各演者やスタッフひとりひとりの名前を挙げて詳細にレポートされている。その記述には表現者としての演出家というよりも、芝居づくりを通して変化していく子供たちの様子を見守る教育者としての慈しみに満ちた視線を感じ取ることができる。

七　コミュニティとしての赤門塾

赤門塾演劇祭は、中学を卒業して塾に通う理由がなくなったにもかかわらず、赤門塾に遊びに来ていたＯＢ・ＯＧの一言から始まった。ＯＢ・ＯＧたちの舞台は、演劇祭の開始時からメイン・プログラムとして組み込まれていたのである。ＯＢ・ＯＧたちのなかには、大学に進学したり、社会人になってからも赤門塾の行事と関わりを持ち続ける者がかなりいる。彼らの積極的な関与がなければ、赤門塾演劇祭は成立しなかっただろうし、持続的に開催されることもなかったはずだ。

四十年以上の歴史があるため、当然、演劇祭に参加する人の顔ぶれは変わっているし、エネルギーの大小はあるが、演劇祭の雰囲気、楽しさには大きな変化があるようには感じられないと長谷川宏も、数年前から宏に代わって演劇祭を取り仕切るようになった優も言う。大人の部の出演者は高校生から還暦を超えた年齢の人まで幅広い年齢層におよび、赤門塾のOB・OGだけでなく、長谷川宏が主宰する読書会の参加者など何らかのかたちで赤門塾と関わりのあった人たちも出演者に加わっている。演目によっては現役の塾生が大人の劇に出ることもある。大人の部の劇は毎年一本ずつ上演されるのが原則となっていて、これも近年は再演作品が徐々に多くなっている。大人の部の出演者は平均すると十五名から二十名で、『どん底』（ゴーリキー作）や『真田風雲録』（福田善之作）などの多数の登場人物に見せ場がある群像劇が選ばれることが多い傾向があるようだ。『ハムレット』『マクベス』『リア王』『十二夜』『夏の夜の夢』などシェイクスピア作品の上演も多い。

二〇一九年に成蹊大学で行われた《『ぼくらのハムレットができるまで』上映会＋関係者座談会[10]》で、長谷川優に演劇祭のスケジュールや費用などについて尋ねたところ、以下のような答えが返ってきた。大人の劇の準備は前年の十一月ごろからはじまる。主要な出演者をまず四、五名確保して、そこから候補となる戯曲をいくつか読んで、そのメンバーで無理なくできそうな作品を選ぶ。一月から毎週日曜日に稽古を行い、一月中は主に読み合わせを行い、この段階で配役を確定する。二月に入ると立ち稽古が始まり、三月末の演劇祭に向かっていく。

演劇祭実施に関わる経費は赤門塾が負担している。一回の演劇祭での出費はトータルで二十五万円ほどになるが、その大半は飲食費だ。会場費は塾の教室を使うので無料、照明や音響の操作も自分たちでやるのでこれも無料だ。舞台美術や衣装の費用は年によって違うがだいたい五万円くらい。一月から毎週日曜日に行われる稽古のあとは、毎回食事会がある。これに一回八千円程度かかり、トータルで十万円ほどになる。また演劇祭の千秋楽終了後には、三、四十人が出席する打ち上げパーティがあり、これにも十万円程度かかる。演劇祭に限らず、赤門塾の行事では会食が重視される。また会食は外の店ではなく、赤門塾の教室か塾に隣接する長谷川家のダイニングルームで行われる。

　演劇祭の会場は赤門塾の教室だが、演劇祭のために、舞台や緞帳、照明装置、鉄パイプを組んで作られた二層の客席などを備えた、手作りながら本格的な劇場に変貌する。一九九五年に住居と塾を建て替えたときに、演劇公演での便宜のために教室の天井を高くしたり、舞台を設置しやすいような設計にしたという。二〇一九年の第四十五回演劇祭のときには、私は千秋楽公演のあとの打ち上げにも参加したのだが、公演会場だった仮設の劇場が打ち上げ用の広間に変わっていく様子は圧巻だった。千秋楽が終演して観客がいなくなると、すぐに撤収作業がはじまる。出演者を含む数十人で舞台用の機材を片付け、長谷川家の三階にある物置にテキパキと運んでいくのだ。舞台用機材と入れ替わりに、テーブルや椅子など宴会用の什器が三階から教室に下ろされ、大量の料理や酒が運び込まれる。半地下にある教室から三階まで重い機材を大量

図③　第 45 回赤門塾演劇祭『わが町』公演（2019 年／撮影：筆者）

に移動させるは相当な大仕事なのだが、その手際のよさは見事なものだった。この面倒な作業を赤門塾では毎年の演劇祭のときだけでなく、春と秋の文化祭など他の行事でもやっているのだ。

演劇祭打ち上げでは出演者を含め、四十名ほどの出席者全員が演劇祭についてなにか感想を述べなくてはならない。参加者全員が発言するというのは、演劇祭打ち上げに限らず、春と夏にやっている赤門塾文化祭や長谷川宏が主宰する読書会でも踏襲されているルールだ。赤門塾の活動の特徴ともいえるこの習慣のルーツは、前述した全共闘活動におけるバリケード内の討論にある。参加者ひとりひとりの発言を引き出し、他人の発言を真摯に受けとめていくうちに、彼は人の話をきくことは非常に面白いことだと思うようになった。この姿勢は赤門塾でも引き継がれていく。

長谷川は塾をはじめるにあたって、生徒やOB・OGの言葉を引き出し、それがどんな意見であっても上から押さえつけるようなことは決してせず、しっかり耳を傾けることを心がけるように決めたという(12)。人は自分の考えを表現したいという気持ちをどこかで少しは持っているものだと長谷川は言う。赤門塾の活動では長谷川宏は圧倒的なリーダーであるし、知的にも卓越した存在だが、彼は決して他者の意見を頭ごなしに否定したり、嘲笑したりするようなことはない。だから演劇祭や文化祭の打ち上げでも、読書会でも、参加者は安心して気兼ねなく、自分の思っていることを発言している。メンバーの誰もが自分の意見を自由に表明するという民主主義の原点が、赤門塾の活動の根幹としてある。

すでに述べたように、長谷川宏は赤門塾演劇祭を「村芝居のようなもの」だと言う。

わたしには塾の演劇活動が「村芝居」の名でよぶのにまことにふさわしいものにおもえてきた。村があり、村に芝居ずきの老若男女がいて、祭かなにかの折に村人の前でおもしろい芝居を打つ。客は、いつもみなれ

た近所のだれかれがみなれぬすがたできなれぬせりふを口にするのを、おおいに興がり拍手をおくる。(13)

確かに赤門塾は学習塾らしからぬ共同体性がある。赤門塾のような地元の子供たちを対象とする塾の機能の根幹は公教育の補完であり、通うのもやめるのも自由だ。生活の場ではない学習塾は共同体を形成するような閉鎖性と拘束性を通常は欠いている。ところが赤門塾に通う子供たちのなかには、中学を卒業したあともこの塾に自分の居場所を見出し、勉強や遊びにやって来る者たちがいた。塾集団のメンバーの関係性のなかで赤門塾は学びと遊びの共同体となり、演劇祭や合宿、遠足といった濃厚な集団活動を通してその共同体性は強化された。長谷川は集団活動のなかで見いだされる人間の動きの面白さに魅了された。そして共同体となった赤門塾は彼の生活と思想の根幹となったのだ。

二〇〇四年に赤門塾演劇祭の様子を稽古時から記録したドキュメンタリー映画『ぼくらのハムレットができるまで』を監督した山本良子は、成蹊大学で行われた座談会のおりに、映画の撮影を通して、学校でも家庭でも職場でもない居場所があることの重要性を知ったような気がすると語っている。赤門塾では長谷川宏は塾生から「おっちゃん」と呼ばれ、撮影当時存命だった宏の妻、摂子は「おばちゃん」と呼ばれていた。赤門塾は家族ではないけれど、宏と摂子は自分のことをなんか守ってくれているような安心感を塾生と塾OB・OGたちに与える存在だったように感じたと山本は言う。

それにしても半世紀にわたる活動にもかかわらず、全盛期と比べるとそのエネルギー総量は減少しているとはいえ、赤門塾の活動が惰性をまぬがれ、いまだ活力を保っているのは驚くべきことではないだろうか。赤門塾の演劇活動が最も充実していたときには、塾の教室ではなく、千近い客席がある所沢市民会館を借りて演劇公演を行ったこともあった。一年以上にわたる準備期間の末に行われたこの公演は、観客の反応はよかったし、公演自体の出来も悪くはなかったという。しかし公演後に彼らはその労苦に見合うすがすがしい充実感を味わうことはできなかった。

塾を場とするわたしたちの集団は演劇を随一の目的とする集団ではない。演劇活動は、ほかではえられない独特のたのしみをあたえてくれるたいせつな活動だが、しかしわたしたちの集団は演劇のためにあるのではない。逆である。演劇が集団の活動のひとつとして、集団のためにあるのだ。「どん底」の市民会館公演は、あたかも演劇のために集団があるかのようなところにわたしたちをひっぱっていく力をもち、わたしたちはその力に違和感をいだいたのだった。(14)

演劇はほかではえられない独特の喜びを赤門塾のメンバーにもたらす特別な活動となっていたが、それは赤門塾という集団で行われるさまざまな活動の一つにすぎない。この外部公演の苦い経験から、長谷川は赤門塾演劇祭を村芝居に例えて考えるようになった。村芝居の本質的な機能は演劇という集団的活動を通して、共同体の価値観を確認し、成員の結びつきを強化することにあるはずだ。となれば芝居の出来は村芝居にとって本質的なものではなく、顔見知りのなれ合いのなかでゆるゆると行われていたとしてもそれは問題ではない。実際、共同体の伝統行事のなかには、昔からやっているからという惰性で続いているものも少なくないだろう。そこでは演劇は共同体のためのに行われる活動の一つであり、共同体をより強固にするための営為なのだ。これは赤門塾にとっての演劇も同様である。しかし赤門演劇祭では、演劇という芸術表現に対してしかるべき敬意が払われており、出演者は年に一回の上演を最高のものにしようと真剣にとりくんでいる。これは長谷川宏の「したしさにあまえ、いい加減な仕あがりをもってよしとするような怠慢はゆるされない(15)」という頑固で生真面目な気質に負うところが大きいだろう。

赤門塾が開かれたゆるやかな共同体であり、さまざまな属性の人間が自由に出入りすることができた場であることも、赤門塾の活動が健全さと活力を維持できている理由の一つだろう。もとより長谷川家はいろいろな人がふらっと立ち寄ることができる場所だった。

成蹊大学での座談会のあとの質疑応答で、会場参加者のひとりから、長谷川宏はヘーゲルの著作の翻訳者、哲学者として高い評価を得ているが、赤門塾での演劇や合宿といった集団活動は彼の学究者としての活動とどのように結びついているのかという趣旨の質問があった。この質問に対する長谷川の答えは次のようなものだった。

図④　演劇祭客席（2019 年／撮影：筆者）

よく質問されることなんですけど、答えに困るんですよね。経過からいうと、哲学研究のためではなく、食わなきゃいけないから僕は塾をやることにしたわけです。でも塾をはじめると子供たちは面白いし、そのうち高校生になってもやってきたりするので、それといっしょに何かやってみたいと考えるようになりました。自分も「ただの学者として生きるのはいやだな」とは思っていましたが、やっぱり若い人たちと付き合うときの面白さは本当に決定的だったと思う。とはいっても机に向かってドイツ語の文献を辞書引き引き読むのと、一緒に演劇なんかをやったりしながら子供たちつきあっていくというのはやっぱりそんなに簡単につながることではありません。自分の中でもつなげたいという思いはあるんですけども。ただ赤門塾での人とのつきあいのなかで自分のものの考え方や人の接し方は大きく変わってきたわけで、それはやっぱりずっと大学にいるよりはずっと楽しかったし、よかったなと正直に思っています。

長谷川宏らしい誠実で率直な回答だ。簡単に結びつけることのできない学究者としての探求と、塾での活動が、長谷川宏のなかでしっかり結びついていることをこの言葉と態度に確認できたように私は思った。

演劇祭は赤門塾という知的コミュニティの日常に祝祭的な時空を生じさせ、共同体のメンバーに活力をもたらし、集団をより強固で親密なものにしていく活動の一つである。赤門塾の芝居づくりの共同作業には、長谷川宏の知的で誠実な態度が反映され、仲間内のなれ合いに陥ることなく演劇表現への真摯な取り組みが共有された。その結果、赤門塾演劇祭は「村芝居」的な共同体的祝祭性のなかに、演劇という営為に内在する教育的な側面を浮かび上がらせるものになっている。

しかし演劇という集団的創造を通じて、コミュニティの親密度が増し、結束が高まったというのは結果であり、この演劇祭の目的ではない。赤門塾演劇祭に参加する人たちの熱意、そして赤門塾がこの演劇祭に費やす金銭、時間、労力などのリソースは、赤門塾の規模を考慮すると膨大なものだ。私が何よりも圧倒され、心動かされたのは、このおおらかな浪費のあり方なのかもしれない。いったいなぜこんな多大な浪費をしてまで、四十五年にわたって赤門塾は演劇祭を続けているのだろうか。この問いに対する長谷川宏の答えはシンプルで明快だ。それは演劇祭が楽しいものだからだ。集団での演劇づくりのなかで浮かび上がってくる参加者の個性、濃密な関係性のなかで育まれる各人の成長、そしてその成果を発表というかたちで仲間たちと分かち合うことなど、赤門塾演劇祭には共同体の集団活動だからこそ得ることのできる喜びが凝縮されている。そしてこの喜びにこそ、演劇に内在する本質的な魅力があるのではないだろうか。

（1）「アマチュア」「プロフェッショナル」項目、『デジタル大辞泉』小学館。
（2）「私の場合、文句なく指を屈することのできるのが、全共闘運動（東大闘争）の体験である。いまの塾稼業も、大学を離れての哲学研究も、この体験なくしてはありえなかったから、未知の相手に自分の現在を語ろうとすると、話はきまって三十年前のバリケード闘争に及ぶ」（長谷川宏『哲学者の休日』作品社、二〇〇一年、一二頁）。
（3）『論座』ウェブ「１９６８年　全共闘とは何だったのか？　デモ、討論、バリケード……。在野の哲学者が語る闘争の青春」（https://webronza.asahi.com/culture/articles/二〇一八 08100008.html 二〇一八年八月十三日）、「「１９６８」の敗北を経て見えてきたもの　学習塾、市民との読書会、ヘーゲルの翻訳……。在野の哲学者が語る闘争後の日々」（https://webronza.asahi.com/culture/articles/二〇一八 08100009.html 二〇一八年八月十五日）、「一九六八年から五〇年、いま何を考える 身近な課題に向き合い人生を切り開く。対話の意思を伝える。在野の哲学者が得たもの」（https://webronza.asahi.com/culture/articles/二〇一八 08160001.html 二〇一八年八月十七日）。
（4）長谷川宏、前掲『哲学者の休日』二四頁。
（5）全共闘運動の非日常性がもたらした祝祭な空気については、上記の『論座』のインタビューで言及されているほか、小阪修平『思想としての全共闘世代』（筑摩書房、二〇一四年）にも記されている。
（6）長谷川宏・摂子『しあわせのヒント』河出書房新社、一九九七年、四五頁。
（7）長谷川宏『おとなと子どもの知的空間作り』明治図書、一九九〇年、九〇頁。
（8）同書、一〇五頁など。
（9）長谷川宏『赤門塾通信　きのふ・けふ・あす』現代書館、一九八〇年、二六二頁。
（10）成蹊大学文学部文学部スペシャル・レクチャーズ（二〇一九年六月二十二日）。二〇〇三年の赤門塾演劇祭の稽古と本番の様子を撮影した山本良子監督のドキュメンタリー映画『ぼくらのハムレットができるまで』（二〇〇四年・四十六分）の上映のあと、片山幹生の司会のもと、山本良子、長谷川宏、長谷川優が座談会を行った。https://www.seikei.ac.jp/university/bungaku/lectures/

(11) 長谷川宏、前掲『哲学者の休日』二四頁。

(12) 成蹊大学文学部文学部スペシャル・レクチャーズ(二〇一九年六月二十二日)の座談会での長谷川の発言より。

(13) 長谷川宏、前掲『おとなと子どもの知的空間作り』一一九頁。

(14) 同書、一一八頁。

(15) 同書、同頁。

第6章

「女子校ミュージカル」の絆

舘野太朗

一　高校の部活動や大学のサークルでミュージカル

本章では、高校の部活動や大学のサークルでミュージカルを演じていた人びとによって結成された劇団を取り上げる。

高校の演劇部には、全国高等学校演劇協議会という全国組織があり、全国高等学校演劇大会などの大会がある。それに対して、ミュージカル部には学校を超えた組織や大会がいまのところ存在しない。そのため、日本の高校でミュージカルがどの程度演じられているのか正確な数はわからない。進学情報サイトの「高校受験スタディ首都圏版」では、東京、神奈川、埼玉、千葉、茨城、静岡にある九百七十五校の部活動の情報を検索することができる。(1) 演劇部が六百五十三校と半数以上の学校にあるのに対し、ミュージカル部のある学校は八校にとどまる。ミュージカルを上演する部活動がミュージカル部という名称であるとは限らないため、実際はもう少し多いのかもしれないが、それでも演劇部に比べると圧倒的に少ない。また、演劇部が、共学校、男子校、女子校に偏りなく分布しているのに対し、ミュージカル部のある高校の内訳は、共学校二校、女子校六校である。ミュージカル部は女子校に特徴的な部活動と考えてよいだろう。

男女別学の高校は、少子化の影響からか、減少の一途をたどっている。特に公立高校はほとんどの都道府県で共学化している。そのなかで、群馬県、栃木県、埼玉県、千葉県などには、男女別学を維持する公立高校が今なおあり、伝統ある校風をとどめている。こうした女子高校ではしばしばミュージカル部が活動している。例えば、埼玉県立川越女子高校の英語劇部がメディアで取り上げられたり[2]、千葉県立千葉女子高校のミュージカル部が宝塚歌劇団のトップスターを輩出していたりするため[3]、よく知られている。

日本におけるミュージカルというジャンルは多種多様で、指し示す領域の輪郭がはっきりとしない。日比野啓は、日本において「ミュージカルとは何であり、何でないか、ということについて、作り手にも観客の側にも共通の理解がないのをいいことに、野放図にミュージカルという呼称を用いる――あるいは用いない――ことが許されてきた」と指摘する[4]。女子生徒しかいない女子校でミュージカルを上演する場合は、男性の役も女性の役も女性が演じることになる。結果的に、宝塚歌劇に代表される少女歌劇の様式を採用することになると考えられる。宝塚の様式性は、憧れと模倣の対象となりやすく、本書の第3章で取り上げたとおり、宝塚を意識した公演を行っている集団は全国各地にある。ここでは高校における宝塚風の活動を見ていきたい。

神奈川県の女子校である日本女子大学附属高校では、文化祭である「もみじ祭」で「OH＊TAKARAZUKA」というグループが宝塚風のショーを上演している。高校の文化祭ではクラスや部活動単位で発表や企画を行うことが多いが、もみじ祭では、文化祭のために結成された「研究グループ」ごとに参加することになっているため、部活動である吹奏楽クラブがブラスバンドの研究グループで演奏したり、演劇クラブが演劇の研究グループで公演を行ったりする[5]。OH＊TAKARAZUKA は部活動としての活動はなく、もみじ祭のためだけに結成されるグループである。ちなみに、同校には部活動のミュージカルクラブも存在し、もみじ祭では劇団四季風のミュージカルを上演している。二〇一九年度の紹介文に三十五周年を迎えたとあるため[6]、一九八四年から活動が始まったものと考えられる。二〇一九年度は『Gato Bonito!!』というショーを上演している。二〇一八年に宝塚歌劇団雪組が同名の作品を上演しており[7]、このときの上演を手本にしたものと考えられる。なお、この日本女子大学附属高校からは、「本物」である宝塚歌劇団の生徒を複数輩出している。

愛知県の中高一貫校、東海中学・高校の「カヅラカタ歌劇団」は、男子生徒のみで演じる宝塚風ミュージカルとして知られている。東海中学・高校は男子校であり、女性のみで演じる「タカラヅカ」をさかさまにしたのが名前の由来である。この活動は、二〇〇二年に文化祭の企画として始まり、現在は部活動として文化祭とは別に年二回の公演を行っている。演奏は同校のオーケストラ部が担当している。[8] 男女を反転させた変則的な体制かつ、全面的にパロディーであることを表明した名称を名乗っているにもかかわらず、この種のグループのなかで最も豪華な公演を行っている。

この他に、東京都の女子校、十文字中学・高校の歌劇部でも宝塚歌劇を模したミュージカルの上演が行われている。[9]

高校演劇では、既成の戯曲を上演する際にもオリジナルの演出を考え、個性を出すのが普通である。ところが、高校の宝塚風ミュージカルでは、宝塚歌劇のコピーやパロディーであることを全面的に押し出して、「本物そっくり」を目指して真剣に取り組んでいるところに特色がある。演劇部の演劇とは目指すところが本質的に異なっており、その意味で「演劇の制度の埒外にある演劇」と言ってもよいかもしれない。

二　女子大学における宝塚様式ミュージカルの上演

大学のサークル活動として、ミュージカルを上演している団体は数多いが、宝塚の様式を採用している団体はそう多くないだろう。お茶の水女子大学のミュージカルカンパニーＭＭＧ（以下：ＭＭＧと略記）は、宝塚様式のミュージカルを上演するサークルの代表格である。

一九九一年、お茶の水女子大学の学園祭である「徽音祭《きいんさい》」で、お茶の水女子大学附属高校出身の学生有志によって『メイフラワー』が上演された。これをきっかけにサークルが結成され、翌一九九二年、MMGの第一回公演として徽音祭で『ME AND MY GIRL』を上演した。これがMMGの始まりである。なお、団体名のMMGは『ME AND MY GIRL』の頭文字から取られた。以後、毎年十一月に開催される徽音祭で公演を行っている。一九九五年からは、四月に新入生歓迎公演と称した公演が行われるようになり、現在は春と夏の二回の上演が通例となっている(10)。

MMGは、お茶の水女子大学の公認サークルであり、稽古や公演などの活動拠点は同大学に置いている。メンバー全員がお茶の水女子大学の学生であるとは限らず、他大学、専門学校の学生も参加することができる。年間二回の公演に合わせて、メンバーの募集を行っており、加入時期によって「〇期」という区別をしている。春に入会して秋の徽音祭で初舞台を踏んだ場合は整数の「〇期」、秋に入会して春の新入生歓迎公演で初舞台を踏んだ場合は小数を含む「0.5期」とそれぞれ呼んでいる。これは言うまでもなく、宝塚音楽学校および宝塚歌劇の「生徒」の制度を模したものであろう。宝塚歌劇の生徒は、独特の芸名を名乗って活動する慣習があるが、MMGでは特に芸名をつくることはせず、本名やあだ名で活動している。

上演演目は、原則として宝塚歌劇で上演されたものである。近年の演目をあげると以下のとおりである。

二〇一七年春『カナリア』
二〇一七年秋『長い春の果てに』
二〇一八年春『誰がために鐘は鳴る』
二〇一八年秋『メランコリック・ジゴロ～あぶない相続人～』
二〇一九年春『Je Chante ―終わりなき喝采―』

二〇一九年秋『霧深きエルベのほとり』

過去には、一九九六年秋の『たけくらべ』のような日本を舞台とした作品や、二〇一四年春の『シャングリラ―水之城―』のようなサイエンス・フィクションに属する作品を手がけたこともあるが、基本的には欧米を舞台とした作品を好んで上演しているようだ。公演のチラシやパンフレットには、「〇〇年宝塚歌劇団〇組公演より」という角書きが添えられており、参考にした上演の出所をあかしている。公式サイトには「自分たちでセリフ・楽譜おこし」を行うとあり、宝塚歌劇の上演の模様を収めた映像から台本や楽譜を独自に作っているものと考えられる。「演出」はメンバーが行い、公演にあたって開設されたウェブサイトやパンフレットに作品の解釈や魅力についての文章を「演出挨拶」として掲載するのが慣例となっている。

二〇一八年秋の『メランコリック・ジゴロ』と、二〇一九年秋の『霧深きエルベのほとり』は実際の上演を見た。パンフレットやチラシには、キャストが役の扮装をして、劇中のシーンをイメージした写真が掲載されている。公演は徽音堂《きいんどう》と呼ばれている大講堂で行われ、入場料は無料である。客席数は千二百ほどでその半分以上が埋まる。開場前から入り口には行列ができており、この公演を目当てに学園祭を訪れる人も少なくないことが窺える。上演が始まると、パンフレットに掲載された写真そのままに、本格的かつ独特の化粧に衣裳を着たキャストが次々に登場する。出演者の総数は二十名前後で、群舞のシーンには迫力があった。一方、大道具は扮装に比べると簡素で、アンサンブルキャストがバー・カウンターや椅子、ソファーを出し入れして場面の変化を表現する。伴奏は事前に録音された音源を用い、主要キャストはピンマイクをつけている。

終演後には出演者による「送り出し」が行われ、知り合いがプレゼントを渡したり、記念撮影をしたりする光景が見られた。ＭＭＧは、商業演劇の様式を取り入れた学生の演劇上演であるが、類似した活動として学生による歌舞伎の上演がある。長年活動を継続している学生歌舞伎では、役の扮装のまま客の前に出ることはない。一方で活動歴のそれほど長くない大学では扮装のまま、客と話す時間を設けていることがあった。舞台のために特殊な扮装をするということは、多くの人にとって特別な経験である。学生歌舞伎は太平洋戦争後にはじまった活動だが、始めのころは役者のまねごとをして悦に入るということが忌避されたのであろう。現在は扮装の楽しみを押し込めることなく、演技をすること、歌をうたうこと、踊りをおどることと同じくらい大切にしている様子が窺えた。

余談であるが、『霧深きエルベのほとり』はストーリーを全く知らずに見たが、身分違いの恋に卑しく粗野な男が身を引くという『無法松の一生』のような物語であることに驚いた。このような古風な作品を現代の大学生が選ぶというのは興味深かった。

三　東京の女性キャストミュージカル劇団

ＭＭＧには、大学を卒業してからも劇団を組んで活動を続けるＯＧもいる。ＭＭＧの公演パンフレットにはそうした集団のチラシが挟み込まれている。近年結成されたものだけでも、二〇一四年結成のLutea（ルテア）[11]、二〇一六年結成のFleur（フルール）[12]、二〇一八年結成のSamRy（サムリー）[13]をあげることができる。いずれもＭＭＧのＯＧを中心に結成された劇団であり、女性キャストのみで、男役と女役に分かれたメンバー構成となっている。上演演目はＭＭＧとは異なり、宝塚のコピーではなく、オリジナル作品を上演している。

東京では、こうした女性キャストのみが出演するミュージカル劇団がＭＭＧの結成以前から存在している。天野道映によると、この種の劇団として最も古いのは、一九八一年一月に結成され、翌一九八二年九月に旗揚げ公演を行った劇団どりぃ夢であるようだ。どりぃ夢は高校時代から宝塚コピーの公演をしていた人びとによって結成された。劇団を発足させるために、「雑誌の無料情報欄の利用、東京宝塚劇場前でのスカウト、宝塚のファン誌へ投稿した人に手紙を出すなど」の方法で人を集めたという。昭和の末期から平成の初頭にかけて、どりぃ夢の他に、アメージング、TEN、リアライズ、クラーナ、プラネット、ペガサス、アラミス、NUTS、POISON、アンビシャス、エンプティ・ボックス、ENDLESSなど宝塚歌劇風の公演を行うグループが活動していた。[14]

劇団クラーナ・ジュネスは、一九八五年にどりぃ夢から独立して結成された劇団クラーナを前身とするグループで、先にあげたグループのなかで、現在まで活動を継続しているのは、おそらくここだけであろう。クラーナは、他の劇団が宝塚歌劇の作品をコピーしていたのに対して、結成当初からオリジナル作品の上演を志向していた。一九九三年十一月に東京芸術劇場で行われた公演の様子が『アサヒグラフ』で紹介されている。それによると、脚本は劇団代表のみさき麗が手がけたということである。記事では、「リアルにも様式にもつかない微妙なバランスを保ちつつも、真摯なメッセージを伝える」と内容を褒めつつも、「劇団の代表者が座付き作家でもあるマイナス面が舞台に見え隠れしていたのが気になった」「（団員全員に見せ場をつくろうとする）〝平等精神〟は、今後、クラーナが悪い意味でのアマチュアリズムから脱するために越えてゆくべきハードルだろう」と評されている。[15] クラーナは二〇〇一年三月の公演を最後に解散するが、二〇〇三年にクラーナ・ジュネスと改名して再結成された。近年は、二年に一回のペースで行われる本公演の他、各種イベントにも出演している。[16] 本公演はミュージカルとショーの二部構成となっており、宝塚歌劇の公演形式を踏襲している。また、出演者は全員、宝塚風の芸名を名乗っている。クラーナは、一九九〇年前後に活動していた宝塚系劇団のなかではオリジナル志向が強いと評されていたが、宝塚歌劇のスタイルを大きく離れるものではなかった。

二〇〇〇年代以降に結成されたグループとしては、活動規模の大きさからMono-Musica（モノムジカ）が代表格と言ってよいだろう。モノムジカは二〇〇四年に結成された。脚本・演出を担当する主宰のヤマケイは、川越女子高校演劇部の出身で、結成時のメンバーは同校のＯＧが中心であった[17]。この種の劇団はキャストを中心に結成されることが多いが、劇作家が中心になっているのは珍しい。二〇〇五年に旗揚げ公演を行い、以降、年一回のペースで本公演を行うほか、年数回、少人数の公演やコンサートも行っている。現在は、川越女子高校のＯＧに限らず、ＭＭＧのＯＧほか、多様なバックグラウンドをもつ人々がメンバーとして在籍している。芸名は、姓を省略した名前で統一しており、宝塚歌劇的なものではない。他の劇団や芸能活動を行うメンバーもおり、その際には適宜、別名義を使うこともあるようだ[18]。

二〇一八年十一月に行われたモノムジカ第十二回公演『Phantom Ship』を実際に見た。会場は池袋シアターグリーン内のボックスインボックスシアターで、最前列のＳ席が八千円、通常のＡ席七千円と、上演規模は小劇場の一線級の劇団、料金は大劇場演劇に匹敵するレベルと言ってよいだろう。オールカラーで印刷された豪華な三千五百円の解説付パンフレットなど、物販も充実している。物語の主人公のひとりは女性映画監督で、サイレントからトーキーへの移行期とされていたので、一九三〇年代の設定であろう。舞台は豪華客船、登場人物は西洋風の名前、ジャズピアニストが登場する。歌舞伎ふうに言えば「戦間期アメリカ」を「世界」とする作品である。公演時間は休憩含み三時間弱の長丁場であった。

クラーナ・ジュネスのように、一九九〇年前後から活動している女性ミュージカル劇団は、宝塚ファンが「コスプレ」のように、タカラジェンヌに「なりきる」ための集団であったと言ってよいだろう。日比野啓は「なりきり文化」が日本近代文化において重要な役割を果たしてきたと指摘する。「なりきり文化」とは、「カラオケやコスプレなど、実在・架空を問わず誰か他の人物に「なりきる」ことを要求する文化慣習」を指す[19]。コピー作品であれば当然であるが、オリジナル作品であっても、衣裳、化粧、芸名、公演の構成などのあらゆる面において、宝塚歌劇独特の様式を再現し、肉薄することを目的としていた。

一方で、二〇〇〇年代以降に結成された、女子高校の部活動や女子大学のサークル活動を母体とする女性ミュージカル劇団は必ずしも宝塚の「なりきり」を志向していない。女性キャストのみで男役と女役で演じるのは、女子校内の部活動やサークルを結成のきっかけとしているのが理由であり、劇団によって「宝塚度」はまちまちである。クラーナは早い段階から宝塚コピーを脱して、オリジナル作品で大規模な公演を行っていたが、モノムジカは公演の構成や芸名の面でさらに宝塚離れを進めたと見ることもできるだろう。

四　女子校OGによる地域ミュージカル劇団——ミュージカル劇団A-ile

前節で見てきた東京のミュージカル劇団は、上演規模が大きく、特定地域で活動しているわけではないので、地域演劇の枠からは離れるだろう。ここからは、群馬県のミュージカル劇団A-ile（エール）の活動を取り上げる。

エールもまた女性が男性役を演じるミュージカル劇団で、女子校のOGによって結成された毎年、群馬県内で上演活動を行う、地域劇団である。まずはその成り立ちを簡単に見ていこう。

群馬県には、伝統校を中心に男女別学を維持している県立高校が残っている。一九一〇年創立の前橋女子高校と一九二一年創立の太田女子高校では、音楽部の活動としてミュージカルの上演を行っている。両校ともに、音楽部の本来の活動は合唱であるが、ミュージカル上演は例年五月から七月の間に開催される定期演奏会の目玉となっている。

二〇〇〇年には、両校のOGが卒業後もミュージカルを続けるために、ミュージカル劇団Alumnae（アラムニー）が結成される。この劇団名は、女子同窓生の意のalumnaの複形に由来する。大学生が主なメンバーであることから、群馬の他に、進学者の多い東京にも活動拠点を持ち、例年二月から三月にかけて、群馬県内の数箇所で定期公演を行っている。二〇一八年の定期公演は、藤岡市、伊勢崎市、安中市で各二日ずつ、二〇一九年の定期公演は、藤岡市、安中市、前橋市で各二日ずつに加え、新潟県新発田市でも一日公演を行った。定期公演の他にも、依頼に応じてショーを行うなど、極めて活発な活動をしている。

就職などを契機に、アラムニーの活動ペースについていくのが難しくなって退団した人たちによって、二〇一一年に結成されたのがミュージカル劇団A-ile（エール）である。劇団ホームページによると、劇団名はフランス語の「翼」に由来し、「ミュージカルという翼を持ち、社会に羽ばたいていきたいという願い」を込めたということである。[20] エールは、「社会人女性のみのミュージカル劇団」を謳っており、メンバーは仕事や育児（つまり出産を経て出演しているメンバーもいる）などを両立させて活動している。定期公演を毎年一月か二月に二日間、前橋市内のホールで開催するほか、依頼に応じてショーの上演も行っている。

二〇一八年と二〇一九年の公演を見ることができた。二〇一八年の定期公演は二月三日と四日に前橋市民文化会館小ホールで行われ、四日の公演を見た。エールでは原則として無料で公演を行う方針をとっており、入場無料であった。会場の定員は六百席ということであったが、八割から九割近くの席が埋まっていた。この年は、ミュージカルの『二都物語』と、ショーの『Link―生きる証―』の二部構成であった。『二都物語』は、チャールズ・ディケンズの小説が原作で、日本では宝塚歌劇や東宝ミュージカルで上演されている。エールでは劇団の指導者である武正菊夫が脚本を書き、演出を担当した。後半の『Link―生きる証―』は、劇団員がみずから振付を行ったショーで、観客参加のコーナーもあり、盛り上がりを見せた。

二〇一九年の公演は、一月二十六日と二十七日に、前橋テルサホールで開催され、二十七日の公演を見た。席数は四百九十六席と前年の会場よりも若干少ないが、かなりの席が埋まっていた。エールの公演は前橋市内で行われることが多いが、会場や日時は固定されていない。この年の演目は『マイ・フェア・レディー』であった。

上演年	公演回数	作品名	宝塚歌劇での上演
2012	第1回公演	凱旋門	○
2013	第2回公演	コパカバーナ	○
2014	第3回公演	三銃士	×（翻案作品はあり）
2015	第4回公演	ジキルとハイド	×（翻案作品はあり）
2016	第5回公演	ハウ・トゥ・サクシード	○
2017	第6回公演	レベッカ	×
2018	第7回公演	二都物語	○
2019	第8回公演	マイ・フェア・レディー	×
2020	第9回公演	スカーレット・ピンパーネル	○

表①　A-ile（エール）上演年表

この作品はバーナード・ショーの『ピグマリオン』が原作で、という説明をするのは野暮だろう。例によって、武正菊夫が脚本と演出にクレジットされていた。この年は、ミュージカルのみの一部構成であった。大道具は比較的簡素で、ひな壇を配置する程度である。ホリゾントに適宜照明を当てて場面の転換を行っていた。対照的に、衣裳と化粧は本格的で、チラシやパンフレットにも扮装写真が載っており、出演者全員が扮装に力を入れていることが窺えた。簡素な大道具に対して、非常に凝った扮装という（アン・）バランスは、MMGと共通である。

二〇一九年一月二十七日、公演前のリハーサル中に、エールの代表者である清水由佳さんと中澤知秋《ちあき》さんに、劇団についてお話を伺った。二〇一九年当時の劇団メンバーは十九名で、全員がアラムニーの出身である。中澤さんによると、以前はアラムニーにも社会人メンバーがいたが、大学生が主力であるため、長期休暇や本番前に行われる稽古に参加するのが難しかったそうだ。エールでは、週一回、日曜日に稽古を行い、公演や出演イベントが近くなると土曜にも稽古するが、メンバーとの話し合いで決めているとのことである。仕事や家庭の事情で全員が毎年出演するわけではないそうだ。年齢層は一九八二年生まれが最年長で、当時は二十五歳が最年少メンバーであった。メンバーの半数ほどが教職についており、その関係で学校の芸術鑑賞教室で公演をしたこともあったという。

エールの脚本と演出を担当する武正菊夫は、前橋女子高校と太田女子高校でミュージカルを指導しており、そこでエールのメンバーと出会った。武正は一九四六年群馬県生まれ、演出家を志して渡英、帰国後は群馬に戻ってミュージカルの演出を中心に活動している(21)。現在は、高校の指導からは離れているが、アラムニー、エールの他に、女子高校生の劇団である前橋ミュージカル同好会BaMbina（バンビーナ）、中高生が所属するPastel（パステル）、未就学児から小学生が所属するPastel AMu（パステルアミュー）などで指導を行っている。エールのメンバーとは旧知の仲であり、すべての稽古に立ち会うわけではなく、出演者のアイデアを取り入れて演技を作っていくとのことである。

男役と女役に別れて演じるミュージカルということから、連想せざるを得ないのは宝塚歌劇である。宝塚について聞いてみたところ、宝塚音楽学校を受験したメンバーもいるが、決して全員が宝塚だけが好きというわけではなく、劇団四季など他のミュージカル劇団のファンや、映像作品を好んで見るメンバーもおり、好みはまちまちであるようだ。宝塚風の芸名をつけることはなく、原則として本名あるいは旧姓を使って出演している。また、学生時代に早稲田大学のミュージカルサークル・セイレンに所属していたメンバーや、現在もモノムジカと掛け持ちしているメンバーもいるとのことだった。男役と女役は、高校でミュージカルを始めたときに、本人の希望で決めて、その後はほとんど変更することはないという。化粧は、アラムニーでは宝塚歌劇等を参考にしながら先輩、後輩で教えあっていたという。現在はそれぞれが自分で行っている。衣裳は出演者が用意し、自分で縫う人、裁縫の得意な家族に作ってもらう人、業者に注文する人など、様々であるということだ。

上演作品はメンバーの希望で決めている。立ち上げ当初に武正がオリジナル作品の上演を提案したこともあったが、欧米のミュージカルや文学作品を原作とする作品を上演してきた。これまで取り上げた作品には、『凱旋門』のように宝塚歌劇が上演したものもあれば、『レベッカ』のように宝塚が手がけていないものもある。MMGのように宝塚のオリジナル作品を上演するということはしていない。宝塚の影響は受けてはいるが、それが全面的というわけではないようだ。上演作品の傾向はアラムニーと共通である。ただし、アラムニーでは、例年、三十人弱のメンバーが出演するため、『レ・ミゼラブル』や『エリザベート』など大規模な作品を上演しているが、エールでは出演者が少ないため、比較的小規模な作品を選んでいる。

公演、稽古にかかる費用は、メンバーが「習い事程度」の活動費を負担しているという。公演会場によっては負担が大きくなることもあるようだ。音響や撮影には業者を入れているが、照明は劇団メンバーで担当するなどして予算を圧縮している。各種助成金は、活動に制約ができることから、存在は知っているが、特に申請していないということだった。そのかわりというわけではないが、「翼の会」という賛助会が存在し、劇団を経済的に支えている。翼の会の会費は、一口二千円で何口でも加入できる。古いデータであるが、二〇一三年の会員数は、三十七名・百口であった。清水さん、中澤さんによると、二〇一九年の会員数は六十名ほどで、女性の方が多いようである。翼の会の会員になると、毎年夏に開催している「ファンミーティング」に参加できるなどの特典がある。

以上、群馬県で活動するミュージカル劇団エールの概要を見てきた。宝塚歌劇の影響は受けているものの、限定的と言ってよいだろう。上演年表を参照すると、宝塚歌劇が手がけた作品も上演しているが、MMGのように宝塚歌劇のオリジナル演目をコピーするということはしていない。ミュージカルといえばこれと言えるような、誰もがタイトルくらいは聞いたことがあるという作品を、指導者である武正菊夫の脚本と演出で上演するというのが、劇団の基本的なスタイルとなっている。ショーでは劇団メンバーが主導して振付や構成を行うということであったが、どちらかというと、劇団独自の作品を作り出すというよりも、「あこがれの作品を自分たちで演じてみたい」という意識のほうが強いようだ。われわれはオリジナリティーが高くない上演を軽視しがちであるが、誰もが知る有名な場面を自分でも演じてみたいという欲求は、近代以前の市民演劇である地芝居と共通のもので、実は普遍的なものではないだろうか。

また、エールは市民劇団でありながら、劇団員の募集をよびかけていない点が特徴的である。加入について問い合わせはくるが、外部から新規加入に至った例はいまのところないとのことだった。エールのメンバーは高校時代からアラムニーを経て長い時間を共有し、強固な絆で結ばれている。アラムニーとエールは、劇団であると同時に、その名の通り、女子高校、部活動の同窓会でもある。多くの劇団が演劇を上演するために集まった集団であるのに対し、女子高校という生い立ちの属性を共有した集団という性格も有している。

このあたりに、（いわゆる）民俗芸能との類似性を読み取ることも可能であろう。本書第8章で取り上げた兵庫県多可町《たかちょう》箸荷《はせがい》の村芝居は、必ずしも演劇上演を目的としない年齢で規定された集団が上演を担当している。箸荷の村芝居は、芸態ジャンルとしての民俗芸能には該当しないが、コミュニティと芸能の関係に着目すれば、民俗が支える芸能と捉えることも可能であろう。民俗芸能は、現在、その芸能の上演と伝承を目的とする組織によって担われていることが普通だが、かつては年齢や性別など特定の属性を持つ人が担い手となることが多かった。

アラムニー、エールの母体となった前橋女子高校と太田女子高校は、いずれも伝統校であり、高い進学率を誇る。九州地方の「名門」と呼ばれるような高校の同窓会に着目した研究を行った社会学者の黄順姫《ファン・スンヒー》は、「同窓生連帯意識は、同窓会文化を構築・共有することを介在して、生成・強化される」[22]と指摘する。エールのミュージカル上演は、まさに身体を通した「同窓会文化の構築・共有」にあたり、同窓生の絆をより強固なものにしていると考えられる。

五　「女子校ミュージカル」の絆

この章では、女子高校の部活動、女子大学のサークル活動、それらのOGによるミュージカル上演を見てきた。女性だけで演じるミュージカルというと、宝塚歌劇を想起しがちであるが、宝塚歌劇の影響は各集団によって様々である。MMGのように宝塚歌劇の公演になるべく近付けるという例はあるものの、その性質から学園祭などでの限定的な活動にとどまる。一九八〇年代末に活動していた劇団は、宝塚歌劇のスタイルが強く意識されていたが、二〇〇〇年代以降に結成された劇団では宝塚への思い入れは必ずしも強いとは言えない。群馬県のミュージカル劇団エールは、高校の部活動が母体となっており、そのつながりを維持しつづける集団であった。その強い絆は、くしくも宝塚音楽学校や宝塚歌劇団と相似形を描くが、上演を見る限り、宝塚歌劇の影響は限定的であった。

演劇学者の松田直行は、「若者組と民俗芸能」という特集を組んだ雑誌に、大石泰夫、笹原亮二、橋本裕之などの民俗学者に混じって「ミュージカル学校の生徒たち」というエッセイを寄せている。松田は当時、ミュージカルの実技を教える専門学校の教員をしており、ミュージカル俳優になることを夢見る生徒たちを前に、職業俳優として成功できる者がほんの少数であるという現実を伝えることの難しさを吐露している。

子供が学校に行くのは当然だし、行きたければ好きな学校に行けばいい。ただ問題なのは、彼女たちが「卒業する」ということを知っているのか、ということだ。〔…〕
近代以前の、例えば「若者組」のような組織なら、やがて「若者」でなくなった時、外の社会に出ていくための回路が用意されていたはずだ。ところが現代社会では「いつまでも子供のままで」と呼びかける声ばかりが聞こえてきて、誰も大人になるにはどうしたらいいのかを教えてくれない。宝塚に入れば、必ず舞台に立っていくらかの給料をもらうことができる〔…〕。しかし、専門学校は、卒業したらそのあとのケアは何もない。[23]

松田は終始、プロ・アマ二元論で語っており、彼の言う「卒業」とは、夢からの卒業、すなわち「挫折」を意味している。「うちのミュージカル科の生徒たちは、極めて普通の女の子たちだ。ある程度は裕福な家の子で、素直で、いい子だ。きっと、それは良くも悪くもない成績で、普通に中学、高校と卒業して、だからこそ、「このまま普通に人生が過ぎ去って行くなんてイヤ。たった一度の人生、なにか輝くようなことをしてみたい」（実際、多くの生徒から聞く言葉だ）と思ってしまうらしい」と、意地悪で皮肉な見方をしている。職業演劇人として成功できなかった者を落伍者と断じる厳しい視線は、当時の彼が置かれた環境によるものなのかもしれないが、ミュージカルや演劇という夢と、現実の折り合いのつけ方は一様ではないはずだ。

群馬のミュージカル劇団に話題を戻そう。前橋女子高校は、宝塚歌劇団トップ娘役をつとめた彩乃《あやの》かなみ、同じく宝塚歌劇の男役であった遥海《はるみ》おおら、劇団四季の生形理菜《うぶかたりな》など、一線級のミュージカル俳優を輩出している。エールの公演が行われたホールには、宝塚音楽学校の生徒募集チラシも置かれていた。群馬県でミュージカルを上演している高校生にとって、職業として俳優の道に進むという選択肢は、そうした人びとの存在によってそれなりの現実感をもって存在しているはずだ。大学生中心のアラムニーではわからないが、「社会人」の劇団であるエールには、職業俳優になるという夢をあきらめたメンバーもいるだろう。しかし、それを「挫折」と一面的に断じることはできない。地元で仕事をしながら、あるいは子どもを育てながら、年に一度の大きな公演を続けるというのは、別の「成功」と言ってもよいはずだ。演劇と人生の折り合いのつけ方が多様であるところに、地域演劇の豊かさがあるのではないだろうか。

（1）高校受験スタディ首都圏版 https://www.studyh.jp/
（2）「舞台手作り、世界広がる　埼玉県立川越女子高校英語劇部」高校生新聞 Online https://www.koukouseishinbun.jp/articles/-/3923
（3）「私の原点#2　水夏希」https://www.tca-pictures.net/skystage/Prgm/Detail/3113.html
（4）日比野啓「戦後ミュージカルの展開」、日比野啓編『戦後ミュージカルの展開』森話社、二〇一七年。
（5）もみじ祭実行委員会より https://www.jwu.ac.jp/st/hsc/momijisai/momiji.html
（6）OH＊TAKARAZUKA https://www.jwu.ac.jp/st/hsc/momijisai/g08.html
（7）宝塚歌劇団 https://kageki.hankyu.co.jp/revue/2018/gaisenmon/index.html
（8）おおたとしまさ「名門東海の男子歌劇団、名物「カヅラカタ」の本気度――東海中学・高校（下）」https://style.nikkei.com/article/DGXMZO55784840Y0A210C2000000/
（9）クラブ活動　十文字中学・高校 https://js.jumonji-u.ac.jp/schoollife/club/
（10）MMGとは？ http://mcmmg.web.fc2.com/about.html
（11）LUTEA https://twitter.com/lutea0513
（12）Fleur https://twitter.com/fleur_musical
（13）SamRy.（サムリー）https://twitter.com/SamRy_musical
（14）天野道映「もう一つの宝塚の伝説」『朝日ジャーナル』一九九二年四月十七日号。
（15）原岡順子「庶民派をプラスした〝ミニ宝塚〟劇団クラーナ「星が輝くとき」」『アサヒグラフ』一九九三年十一月二十六日号。
（16）劇団クラーナ・ジュネスとは… https://www.clana.biz/%E5%8A%87%E5%9B%A3%E3%83%97%E3%83%AD%E3%83%95%E3

%82%A3%E3%83%BC%E3%83%AB/

(17) 朝日新聞デジタル「青春スクロール　母校群像記【県立川越女子高校】（4）シャンソン、ミュージカルと出会い」http://www.asahi.com/area/saitama/articles/MTW20190309111230001.html

(18) 劇団紹介 https://www.mono-musica.com/cast

(19) 日比野啓・鈴木理映子「漫画と演劇」、神山彰編『演劇とメディアの20世紀』森話社、二〇二〇年。

(20) A-ile（エール）プロフィール https://a-ile-since2011.jimdo.com/a-ile%E3%81%A8%E3%81%AF/

(21) 共愛学園前橋国際大学公開講座チラシより。

(22) 黄順姫『同窓会の社会学』世界思想社、二〇〇七年。

(23) 松田直行「ミュージカル学校の生徒たち」『共同生活と人間形成』三・四、一九九一年。

第7章

市民ミュージカルの興隆

日比野啓

一　総論

五〇年代から七〇年代のアマチュア演劇は、戦後社会の広範な層の支持を受けた新劇の影響のもと、社会や家庭に巣食う旧弊な道徳や見逃されてきた不正を批判する真面目な台詞劇を多く上演した。八〇年代からの「ニューウェイヴ」地域市民演劇は、その反動とすら思えるほど、音楽劇、いわゆるミュージカルを盛んに上演するようになった。なるほど、すでに六〇年代初頭には学生や市民劇団がミュージカルを上演する例が見られるし、現在まで近畿圏で活動を続けてきた、アマチュア劇団の日本ミュージカル研究会は一九六九年に発足している。拙編著『戦後ミュージカルの展開』で紹介したように、遠野物語ファンタジー（岩手県）は一九七六年に、能代《のしろ》ミュージカル（秋田県）は一九八〇年に創設されているし、[1]本章で紹介する鹿野《しかの》ふるさとミュージカル（鳥取県）は一九八七年から、函館野外劇（北海道）は一九八八年から始まった。

けれども本当の意味でブームといえるようになったのは、九〇年代中葉から二〇〇〇年代にかけてのことで、この時期には全国各地で市民ミュージカルの上演が相次いだ。その一部についてはすでに前掲書で言及したので省くが、本章で取り上げる大杉ミュージカルも一九九五年に始まっている。その結果、最北端の知床・羅臼《らうす》町町民ミュージカル（『風のすむ町』二〇〇〇年十一月十二日）から、最南端の沖縄県南城《なんじょう》市民ミュージカル（第二回『太陽の門―新ムラヤー版―』二〇一七年二月十八・十九日）まで、現在継続的に上演されることがなくなってしまったものも含めると、これまで百以上の市民団体がミュージカルを上演してきており、そのうち三十近くの団体が十回以上継続している。(2)

とはいえ、前掲『戦後ミュージカルの展開』の「第一章　総論」で指摘したように、(3)職業演劇で上演される作品もふくめ、日本の創作ミュージカルの多くはアメリカ合衆国で発展したミュージカルとは異なるものだ。四〇年代中葉以降の合衆国のミュージカルでは、物語とナンバー（楽曲）の統合（integration）が目された。登場人物の「地の台詞」からナンバーへの円滑で「自然」な移行が前提とされ、それまでの主要な音楽劇のジャンルだったミュージカル・コメディやレヴューのように、ナンバーにおいて演者が自分の技芸を大っぴらにひけらかすことはされなくなった。ナンバーを歌い、踊るのはあくまでも俳優が演じる登場人物であり、役柄から「抜け出た」俳優が観客の拍手喝采に応えて挨拶をするようなことは建前としてはあり得なかった。なぜなら、そこで物語の進行は中断してしまうからであり、観客は物語への没入を妨げられるからだ。

台詞によって物語が展開していく部分と、歌って踊る部分をどのように自然に繋げるか。観客が物語に集中できるよう、ナンバーにおいても物語が進む――たとえば、仲違いしていたカップルが歌い終わると、かつての親密さを取り戻す――ために、ナンバーをどのように物語と関係づけるか。合衆国の音楽劇の作り手たちはそうした点を工夫してきたし、統合の理念がそれほど熱心に追求されなくなった八〇年代以降でも、登場人物はいきなり歌い出したり踊り出したりするのではなく、感情が次第に高まっていき歌やダンスになるという「リアリズム」が守られていた。

他方、日本では一九一〇年代中葉から四〇年代にかけて舞台や映画で大変人気のあったオペレッタの影響のもと、物語が進んでいくなかで歌われる歌を歌として楽しむ、という観劇態度が五〇年代以降も主流だった。それゆえに、日本で作られた「ミュージカル」は、歌入り芝居（合衆国でいえば、四〇年代まで流行していたミュージカル・コメディに相当するもの）が多く、登場人物の内面をこと細かに描いたうえで、歌い出し踊り出したくなるような心理をナンバーの導入の根拠として示すことはなかった。オペレッタの筋がしばしば単純で、辻褄すらろくに合わないものがあったのとは異なり、五〇年代以降の日本の創作ミュージカルは物語だけでも楽しめるものが多かったものの、物語とナンバーの統合は真剣に検討されたことがなかった。多くの作品ではダンスが中心となる場面がなく――これは日本では七〇年代まで命脈を長らえた大劇場レヴューのほぼ全てが群舞を売り物にしていたのと対照的だ――、歌も、物語とは別のものとして演じられ、捉えられていた。

市民ミュージカルもまた、職業演劇によって上演された創作ミュージカルと同様、「歌入り芝居」が大半だ。また、以下で具体的に見ていくように、市民ミュージカルでは物語の語り手が登場することも多い。プロの創作ミュージカルにも語り手が登場するものはあるが、その数はずっと少ないし、観客がそれぞれ物語や登場人物を把握するかわりに語り手が自らの把握を観客に示すという、演劇では禁じ手に近い手法を採用することについて、作り手たちは十分意識的だった。対照的に市民ミュージカルでは、語り手はもっと「気軽に」、舞台で展開される物語の世界に観客が入り込むための便法として用いられる。

市民ミュージカルではまた、主役たちの独唱も少ない。市民ミュージカルの題材の多くはその土地に伝わる民話や伝説、名所旧跡の謂れ、郷土の偉人の足跡であって、合衆国のミュージカルと違って、主役カップルの恋愛がいかに成就するかが語られることはまれだ、ということもあって、失恋したと誤って思い込んで一人で歌う、恋人同士意地を張り合って歌で競い合う、といった合衆国のミュージカルでよくある状況を設定し難い。そのかわり、登場人物全員で歌う斉唱がよく用いられる。

「ニューウェイヴ」地域市民演劇は台詞一辺倒のものではなく歌入り芝居が多く、そこでは斉唱が多用されること、市民ミュージカルではしばしば物語の語り手が登場して物語をわかりやすく説明すること。これらのことを合わせ考えると、市民ミュージカルの人気の理由はまずその「敷居の低さ」、つまり参加しやすさだとわかる。学校教育に音楽の授業はあっても演劇の授業はない。旋律やリズム、和声に気をつけてクラス全員で歌を歌うことには馴染んでいても、台詞を覚えて人前で話すことには慣れていない人たちにとって、長い台詞のやり取りだけで進んでいく、かつてのアマチュア演劇のようなものだと参加をためらう。しかしミュージカルならば、歌も歌えるし、台詞はそれほど長くない。台詞劇であれば、内面を描写する際あまり露骨な「説明台詞」を使うことはできないから、仕草や表情、言い回しの工夫などで登場人物の心情を表現しなければならない。ミュージカルでは、歌のなかで（登場人物の、というよりむしろ）自分の感情を存分に表現できる。

もっとも、それが統合ミュージカルになると、地の台詞から無理なくナンバーに繋げていくために微妙な感情の変化を表現する必要があるし、一人や二人だけで歌えば、その巧拙も問われる。日本の創作ミュージカル、とりわけ市民ミュージカルが、合衆国のミュージカルとは別種の音楽劇として独自の発展を遂げたのは、知識や理解の不足もあったけれど、自分たちでも無理なく上演できるものを選んだ、ということが大きい。自分の歌はうまくないと思っている人でも、一緒に歌えばアラは目立たない。地の台詞のやり取りで、出来事の展開や登場人物の心理を観客にわからせる必要はあまりないから、演出家（指導者）の指示に従って、棒読みにならないよう抑揚に注意して発話すればよい。

他方で、歌が歌いたくて、自慢の喉を人に聞かせたくて、市民ミュージカルに参加する人もいる。登場人物の対話によって物語を語ることや、物語とナンバーを統合することに、市民ミュージカルはさして関心を払わず、物語が進むにつれて歌を歌い、歌でその時々の感情を表現するという音楽劇の基本機能を最重要視する。歌には登場人物の心情が反映されているから、歌を歌えば登場人物の気持ちを示すことになると同時に、歌う人間の気持ちもそこに乗せられる。なるほど、地元の友人知己を誘い合わせてのカラオケ大会でも同様に「なりきる」ことで自己表現はできるが、市民ミュージカルであれば、大勢の仲間とともに同じ歌を歌って絆を深めることもできる。

さらに、地域市民演劇一般がそうであるように、稽古や打ち合わせを重ねることで、同じ地域に住みながら、これまで縁のなかった人々同士が結びつき、連帯意識を持つようになる。五〇年代から六〇年代にかけて、「うたごえ運動」が日本中に広がった。職場や学校、地域を拠点として合唱サークルが作られ、歌声喫茶のような、合唱するための場所も生まれた。共同作業のなかで喜怒哀楽をともにするという意味では、市民ミュージカルはうたごえ運動の後継と見なすことができるだろう。七〇年代後半以降、左翼運動の退潮とともにうたごえ運動はその政治性が目立つようになり、勢いが徐々に失われていったが、市民ミュージカルはその代替となった。

音楽劇ということでいえば、一九六八年十月に始まった大分県民オペラや、一九七三年十月に始まった藤沢市民オペラなど、市民オペラも全国各地に散見されるし、前者のように積極的に創作オペラを試みている集団もある。だが市民ミュージカルほど広まらないのは、歌い手には高い水準の歌唱が、またオーケストラには一定の人数と演奏技術がともに要求されるからだろう(4)。市民ミュージカルならば、うたごえ運動同様、高い水準の歌唱は期待されないし、日本の職業ミュージカルでも見られるように、音楽を生演奏ではなく、録音にすることもできる。

また生演奏の場合でも、エレキギター・ベースやドラム、シンセサイザーのような、単体でも大きな音が出せるものを使えば、市民オーケストラのように人数を揃えなくても演奏が可能だ。八〇年代末から九〇年代初頭にかけてのバンド・ブームをきっかけに、中高校生がエレキギター・ベースやドラムなどの楽器を演奏することが一般的になった。九〇年代中葉以降、市民ミュージカルの上演が盛んになった背景には、バンド・ブームでこうした楽器に触れた子どもたちが成長したこともあるだろう。社会人になってもバンドを続ける人はいるが、発表の場となると、アマチュアでも出演できるライブハウスや路上ぐらいしかない。とくに地方のライブハウスはバンド・ブームが去った後は数が減ったので、市民ミュージカルでの演奏はよい機会になる。

地域市民演劇の他のジャンルと比べると、子どもの参加者が多いことも市民ミュージカルの特徴だ。とりわけ学齢期の子どもにとっては、歌やダンスをすることは台詞を覚えて語ることより慣れ親しんでいるものだし、舞台上で立ち止まったまま地の台詞を話すより、体を動かすほうが楽しい。市民ミュージカルの運営者側としても、ともすれば大人の参加者の人数が限られるので、より多くの人数の参加が見込める子どもの役を増やすことになる。ミュージカルではコーラスや群舞がつきもので、そもそも台詞劇より俳優の人数が必要だが、役名のついていないコーラスや群舞は上演直前まで人数の増減が可能だから、子どもによくありがちな、途中で稽古に来なくなったり、高熱を出して出演できなくなったりするような不慮の事態にも対応しやすい。

保護者にとっても子どもが放課後に市民ミュージカルの稽古に出かけるのは好都合だ。指導者をはじめとする運営する大人の目があるので外で遊ぶより安心できる。歌やダンスを教えてもらえるので情操教育にもなる。中学生ぐらいになって塾へ行く同級生が増えてくると、市民ミュージカルの稽古に夢中になって塾に行きたがらない自分の子どもに不満を覚える親も出てくるが、それまでは各種の習い事のかわりに、しばしば習い事の月謝より安い参加費で参加できる市民ミュージカルに積極的に子どもを送り出す保護者は多い。

そのような事情を見越して、行政が主導して市民ミュージカル上演を企画する場合、最初から「子どもミュージカル」を謳うことが多い。川崎市が文化事業として立ち上げ、劇作家・演出家のふじたあさやたちが運営委員会に加わった「かわさきヤングミュージカル」は、二〇〇〇年から二〇〇七年まで七回の公演を行った。「松浦ミュージカル」は、二〇〇七年から二〇一五年まで文化庁芸術家派遣事業として実施され、劇作家・演出家の岡部耕大が故郷の長崎県松浦市の市立小学校を一校ずつ訪れ、その地ゆかりの伝説などをもとに小学生とともに作っていった。九〇年代中葉以降、全国各地で上演されるようになった子どもミュージカルは、市民たちが自主的に運営して地方政府の関与の度合いが低いものでも、教育委員会などの行政執行機関は後援に名を連ねている、という事例をよく見かけるが、それは行政にとり子どもミュージカルが教育の一環として行われていることを示す。

子どもミュージカルにおいてとくに顕著だが、少なからぬ市民ミュージカルでも見られることとして、指導者としてプロまたはセミプロの演出家や俳優、作曲家・指揮者が加わるということがある。地域市民演劇ではたいてい、学生時代に演劇に関わり社会人になっても熱が冷めやらない、という市民（たち）を核として人が集まり、素人同士が手探りで上演にまで漕ぎつける。そのような場合、誰が集団のリーダーシップをとるか、誰が作や演出を担当するかは合議を経て自ずと決まっていく。他方、行政が「上から」呼びかけて地域市民演劇の集団を作る場合、集まった人々の誰も不平不満を抱かないよう、職業劇団で実績のある人々を指導者に据えることが多い。また、市民たちが集まったなかで、たまたまプロ、またはその家族・友人知己がいることがわかり、その人に依頼する、ということもある。先ほど言及した日本ミュージカル研究会は、当時宝塚歌劇団の作曲家であった高井良純が市民に呼びかけて作った、まれな事例だ。

地域市民演劇の他のジャンルと同様、多くの市民ミュージカル劇団の稽古はひと月に三、四回で、公演直前には毎日行う（全員が毎日参加するわけではない）。だからプロが自分の職務の片手間に指導することも不可能ではないだろうが、東宝や宝塚、劇団四季の大都市圏の劇場上演に関わっているような現役のプロが市民ミュージカルの指導をすることはあまりない。そもそも、地方であれば東京や大阪と往復するだけで時間がかかる。実際に市民ミュージカルの指導者になるのは、かつては大都市圏の職業ミュージカル劇団に所属していたが、何らかの事情で辞めて、地方に居住している人々だ。そういう人々の現在の職業は劇団や演劇と全く関わりのないこともあれば、自分で劇団を主宰していたり、音楽学校やダンススタジオを経営したり、そこで教えたりすることもある。

なかには大都市圏でプロとして活躍していた時代はミュージカル作りに携わっておらず、新劇や小劇場演劇の経験しかない人間が市民ミュージカルを指導していることもあるが、市民ミュージカルの興隆は、ミュージカル作りに関わる人口の裾野の広さと関係がある。第二次世界大戦後の日本においてミュージカルがどのように受容され、変容してきたかについては、前掲『戦後ミュージカルの展開』の各章を参照してほしいが、東京ではこの十数年、宝塚歌劇団の公演を除いても、つねに三つか四つの商業劇場でミュージカルが上演されており、毎日観客席はほぼ満員、という状況が続いている。このような盛況を支えるには、実際に上演に関与しているキャストやスタッフの十数倍の人間が存在していることは指摘するまでもないだろう。その中に、大都市圏の商業ミュージカルで仕事を続けていくことを断念して、地方で生活するようになった人々がいる。こうした人々が指導者として、あるいは一参加者として市民ミュージカルを作っている。

そうした人たちの多くは指導の対価として僅かな謝礼を受け取るだけで、ときには無給で指導をすることもあるが、他方で本業に近い感覚で指導している人たちもいる。一部の地域市民演劇では、プロが関与することによって習い事に近い感覚で人々が参加していることは本書第1章の総論で指摘した。そういう人たちにとって、ヴァイオリンやピアノ、クラシックバレエやジャズダンスの発表会と同様に、上演は「先生」に指導されてきた成果を披露する場であって、自分たちで工夫して作り上げたものを表現する場ではない。照明や音響、衣裳やメイクについても、職業劇団が公演の際に依頼するような専門家や業者にやってもらい、自分たちは手を出さない。市民ミュージカル、なかでも子どもミュージカルは、そのような「習い事」「発表会」になる傾向が強い。

それは前述のとおり、保護者が「習い事」の一つとして捉えているからだ。子どもは歌やダンスをやりたい、親は子どもの面倒を見てくれる人や場を必要としている。そしてせっかくだから、子どもが満足するよう、その道のプロに指導してもらいたい。各地の子どもミュージカルの実質上の運営主体が地元のミュージカルスクールであることは意外なほど多い。だが参加費ではなく「月謝」を払ってプロに指導してもらい、プロのスタッフによって準備された公演に出演する子どもたちもその保護者たちも、地域の演劇文化の立派な担い手だ。

さらに、ある程度人口の密集した地域では、こうした市民ミュージカルの出演経験をきっかけにプロの世界に進みたいと考える子どもも出てくる。演劇を実技として教える大学や、二〇〇〇年代から全国各地で増えた舞台芸術科のある高校に進学したり、商業演劇のミュージカル公演の子役に応募したりする。舞台で活躍する職業俳優になるためには、児童劇団で演技や台詞廻しを学び、台詞劇の発表公演に出演して経験を積む、というコースがかつてはもっとも一般的だった。九〇年代以降、商業演劇におけるミュージカル公演が飛躍的に増えたこともあり、俳優の資質に歌って踊れることが求められるようになると、市民ミュージカルやそれを運営しているミュージカルスクールを経由して職業俳優になる人も出てきた。

市民ミュージカルにおいてプロが関与するのは俳優育成・指導や演出だけではない。照明や音響のような、専門家の知見や業務用機材が必要とされる分野においても、対価を支払い、業者に依頼することがよくある。台詞劇が大半だった七〇年代までのアマチュア演劇と異なり、市民ミュージカルにおいては照明・音響が舞台表現に占める比重が高い。台詞劇であれば舞台全体を照らす地明かりを作り、俳優たちの表情や身体の所作がよく見えるようにする、という程度で十分機能したし、効果として用いる音響の種類もそれほど多くなかった。しかし、ミュージカルはナンバーの雰囲気によっては派手な照明が必要だし、歌い出しや踊りはじめのきっかけを与えるのは音響や照明だ。台詞劇ならば俳優の演技や台詞廻しだけに注意を払っていた観客も、ミュージカルだと音響や照明、衣裳や装置といった要素を合わせて総合的に見る。劇場入りしてから上演までの仕込みにかけられる時間が短いこともあって、それらについて現在では、効率良く仕事を進められる業者の手を借りることが一般的になっている。

九〇年代以降の技術革新によって業務用の照明・音響機器の価格が下がり、それまでは予算の制約があって導入が難しかった地方の公共ホールでも高性能・多機能な機材が使われるようになったことも、専門業者が地域市民演劇の上演に携わる一つのきっかけとなった。調光操作卓やミキサーがアナログで、上演中に数本のフェーダー（入出力調整をするレバー）を動かして操作するだけであれば素人にもできるが、デジタルで事前にメモリーに入力し、数十のチャンネルを同時に全自動運転させるということになると、操作に慣れた人間でないと難しい。二〇一〇年前後からは、白熱電球やハロゲン電球とは輝度も演色性も異なるＬＥＤ電球が、メンテナンスの容易さや省エネルギー性が魅力となって舞台用照明に使われることが多くなり、細々ながら劇団員の間で伝えられてきた照明器具についてのノウハウも役に立たなくなった。現在では、出入りの業者をあらかじめ選定しておき、一般の人々が照明・音響関連の機材に触れることを禁じている市民・県民会館やホールが大半だ。前述したように、劇中で使用する楽曲の演奏を市民たちが担当することは増えたが、市民ミュージカルを自分たちの手だけで上演することはきわめてまれになった。

他方、衣裳や装置（美術、大道具）では事情が多少異なる。そもそも、七〇年代までのアマチュア演劇の劇団でも、衣裳や装置を専門業者に依頼することはあった。時代劇で必要なかつらや特殊な和装を自分たちで用意することはほぼ不可能だし、鉄骨を使った装置などを組み立てるときは安全管理上、プロの手を借りる必要があった。ただし、かつて和裁・洋裁は主婦のたしなみと考えられており、戦後になって家庭用ミシンが急速に普及したこともあって、たいていの衣裳は（女性の）劇団員が手作りした。和裁・洋裁を習う女性の数が激減し、家庭用ミシンがそれほど売れなくなった八〇年代以降の市民ミュージカルでも、市販されている服を買ってきて飾りをつけたりするだけでなく、布を裁ち切ることからはじめて衣裳を作ることはある。装置もまた、ホームセンターや一般向けに販売している材木店などで材料を買ってきての自製が基本なのは今も昔も変わらない。また、劇団に参加している工務店や内装施工などの自営業者——多くの地域市民劇団では会社員より自営業が目立つが、これは時間の融通が利くからだ——が自分の仕事の延長で作ることもある。

それでも現在の市民ミュージカルでは、全体的に見ると衣裳や装置の自製率は下がっている。一つには自治体の各種助成などもあって予算規模が相対的に大きくなり、業者に依頼する余裕があるからだ。もう一つには、他の分野での「プロ」化が進むと、衣裳や装置だけ自分たちが手がけて「素人っぽい」作りに見えてしまうのを嫌うようになったからだ。子どもミュージカルでは、月謝制をとっていても、公演前になるとお揃いの出演着の購入費用を家庭に別途請求するところもある。こうしたことは「習い事」「発表会」ではよくあることなので、保護者が異議を唱えることはないし、むしろハレの日のためにと購入を楽しみにしている参加者（と保護者、祖父母たちなど）も多い。

このように、地域市民演劇の他のジャンルと比べると、市民ミュージカルではプロとアマチュアの境界がつきにくくなっている。地域市民劇団はアマチュア性や手作り感を誇りにするべきだと信じられていた七〇年代までなら、プロの介入は批判されるべきことだったかもしれない。だがプロもアマも地域の演劇文化を作り上げるという点には変わりはない。さらに、本書第1章の末尾で指摘したように、地域市民演劇の八〇年代以降の再活性化を後追いするかたちで、はっきりと営利を目的としているとは言い難い「小商《こあきな》いの演劇」が見られるようになってきた。こうした事例を見ていくと、都市圏以外の地域では、職業演劇と素人演劇の「原理的な」違いを言うことはもはや難しくなっており、二十一世紀の市民ミュージカルは、観光化された各地の民俗芸能がそうなっていったように、地域社会の持続可能な発展を取り組む主体として組み込まれていることがわかる。

ここまでは総論として、全国各地で上演されている市民ミュージカルに共通する傾向を挙げてきた。第二節以降では、典型的と考えられる要素にくわえて他の集団には見られない特徴を持っている三つの市民ミュージカルとその活動を見ていくことで、市民ミュージカルがいかに多様なかたちを取りうるのかを示したい。なお、同様に特色があると考えられる能代ミュージカルについては、前掲書の「第10章　社会包摂型アートとしてのミュージカル」で詳しく紹介している(5)。こちらもあわせて参照していただけると幸いだ。

二　鹿野ふるさとミュージカル

鹿野ふるさとミュージカルは、現在は鳥取市の一部となっている旧鹿野町で一九八七年に始められ、現在まで一年に一度の公演を続けてきている。全国の市民ミュージカルのなかでも歴史が古く、息の長い活動をしている団体の一つだ。その誕生のきっかけは興味深い。もともと鹿野町では、町内外の音楽団体に呼びかけて一九八二年から鹿野町民音楽祭を開催していたが、参加者数が低迷し、先細りになっていた。一方、鹿野町はそれ以前より町ぐるみで保養地としての温泉事業を推進しており、温泉付き分譲地を開発・販売していた。宝塚歌劇団で作曲・編曲を担当していた中野潤二がこの分譲地を別荘として購入したことから、鹿野町との縁ができた。実行委員たちが音楽祭への助力を乞うと、中野は音楽祭ではなくミュージカル上演なら協力できると応じ、宝塚歌劇団の同僚だった菅沼潤と大関弘政を脚本家として紹介した。音楽祭は住民たちによる演奏と、職業音楽家たちを招いてのコンサートの二本立てだったが、鹿野ふるさとミュージカルは宝塚歌劇団の人々が創作・指導した作品に、住民が出演するというものになった。

メインの出し物を音楽祭から市民ミュージカルに切り替えることで生まれたという点で、鹿野ふるさとミュージカルは特異だ。市民音楽祭と市民演劇の公演はどちらも相当の予算規模のものになりうるゆえ、自治体の助成などを受ける際に競合しやすい。ひとくちに市民の文化芸術活動の振興といっても、絵画展や写真展、映画上映会、各種ワークショップのようなものは低予算で開催可能なため助成がしやすいが、市民音楽祭と市民演劇公演が同年度に行われる場合、双方ともに希望額通りの助成をすることができないことがある。概して音楽祭のほうが集客をのぞめるため、市民音楽祭に助成が偏り、市民会館やホールを優先的に使用できるよう取りはかられたりする。自治体主導の市民ミュージカルが上演されることが多くなったのには、音楽好きの市民も演劇好きの市民も取り込める、行政による両者の利害調整が容易になる、ということもあったが、それでも市民ミュージカルの場ではなく、音楽祭をやってほしいと希望する市民の声を無視することは難しい。鹿野ふるさとミュージカルの場合、第一回公演が行われた一九八七年から第十三回公演の一九九九年までほぼ毎年、前夜祭やジョイントコンサートのような名称を冠した音楽コンサートも同時に開催しており、漸進的かつ円滑な移行がなされたようだ。また、プロである宝塚歌劇団の作曲家や脚本家が指導してくれる、という点が切り替えにあたっての説得材料になったのかもしれない。現在でも鹿野ふるさとミュージカルの運営主体は鹿野町民音楽祭実行委員会であり、名称を変えていないことは興味深い。

さて、鹿野ふるさとミュージカルのもう一つの特徴は、レパートリー制をとっていることだ。毎年オリジナルの新作を上演する市民ミュージカル集団は少なくないが、脚本家の負担は大きいし、演技指導にも時間がかかる。参加者の入れ替わりのある市民ミュージカルでは――とくに子どもの出演者は、卒業・進学や就職で地元との縁が切れてしまうと、なかなか戻ってこない――毎回新作上演をするとノウハウの蓄積ができない。そこで、次節で紹介する函館野外劇のように、毎年ほぼ同じ台本を上演する集団もあるが、同じ内容だと飽きられ、集客に影響が出る。そこで五、六作品をレパートリーとして抱えておき、数年ごとに同じ作品を上演する、というのがもっとも持続可能な市民ミュージカルの運営方法だが、実行できているところは少ない。

鹿野ふるさとミュージカルでは、第一作『さくら姫物語』〔図①〕を一九八七年から一九九一年まで五年にわたり上演した。初演について、ウェブサイト「鹿野図鑑」では「音楽とコーラスそしてナレーター……ミュージカルというにはほど遠い舞台でしたが、新しい何かが生まれようとするエネルギーがまちに満ち溢れた真夏の一夜、小さな町の体育館は千人を超える住民の熱気に包まれました」と説明している。また「年々役者やスタッフを増やしながら公演を重ね、五年目の平成三年に完成作品を上演しました」(6)とあるように、ただ続演を重ねるというより、計画的に質の向上を目指していたことがわかる。

図①　第28回鹿野ふるさとミュージカル『さくら姫物語』第十三景（2015年1月、鳥の劇場／写真提供：鹿野町民音楽祭実行委員会）

続いて新作『踊り見の城』を一九九二年・九三年に上演する。一九九四年は再び『さくら姫物語』を上演したのち、三本目の新作『鹿野に祭りが蘇る日』を一九九五年・九六年に上演した。一九九七年は『踊り見の城』を、九八年は『さくら姫物語』を再演し、一九九九年に四本目の新作『鹿野の蒼白い夜』を上演して、二〇〇〇年・二〇〇一年も続けて上演した。二〇〇二年に五本目の新作『鹿野には、かっぱやまどりくもの糸！』を初演、二〇〇三年に続演。その後二〇一二年までこの五つの作品を順繰りに上演することが続いていたが、二〇一三年には久しぶりの新作『アユタヤにはじけて候

〜海を渡った殿様〜』を初演して、レパートリーは六作品となった。二〇二〇年はコロナ禍で休演したが、私たちが見に行った二〇一九年には六回目の公演となる『踊り見の城〜もう一つの因幡《いなば》攻防戦〜』を上演している。会場も当初は鹿野町農業者トレーニングセンターや鹿野町中央公民館などだったが、市町村合併により鳥取市の一部となった後は、舞台設備の整った、上演準備に費用・時間・労力のかからない、鳥取市立鳥取市民会館大ホール（九百三十席）を使うようになっている。(7)

このように、鹿野ふるさとミュージカルが理想的といえるかたちでレパートリーを増やし、着実に上演の水準を向上させてきたのは、宝塚歌劇団という近隣のプロの指導があったからであるかもしれない。宝塚歌劇団と「素人」の関わりは古い。第二次世界大戦中の大阪市の隣組お座敷芝居には、創成期の劇作家・演出家だった堀正旗《せいき》が関わっている。(8) また前述のように、最古の市民ミュージカル団体といってもいい日本ミュージカル研究会は、当時宝塚歌劇団の作曲家であった高井良純《よしずみ》が市民に呼びかけて作ったものだ。宝塚歌劇団内部で素人演劇に協力することの当否について議論があったかどうか、寡聞にして知らない。しかし、親会社の東宝では日劇ダンシングチーム（一九四〇年に東宝舞踊隊と改称）のレビューに取り入れる目的で、一九三八年から日本の郷土舞踊の研究調査プロジェクトを開始し、『日本民族舞踊の研究』（一九四三）を刊行しているから、もともと「素人」の上演と関わることに抵抗がなかったとは言える。また、そもそも宝塚歌劇団は宝塚音楽学校の卒業生という良家の子女＝「素人」による公演だから、歌劇団内で「先生」と呼ばれる指導者たちが、外部の（本当の）素人にたいしても同様の教育的態度で臨むことはごく自然なことだった、とも言える。

しかも、中野・菅沼ら宝塚歌劇団の指導は、プロがいつまでも面倒を見る体制を提供するわけではなく、アマチュアだけで創作・上演が可能な環境を作っていくという点で真に教育的なものだった。レパートリー六本の初演時のスタッフを見てみよう。最初の二本『さくら姫物語』（脚本・演出：菅沼潤、音楽：中野潤二）と『踊り見の城』（脚本・演出：大関弘政、音楽：中野潤二）で、創作に関わっているのは宝塚歌劇団の三人だ。三本目の『鹿野に祭りが蘇る日』では脚本・演出：菅沼潤、音楽：中野潤二の他に、演出・振付として元ＯＳＫの風間千明が加わっている。第四作『鹿野の蒼白い夜』（一九九九）になると、脚本・演出が菅沼潤と植田大介、音楽は上萬《じょうまん》雅洋となる。植田は初期の頃から鹿野ふるさとミュージカルにキャストとして参加している住民の一人だ。上萬は一九七〇年に鳥取市（旧・青谷町）に生まれた作曲家だが、『鹿野の蒼白い夜』の作曲を依頼されたときは保育士として勤務しており、これが初のオーケストラ曲となった。鹿野ふるさとミュージカルがきっかけとなり、保育士を辞めて二〇〇九年に鳥取大学大学院に入学し、新倉健のもとで作曲を改めて学んでプロの道を歩むようになった。

第五作『鹿野には、かっぱやまどりくもの糸！』（二〇〇二）で上萬は再び作曲を担当した。脚本・演出は菅沼、振付を風間。その後、菅沼は二〇〇四年に逝去した。それもあって、二〇一三年に久しぶりに新作上演となった『アユタヤにはじけて候』の作曲は上萬が引き続き行なったが、演出・振付は風間となった。そして脚本を担当したのは『アユタヤにはじけて候』脚本制作チームとなっているが、鳥取県伯耆《ほうき》町で二〇一一年に実施された新作ストーリー公募事業で採用された山口正之の原作を「鹿野ふるさとミュージカルで育った若者たちが中心となり、二年がかりで書き上げ(9)」たものだ。第三回公演『さくら姫物語』のとき、菅沼は「町民のみなさんが、もっと自分たちで創っているんだ、自分たちで創るんだという感じを持ってほしいですし、協力もお願いしたいですね(10)」と語ったというが、菅沼が望んだ通りのかたちで鹿野ふるさとミュージカルは発展していったといえる。

ところで、脚本を提供した大関弘政や菅沼潤は、宝塚歌劇のように恋愛を大きく扱ったものが本来のミュージカルだと考えていたようだ。鹿野ふるさとミュージカルには市民ミュージカルにはめずらしく、恋愛を積極的に描き、カップルで歌うナンバーが多い。『さくら姫物語』は平安時代を舞台にした、村上天皇の皇子・加知弥《かちみ》親王とさくら姫の悲恋の物語だし、『踊り見の城』や『鹿野に祭りが蘇る日』にも主役級ではないがカップルが登場する。多くの市民ミュージカル、とくに郷土の偉人を扱うような作品だと、そもそも恋愛が扱われなかったり、カップルが出てきても主筋の物語には絡まなかったりするのと比べると、この点も鹿野ふるさとミュージカルの特色と言えるだろう。

他方で、鹿野ふるさとミュージカルは他の多くの市民ミュージカルと共通するところも多々ある。これまで見てきたように、上演にあたってはさまざまなかたちでプロが協力する。郷土に伝わる民話・伝説や、その土地に関わる人物の偉業が作品の題材になる。子どもが多く出演し、舞台上の全員による斉唱によって観客の裡なる共同体意識を喚起する、などだ。もう一点、市民オーケストラの協力により、大編成の楽団による生演奏を提供し、地元のクラシック音楽の演奏者・鑑賞者双方にとっても魅力的な上演とすることも挙げられるだろう。鹿野ふるさとミュージカルの大半の公演には、一九七六年に結成された鳥取市交響楽団の団員が多く参加している。鳥取市交響楽団は鳥取県東部唯一の社会人オーケストラで、在籍者は鳥取県内外から広く来ているから、最初から旧鹿野町との縁が深かったわけではない。現在の代表は前述した鹿野ふるさとミュージカルの作曲・編曲を担当している作曲家の上萬雅洋だから、今後もこの協力関係は続くだろう。

最後に、二〇一四年に「団体同士の研鑽と親睦を図り、地域文化の振興と発展に寄与することを目的」に設置された、鳥取県ミュージカル連盟に触れておきたい。現在鹿野ふるさとミュージカルも含めて六団体が加盟している。このうち、湯梨浜《ゆりはま》町民ミュージカルは二〇一九年十二月に第十二回公演『青い鳥』を湯梨浜町にあるハワイアロハホールで実施して、十三年間の活動の幕を閉じた。北栄町民ミュージカル劇団ウォーターメロンは子どもミュージカルで、第十回公演『カエルのおはなし~リターンズ~』を二〇二一年八月北栄町大栄農村環境改善センターで上演した。日野町民ミュージカルは二〇〇二年から始まり、二〇一九年十一月第十八回公演『ひのタウンのホスピタル～とてもたいせつなもの～』では町制六十周年記念としてバレエダンサーの澤田あかねと向井琳太郎を迎えて日野町文化センターで上演された。二〇二〇年と二一年はコロナ禍のため中止になったようだ。米子市を中心に活動しているミュージカル劇団ジョイも、子どもミュージカルを上演し、二〇一九年十二月に『探偵リッちゃんとロボット転校生～何のためつくられた～』を米子市文化ホールで上演した。一九九八年に淀江町民ミュージカルとして設立され、二〇〇三年に現在の名前に改名したミュージカル劇団ゆめは、米子市の一部となった淀江町を中心に活動を続けている。二〇二二年一月に米子市公会堂で上演する『雪の女王～アルマとエト～』はアンデルセン『雪の女王』をもとにしたオリジナル作品だ。

これらの公演のなかには、鳥取県ミュージカル連盟合同公演としているものもあり、また二〇〇三年から毎年開催されている鳥取県総合芸術文化祭に参加しているものもある。ごうぎん鳥取文化振興財団（山陰合同銀行）や鳥取銀行の文化芸術助成事業として認定されているものもある。地域芸術文化振興において市民ミュージカルの上演が効果を挙げることを、鹿野ふるさとミュージカルはその実績によって示してきたため、これだけの数の市民ミュージカルが鳥取県内に生まれ、官民双方の協力を得ているわけだ。

三　函館野外劇

函館野外劇〔図②〕はミュージカルとは称していないものの、多くの場面で歌が使われている。テーマ曲「星のまちＨＡＫＯＤＡＴＥ」――ヒット曲「千の風になって」の作者でもある芥川賞作家・新井満《まん》が作詞・作曲した――は開幕直後と、五稜郭完成の場面、幕切れと三回繰り返され、「正調ソーラン節」（唄・伊藤多喜雄）、「高田屋嘉兵衛音頭」「函館音頭」（唄・北島三郎）なども流れる。もっとも、これらの楽曲は物語と密接に結びついているわけではなく、場の雰囲気を盛り上げるために使われており、場面ごとに登場人物が入れ替わり、ダンスや殺陣が披露されるといった特徴もあわせて考えると、ミュージカルというよりレヴューといったほうがふさわしい。他方、地元の歴史を扱い、語り手が登場して物語を観客に直接語りかけること、演出効果として音や光を巧みに用いて感性に直接訴えかけて観客の心を一つにしようとすることなど、市民ミュージカルと共通する点もあるので、本章で扱うことにする。

図②　函館野外劇（2019 年）のフィナーレ（写真提供：市民創作「函館野外劇」の会）

函館野外劇はフランスのピュイ・デュ・フという歴史テーマパークで上演されている野外劇シネセニーをモデルに、一九八八年に始められた。ピュイ・デュ・フはフランス西部のペイ・ド・ラ・ロワール地方の中心、レ・ゼペスにある。シネセニーはこの地域の七百年の歴史を語るスペクタクルだ。二千四百人の俳優が出演、百二十人の騎馬隊が登場し、五つの「村」にわけられた数万平方メートルの広さの舞台で一千発の花火が打ち上げられる。住民がピュイフォレと呼ばれる四千人のボランティアとして、俳優やスタッフをつとめる。毎年、夏のバカンスの時期に二十八回の公演を行い、一万三千九百人収容できる観客席は満員になる。動員数は年間三十六万人以上だという。歴史上の出来事を物語る際に興味深いのは、フランス革命期にフランス西部地方四県にまたがり発生した農民蜂起、ヴァンデ戦争を肯定的に描いていることだ。一七九三年からはじまったカトリック王党軍を名乗る農民たちの反革命の叛乱は、王党派の有力貴族を巻き込んで最終的に死者三、四十万人という大きな内乱に発展した。現在のフランス政府から見ても「賊軍」であるカトリック王党軍が主役となるシネセニーは、函館野外劇の構想に大きな影響を与えた。

というのも函館野外劇は、和人植民以前のアイヌの人々の暮らしから始めて、高田屋嘉兵衛《かへえ》、黒船来航や函館大火、第二次世界大戦時の空襲、そして現在まで、函館を中心とした道南地方の民衆の歴史を語っていく同様のスペクタクルというだけでなく、一八六八年に函館（当時は箱館）の五稜郭にこもって蝦夷地の統治を始めた榎本武揚《たけあき》の率いる旧幕府軍が、翌年五月、維新政府軍の攻撃を受けて降伏した、五稜郭の戦い（箱館戦争）を扱っていることを売り物にしているからだ。とくに新撰組の土方歳三が討ち死にする場面は、新政府軍の兵士たちとの殺陣を見せて作品のクライマックスの一つとなる。なるほど、実効支配領域を広げようとする中央政府の攻勢に対する在地権力の反抗や、勢力争いの末、新たに勝利者となった権力に旧秩序の側が最後の負け戦を挑む姿を示すという主題は、本書第2章で扱った現代版組踊にも見られるものだし、日本にはもともと、敗者に同情し肩を持つ判官贔屓《はんがんびいき》の伝統もある。壇ノ浦の戦いで入水した安徳天皇を祭神とする赤間《あかま》神宮（山口県下関市）で毎年十月に開催されている野外スペクタクル『源平 night』は壇ノ浦で滅んだ平家を哀惜するもので、函館野外劇と同様の趣向だ。

けれども函館野外劇がシネセニーの影響をはっきり受けていると言えるのは、そもそも一九五四年に来日し、六二年から函館カトリック元町教会主任司祭を逝去する二〇一二年まで勤めたフィリッポ・グロード神父が、故郷のヴァンデ地方で始められたシネセニーを引き合いに出して野外劇を提唱したからだ。五稜郭を会場とし、函館の地域史を語る野外劇の構想そのものは、戦前に函館市長を務め、函館厚生院理事長や函館商科短期大学学長などを歴任した齋藤與一郎《よいちろう》が、NHK函館放送局で放送した『非魚放談』という番組で提言したことがもとになっているが、[11] 五稜郭の使用許可を得るために当時の文化庁長官・植木浩に直接交渉をするなど、[12] グロードは実現に向けて尽力した。

初演に至るまでの経緯をたどると、二〇一九年までは毎年五百万人以上が訪れていたという観光都市・函館ゆえに、函館野外劇は観光資源としての活用が当初から期待されていたこともわかる。新都心五稜郭協議会という、本町・五稜郭地区の経済振興や文化発展を目的に発足した団体から招かれておこなった講演で、グロードがシネセニーについて一九八六年の早い時期に言及すると、新都心五稜郭協議会と函館日仏協会の関係者は早速ピュイ・デュ・フを視察し、同年秋に上演された市民創作ミュージカル『アゲイン』のスタッフを中心に函館野外劇開演の準備が進められる。翌八七年五月にはヴォランティアからなる市民創作「函館野外劇」の会が設立され、ピュイ・デュ・フを運営するピュイ・デュ・フ希望協会と提携、二〇〇二年には当地に鑑賞視察団を送った。

大半の地域市民演劇では、市民の有志によって結成されたものであれ、行政主導で組織されたものであれ、地域(演劇)文化の振興が目されるだけで、観光による地域振興まではなかなか結びつかない。だが、函館野外劇の後援団体には北海道、北海道教育委員会、函館市、函館市教育委員会のような、地方公共団体やその下部組織だけでなく、函館商工会議所や函館国際観光コンベンション協会なども名を連ねる。ＪＴＢと北斗交通による「野外劇鑑賞と函館山夜景見学コース」ツアーが企画されたこともあったし、函館歴史散歩の会は函館野外劇に登場する史跡を歩いて探訪する企画を毎年立てていた。

ただし、観光客を引き寄せる目玉行事になっているとまでは言えない。期間中の総入場者数は当初こそ一万四千人近くを記録していたが、徐々に減っていった。この後で詳述するように、二〇一四年に舞台として使用していた濠の石垣の一部が崩落して使用できなくなり、五稜郭内に場所を移し、規模を縮小して上演することになってからは、落ち込みに歯止めがかからなくなり、現在は三千人前後にとどまっている。それ以前、たとえば二〇一二年の総来場者は八千人超だったが、函館市民が六六％、函館以外の道内二〇％、道外は一三％だった。(13)二〇一六年に北海道新幹線が開業したので、この割合は現在では多少変わったかもしれないが、一九九二年から始まった札幌のYOSAKOIソーラン祭りが現在でも観客動員数二百万人前後を記録しているのと比べると、道外からの来訪者を引き寄せる観光資源としては物足りない。

　函館野外劇のもう一つの特徴は、毎年ほぼ同じ内容のものを上演する、ということだ。当初の台本は詩人で札幌大学名誉教授の原子修《はらこおさむ》が執筆した。二〇〇三年には演出をリニューアルし、テーマ曲となる「星のまちHAKODATE」の作詞・作曲を函館中心部から二十キロ弱のところにある七飯町《ななえちょう》在住の新井満に依頼した。題名もそれまでの「五稜星《ほし》よ永遠《とわ》に」に替えて「星の城、明日に輝け」に変わったが、その内容が大きく変更されることはなかった（その後、二〇〇五年にもさらにリニューアルを実施）。多くの市民ミュージカルのように、郷土に伝わる民話・伝説や、その土地に関わる人物の偉業を取り上げる、というやりかたで毎年新作を上演すると、いずれ題材探しに苦労することになる。函館野外劇は函館の歴史にまつわる物語を時代順に繋いでいき、多少の手直しをするだけなので、そうした心配はない。また、登退場のタイミングや台詞のきっかけ、舞台での立ち位置といった演出の基本についても、前回のものを踏襲すればよいので、出演者に異同があっても経験者が新人に教えることができる。「市民創作」を謳う函館野外劇では、回ごとの作・演出の担当者が大きく喧伝されることはないが[14]、特定の劇作家や演出家を擁するかわりに、上演についてのさまざまな決まりごとを集団で受け継いでいくという点で、各地で伝承・実演される民俗芸能に近いものになっている。

　とはいえ、前節で触れたように、内容が変わらないと飽きられて観客の再訪が期待できなくなってしまう恐れがある。二〇二一年現在、函館市の人口は二十五万人弱なので、一九八八年以来、三十年以上にわたり毎年八千人の来場者が訪れたとすると、すでに函館市の人口を上回っている計算だ。かりに全員が新規来場者であり、二度と訪れることはないとすると、もはや市内からの来場は見込めないことになる。もちろん、一度しか見ない、という来場者はまれで、むしろ一度も見たことがないし、これからも見ることはない人が一定数いる、という想定のほうが実情に近いだろう。そして多くの市民ミュージカル同様、函館野外劇には子どもが出演し、入れ替わっていくので、子どもの家族や友人たちはつねに訪れるはずだ。それでも、函館の歴史のあらましを語るという毎回変わらない内容に新鮮味を感じられなくなり、足が遠のいている函館市民は相当数いるはずだ。

もっとも、前述したように、函館野外劇が来場者数の減少を招いている直接の原因は、舞台として使用していた濠の石垣の一部が、二〇一四年に崩落して使用できなくなったことだ。それまでは濠と土手の地形を生かした、幅が約一二〇メートルという大舞台を設営し、客席数も約千七百あったが、現在は五稜郭公園内の一の橋広場に（毎回少しずつ変わっているが）最大で幅八〇メートルほどの舞台で、客席数も約四百となっている。もともと約四百五十人の市民が参加していたが、現在は出演者数も半分以下になっている。シネセニーの規模には及ばないものの、国内有数の野外大スペクタクルが売り物だったので、この変更は大きな痛手となった。来場者の声の後押しもあって、石垣修復後にもとの場所が使えるように市民創作「函館野外劇」の会は函館市教育委員会に働きかけてきたが、安全性の確保や施設保全を鑑みて許可されていない。

さらに長年にわたってNPO法人市民創作「函館野外劇」の会・理事長を務めてきたグロードの死（二〇一二年）や、メンバーの高齢化もあり、今後函館野外劇が持続的発展を続けていけるかどうかはわからない。最盛期には七月・八月の毎週金・土・日曜夜に上演し、入場料を二千円としていたこともあった。この数年は七月と八月前半の金曜と土曜のみ公演を行い、大人前売千二百円、当日千五百円、高大学生と小中学生は別料金になっている（ただし二〇二一年は昨年コロナ禍で中止になったこともあって無料、開催日も限定された）。他方で、売り物のスペクタクルを実現するため、照明・音響には多大な費用がかかる。機材のレンタルやオペレーターの人件費だけでなく、電源工事や会場設営費、舞台効果としての花火やスモークにも数百万円単位でお金が出ていく。規模縮小後でも、二〇一四年の支出額は約二千万円だった。この時には函館市からの補助金約六百八十八万円、企業からの賛助金・広告協賛金約三百五十三万円を収入として得ている。公演観劇料、いわゆるチケット収入は約七百五十四万円だから、費用の約三分の二が助成によって賄われていることになる。翌二〇一五年以降は函館市からの補助金を打ち切られており、財政はますます苦しくなっている。

『ありがとう　函館野外劇30周年記念誌』の「あとがき」には「誤解を恐れずに極端な表現をすれば、マンネリ化などにより「賞味期限切れ」に近づいている(15)」という関係者による率直な感想が書かれている。だが、もしかすると「マンネリ化」してからも細々と市民だけの力で続けていくことに地域市民演劇としての函館野外劇の意味はあるのかもしれない。シネセニーのように大規模スペクタクルを商業ベースで展開するという夢はかなわなかったかもしれないが、函館市民が参加する「新しい芸能」として函館野外劇が今後も上演され続けることを期待したい。

四　大杉ミュージカルシアター

大杉ミュージカルシアターは、石川県小松市大杉町にある大杉中町劇場を拠点として一九九五年に設立された、創作ミュージカルを上演する団体だ。旧大杉村の公民館として一九六一年に建築されたものの、人口減少と老朽化のせいで使われなくなっていた建物を、主宰のガート・ウエスタハウトが借り、百人から百二十人の観客が入る大杉中町劇場に改造した〔図③〕。現在、金城大学短期大学部教授を務めるウエスタハウトは合衆国出身で、一九八〇年代にワシントンDC郊外にある私立学校セント・アルバンズが提供する、小学生から十二歳の子ども対象のサマー・デイ・キャンプで演出家として働き、ミュージカル作りを指導していた(16)。その後来日して、小松製

図③　大杉中町劇場。使われなくなった公民館を改造した（写真提供：ガート・ウエスタハウト氏）

作所で海外勤務や出張に赴く社員に英語を教えるようになり、小松市でミュージカル劇団リトルパインシアターを仲間と設立、六年間活動した後、大杉ミュージカルシアターを設立した。

ウエスタハウトはほとんどの作曲を担当し、劇中で歌われる英語曲の歌詞も作る。初期には日英両方で歌われるバイリンガル・ミュージカルが目されていたこともあったが、現在は参加者の多くが子どもであることもあって、大半のナンバーが日本語で歌われ、ウエスタハウト自身が歌う英語のナンバーが数曲入る、という構成が多いようだ。これまでの上演には三歳から八十五歳までの老若男女が参加し、コンサート形式のものも含めると一年に少なくとも五回、多い年は十五回以上の公演を行うという活発な活動経歴を誇り、二〇一九年一月に四百回記念公演を開催している。

これらの点だけでも他の市民ミュージカルには見られない大杉ミュージカルシアターの特徴がよくわかるが、もっとも異色なのはそのナンバーだ。ウエスタハウト作曲のナンバーは、作品によっては日英両言語で歌われているものもあるが、日本語だけで歌われるものであっても、躍動的なリズムを特徴としている。日本語ミュージカルのナンバーは、(1)子音は必ず後に母音を伴うという日本語の特性上、また(2)一音符にたいして一音を当てはめるという明治期以降の日本語の歌曲の慣習のために、英語で歌われたものに比べ、聞いていて間延びした印象を受ける。それに対して英語では、二つ以上の子音が連続して音節を作るし、一音符にたいし一単語ないし一音節を当てはめるので、ずっとリズミカルでテンポよく歌われる。

それゆえに、日本語ミュージカルでは美しい旋律で朗々と歌って聞かせる、オペラのアリアのようなナンバーが愛されるが、アメリカン・ミュージカルのような旋律よりリズムの軽快さ、「ノリ」のよさで聞かせるナンバーはほとんどない。

「チキチキン」(一九九七年九月初演『よくばり天狗』より)や「ラジオ大杉」(二〇〇〇年十月初演『ラジオ大杉』より)といった、YouTube の Osugimusical チャンネルや公式ウェブサイトで聞くことのできる大杉ミュージカルシアターのナンバーは、合衆国で作られ、歌われるミュージカルのナンバーのように、軽快なリズムとテンポのよさを特徴とする。ウエスタハウトは美しい旋律を作ることもできるが、日本語で歌われることを前提とする作曲家には困難な、躍動的なリズムを日本語のナンバーに持ち込むことに長けており、日本の市民ミュージカルの美しく歌い上げる唱法に慣れた耳には新鮮に聞こえる。

公式ウェブサイトによれば、[17] 大杉ミュージカルシアターの作品は以下の四種類に分けられる。(1)これまでに二十回上演された『ラジオ大杉』のような「おとぎ話とファンタジー」。一九二〇年代にラジオ大杉というラジオ局が地元に開局したという架空の設定をもとに、劇中劇としてラジオオペレッタ『メヨと海賊大冒険』が上演される。(2)二〇一七年十月に初演され七回公演を行った『開創一三〇〇年　那谷寺《なたでら》ものがたり』のような「歴史もの」。那谷寺は小松市にある高野山真言宗別格本山の名刹で、二〇一七年には泰澄《たいちょう》による七一七年の開創以来千三百年を記念して大祭が催され、秘仏である本尊の十一面千手観世音菩薩の開帳が行われたりした。泰澄はまた越前国白山を開山したと伝えられる修験道の僧であり、那谷寺は白山信仰の拠点でもある。中世末期の一向一揆により焼き打ちにあって以降荒れ果てたが、江戸初期に加賀藩主・前田利常の支援により復興した。芭蕉も参詣し『おくのほそ道』には句が読まれている。こうした数々の史実をもとにした「ご当地もの」という点では『那谷寺ものがたり』は数々の市民ミュージカルと同様だが、架空の設定や登場人物も用いられているため、「歴史

図④　『白雪姫と笠地蔵』（2018年10月）終演後のキャスト集合写真。最上段真ん中やや左の黒い帽子がウエスタハウト（写真提供：ガート・ウエスタハウト氏）

とファンタジーを織り交ぜ」ているという説明がふさわしい。

他方で「歴史もの」には一九九九年四月の初演以来上演五十三回を誇り、合衆国のスミソニアン博物館などでも公演を行った『平和の鳥〜広島の遺産』のように、小松市とは直接関係のない実話にもとづいたものもある。二歳で被爆し、白血病を発症して十二歳で亡くなった佐々木禎子《さだこ》と彼女が折った千羽鶴のことは、これまでも数々の小説や映画などで取り上げられてきたが、この作品はそれをミュージカルに仕立てた。海外で上演されるときは、日本の人物を描いた日本の「ご当地もの」ミュージカルという受け取られかたをされるわけだから、この作品が市民ミュージカルにはめずらしく、郷土を舞台にしていない、とは言えないだろう。

大杉ミュージカルシアターはまた、(3)『よくばり天狗』シリーズを四作上演している。下大杉町の県道沿いの民家に一九八〇年代初期に作られて置かれたというコンクリート造りの天狗をモチーフにした作品で、単純明快な物語だが、子どもたちには人気があるようだ。四作品を合わせると七十回以上の公演を行っている。さらに、(4)ミュージカル仕立ての創作狂言も、他の市民ミュージカルにはないものだ。一九九八年十月初演の『満月のいたずら』は「附子《ぶす》」と「吹取《ふきとり》」の場面を交互に語っていくなかで、十四曲のナンバーが歌われる。第一曲は犬の鳴き声の「びょ、びょびょ、びょうびょう」や、のこぎりを引くときの音である「ずか、ずかずかずか」といった、狂言独特の擬音を掛け合い（コール・アンド・レスポンス）で歌うもの。狂言の詞章をそのまま使い、ドゥーワップに仕立てたり、讃美歌から始まってロックンロールになる曲をつけたものもある。狂言の動きや語りなどの模倣よりストーリーに重きをおいている(18)。

ウエスタハウトの旺盛な創作欲とエネルギー、そして人懐こい人柄に魅せられて、スタッフとして協力するようになった地域住民も多い。自分や自分の子どもが出演したことをきっかけに、上演のたびに手伝いに駆けつける人たちもいる。参加者の大半は小松市に住んでいるが、遠くは金沢市からやってくる人もいる。情操教育として子どもにダンスや歌を学ばせることができるだけでなく、英語の歌を歌ったり、英語でコミュニケーションをとるようになることも期待できるので、大杉ミュージカルシアターは子どもの習い事としては格好のものとなっている。とはいえ、子どもミュージカルになっているわけではなく、大人も参加し続けている。その意味で、地域共同体の活性化や地域演劇文化の創造に寄与する現在の大杉ミュージカルシアターは、地域市民演劇の正統なありかたを示していると言える。ウエスタハウトの作曲家・作詞家としての傑出した才能を考えると、大杉ミュージカルシアターがもっと広範な支持層を得られることを期待したいところだ。

以上、活動事例として三つの市民ミュージカルの紹介を行った。いずれも筆者のこれまでの実地調査・取材にもとづいてとくに独自性が強いと考えられるものを選んだが、これ以外の市民ミュージカルでも実地調査・取材を重ねていくことでそれぞれの事情や特徴が浮かび上がってくることが予想される。また、各地の市民ミュージカルの研究はまだ緒についたばかりであり、とくに職業演劇人との結びつきのあり方や観光資源としての活用については、各市民ミュージカル団体、それを推進する地方政府、市民ミュージカルの商業化を考えている民間企業が暗中模索しているところなので、市民ミュージカルが全体としてどういう方向に向かっているかを予測するのが難しい。その意味で、本章はあくまでも素描にとどまり、市民ミュージカルの今後の展開を踏まえて、より鮮明な構図を示すのは今後のことになるだろう。

（1）日比野啓「第十章　社会包摂型アートとしてのミュージカル」、日比野啓編『戦後ミュージカルの展開』森話社、二〇一七年、三三九頁。以降、本章冒頭の記述は、『戦後ミュージカルの展開』の日比野執筆部分の記述と一部重複することをお断りしておく。

（2）『戦後ミュージカルの展開』三三四頁。

（3）『戦後ミュージカルの展開』八―九頁、一一―一四頁。

（4）本題から逸れるので詳述は避けるが、市民オペラが可能になるのは、ピアノやヴァイオリンを幼い頃から習っていたり、中高校の部活でブラスバンド部や合唱部に参加していたりして、腕に覚えのある人々が当該地域に相当数いるからだ。人口のそれほど多くない地方都市にも立派な市民オーケストラがあるのも同様で、クラシック音楽の演奏に親しんでいる層の厚さは見過ごせない。後述する鹿野ふるさとミュージカルがそうであるように、市民オーケストラが市民ミュージカルの上演に参加している事例も複数ある。

（5）『戦後ミュージカルの展開』三三九―三四八頁、三五六―三五九頁。

（6）「鹿野大図鑑」（http://www.shikano.net/musical/sakuhin/SAKURA.HTM）。鹿野ふるさとミュージカル全般について、直接関係者の人々に取材したことにくわえて、このウェブサイトの説明に大きく依拠している。

（7）元・鳥取市鹿野町総合支所長で鹿野ふるさとミュージカル世話役の徳岡義広によると、従来の会場だった鹿野中央公民館は、ふだん体育館として使われており、公演を行うには全面に暗幕を吊り、床に養生シートを貼り、照明を吊り、椅子を並べる必要があったため、設営から解体まで十日程度を要し、その間、住民の運動機会を奪ってしまっていた、という。しかも、空調設備がなく、観客は舞台を見上げることになり、舞台床面近くでの演技や演出を十分見られないこと、客席に傾斜をつけられないため前方に座る観客で視界が遮られてしまうことなど、費用・労力・時間の割に観客に良好な観劇環境を提供できないことも指摘されていた。市町村合併後は、「鹿野町民ミュージカル」から「鳥取市民ミュージカル」を目指すべきだ、という思いもあり、たとえ鹿野町から二十キロ離れていても、演劇作品の上演・鑑賞のための設備が整っており、市民団体の利用として使用料の減免措置が受けられる鳥取市市民会館のほうが望ましいとされた。

（8）松本俊樹のツィート（https://twitter.com/DM1MT/status/1439811680205107200）による。松本によればより詳しい内容は以下で説明されているが、未見。松本俊樹『劇作家・演出家堀正旗の宝塚における作品研究』大阪大学大学院提出博士学位論文（未公刊）一三頁。宝塚歌劇の「素人性」については松本とのツィッターでの対話から学ぶところが大きかった。

（9）Facebook「第27回 鹿野ふるさとミュージカル「アユタヤにはじけて候」」の記述（https://www.facebook.com/events/584923091545259/permalink/584933531544215/）。

（10）「鹿野大図鑑」（http://www.shikano.net/musical/dbook/dbook.htm）。

（11）今井憲一「市民創作函館野外劇実現提唱者：フィリップ〔ママ〕・グロード神父」、函館野外劇の会30年史編集委員会『ありがとう　函館野外劇30周年記念誌』特定非営利活動法人市民創作「函館野外劇」の会、二〇一八年、七頁。

（12）クリスチャン・ポラック「「お見事な」グロード神父（一九二七―二〇一二）」『ありがとう　函館野外劇30周年記念誌』六―七頁。

（13）「函館野外劇　試練の公演」『北海道新聞』二〇一三年六月三十日付朝刊第二十八面。『ありがとう　函館野外劇30周年記念誌』からの孫引き引用、三五頁。

（14）かつての函館野外劇では作者として高橋知伽江《ちかえ》、芸術監督として照明家の沢田祐二がクレジットされていることがあり、劇団四季の過去の在団者たちとの縁が深かったことがうかがえるが、二〇〇〇年代後半頃よりこれらのクレジットは使われなくなった。津野海太郎は、『品格なくして地域なし』（晶文社、一九九六年）所収の「ホール無用、野外劇のたのしみ」で函館野外劇について触れ、当時の総務部長・今井憲一が「演出家はとくにいません」（二五〇頁）と語ったことを記している。現在でも、ポスターやウェブサイトで作者や演出家が示されることはないものの、公演プログラムには実行委員会のメンバーとして演出や舞台監督の担当者が書かれている。

（15）『ありがとう　函館野外劇30周年記念誌』九九頁。

（16）夏に全米各地で開催されるサマーキャンプは、多くは子どもが対象だが、成人向けのものもある。監督者のもと、集団で生活しながら自然に親しむことがサマーキャンプの本来の目的だが、教育を兼ねたさまざまなリクリエーション活動も提供される。子どもにとっては長い夏休みを退屈せずにすむし、親たちにとってみれば学校のかわりに子どもの面倒を見てくれるわけで、サマーキャンプに参加することは合衆国の比較的富裕な家庭の子どもたちにとって共通の体験となっている。サマーキャンプの定番のプログラムにミュージカル作りがある。その指導に若き日の修業時代に携わり、やがてブロードウェイ・ミュージカルで活躍することになる作詞家・作曲家・俳優たちは多い。ウエスタハウトもそうしたプロ志望の一人だったのかもしれない。

（17）Osugi Musical Theatre: show history（http://osugimusicaltheatre.com/main/page_show_history_.html）

（18）『満月のいたずら』についての説明は、以下のウエスタハウト自身の論文に依拠している。Westerhout, Gart T. "Muromachi Musicals: Resetting Kyōgen in a Modern Medium," *Asian Theatre Journal*, 24:1 (Spring 2007), pp. 262-268.

第8章

地域共同体における「素人演劇」

神社祭礼との関わりから

畑中小百合

一　「素人演劇」という問題系

「素人演劇」は、プロとは比べものにならない単なるお遊びである。特別な才能も技術もないふつうの人間が、時間や資本の制約のなかで演じる劇など、所詮稚拙な真似事にすぎない。――「素人演劇」という営みを、私たちはたいていこのような前提のもとに捉えている。

しかし、実際に「素人演劇」が演じられる場に立ち会うと、それとは別の受け止め方が存在することに気がつく。たとえば、学芸会で演技する子どもを見て涙を流す大人は、劇としての完成度よりも、子どもの姿そのものから何かを感じとっている。こうした営みに対して、劇場で上演される「芸術」としての演劇と同じ基準で評価し、優劣をつけるだけでは、演劇のもつ豊かさの大部分が見失われてしまうのではないだろうか。

本章では、プロではない人びとが演じる演劇をひとまず「素人演劇」と呼びたいと思う。そもそも「素人」とは、ある物事についての経験が少ない人、それを職業や専門分野としない人などを指す言葉である。かつて福島真人が詳細に論じたように[1]、私たちは自らが属する組織や空間においてふさわしい振る舞いをするために、常に何らかの身体技法を習得しながら生活する。はじめは皆ぎこちない動作で失敗をくり返すが、しかるべき身体技法を身につけたとき、私たちはその組織や空間で求められる立ち居振る舞いを身につけ、違和感なくそこに存在することが可能になる。すなわち、「素人」でなくなるのだ。

しかし一方で、本業を別にもちながら副業や趣味として技を磨いた人は、たとえその技がプロと同様のレベルに達していても「素人」とみなされたり、自らそう名乗ったりする場合がある。これは、その技による報酬で生活していない人を「素人」とする定義にのっとったものであり、たとえばアマチュアスポーツの選手などがこれにあたる。しかし、その技で生計を立てていない人がどんな場合でも「素人」とみなされるわけでもない。たとえば、劇団員として長年多くの舞台をふんでいる人がアルバイトで生計をたてているような場合、周囲は彼／彼女を演劇の「素人」とは呼ばないし、当人もそうは認識していないだろう。「素人」は、技の巧拙や生計の手段か否かなどの客観的指標だけで捉えることは難しい。ただひとつ確実に言えるのは、ある行為について言表する際にあえて「素人」という言葉を用いる場合、「玄人」「プロ」を対立項として設定したうえで、それとの違いを明示するという点である。

とりわけ日本の近代演劇において、「素人」は重要な意味をもっている。たとえば、明治二十年代に自由党壮士の角《す》藤《どう》定憲《さだのり》や川上音二郎らが生み出した「新派」は、辻演説などで培った言いまわしやリズムをとりいれた新演劇であった。当時の芝居の「玄人」はもちろん歌舞伎役者であり、彼らは「素人」である壮士たちと激しく対立した。爆発的な人気を得て歌舞伎座へ進出した川上一座の公演時に、九世市川団十郎が「舞台を削り直せ」と憤慨したエピソードはよく知られるところである。[2] また、小山内薫は自由劇場結成（一九〇九年）にあたって、当時の歌舞伎役者にイプセンなどヨーロッパ近代戯曲を演じさせることを計画したが、そのために必要なのは「役者を素人にする事」であると述べている。[3] 兵藤裕己の言葉を借りれば、それは歌舞伎役者の身体に染みついた「日本的なリズム感や身体感覚の「型」」[4] から役者を自由にすることを意味し、それによってはじめて「西洋近代のリアリズム戯曲が描き出す「人間」というもの、その普遍的な本質や「真理」を表象＝上演」[5] することのできる身体が成立する。既存の価値観に貫かれた技術や知識から自由であるがゆえに、大きな可能性を秘めたものとしての「素人」。それは時に、旧来の価値体系そのものを転覆させてしまう力さえ持ちえたのである。

こうしたことをふまえ、本章では「素人」を、既存の価値観にもとづくプロを頂点としたヒエラルキーから一線を画す自由な存在として捉えたいと思う。ある集団が「素人演劇」と自ら標榜するとき、それは、自分たちがプロの域には達していないことをあらかじめエクスキューズしつつも、そうした評価にとらわれない自由な表現を行うための仕掛けとして機能するのではないだろうか。なお、ここで「素人演劇」として扱うもののなかには、当該集団が自ら「素人」と名乗っていない場合もある。第三者が「素人演劇」という冠をかぶせることには問題があるかもしれないが、ここではその演劇の独自性に焦点を当てるためであり、決してその価値を貶めるような意図はないことを明記しておきたい。

二　「素人演劇」と民俗学

ここで本章における筆者の問題意識の発端について述べておきたい。筆者は民俗学・文化人類学の立場から、日本の農山漁村で地元の人びとによって行われてきた演劇を中心に研究を続けてきた。従来、民俗学が研究対象のひとつとしてきた「民俗芸能」は、「始原」「古風」「伝統」「素朴」「美」といったイデオロギーを前提としておのずと立ちあがってくる芸能の形式である(6)。民俗事象としての芸能は、時代とともに大きく変容しており、また、実際に伝統を受け継いでいる担い手自身がその芸能の歴史的起源や合理的意味を説明できない場合が多い。それに対して上記のようなイデオロギーを研究者の側が付与し、規定していくことの問題性については、多くの議論が積み重ねられている。ただ現時点では、一部の地歌舞伎を除けば、演劇が「民俗芸能」に含まれることはまずない。

筆者は、かつて博士論文執筆のための調査がきっかけで、兵庫県多可郡多可町《たかぐんたかちょう》のある集落で氏神社の秋祭り宵宮《よいみや》に上演されている「むら芝居」を知り、集落の方々のご厚意に甘えて十数年通い続けている。この集落で演じられている「むら芝居」は、「やくざ芝居」と呼ばれる時代劇を中心としているが、現代劇やコントなどが演じられる場合もある。「やくざ芝居」(7)とは、三度笠をかぶって旅するやくざ者を主役とした人情時代劇のことで、戦前の長谷川伸原作のいわゆる「股旅もの」映画や、歌謡曲に端を発するものと考えられている。歌謡曲に振りをつけて踊るものを「やくざ踊り」、台詞をつけ物語として構成したものを「やくざ芝居」と呼ぶ。戦後から昭和三十年代頃まで、日本全国の青年団などを中心に「素人演劇」が頻繁に演じられたが、「やくざ踊り」「やくざ芝居」は「マドロスもの」（船乗りを題材とした歌謡曲に合わせて踊ったり、台詞を述べたりする踊りや芝居）などと並んで人気ジャンルのひとつであった。現在こうした「素人演劇」は、いくつかの団体や地域で行われていることがわかっているが、地域内の活動として細々と行われている場合も多く、網羅的な把握には至っていない。

集落の人びとにとって、長年続けている「むら芝居」は村の「伝統」のひとつであり、誇りである。筆者自身も「ファンの人」（集落の人びとは筆者をこう位置づけている）として、毎回その上演を心待ちにし、楽しく観劇させていただいてきた。しかし、いざこれを論文にしようとすると、途方に暮れてしまうのだ。従来の民俗学の枠組みでは、「むら芝居」は「民俗芸能」ではなく、神社祭礼の余興のひとつとして片隅に付記される程度の扱いになってしまう。もちろん、こうした営みを集落の年中行事や社会組織との関連、村おこしの事例として注目することは十分に可能であるが、その場合は演劇そのものではなく、社会的機能や観光資源として注目することになる。民俗学には、「素人演劇」そのものを捉える枠組がないのである。

そもそも「素人演劇」は、どのように捉えるべき営みなのだろうか。舞台上の俳優を見たり見なかったりするゆるい姿勢の観客たちが、それでも俳優の一挙手一投足に笑い、時には涙する様子や、舞台が終わった後の俳優や裏方の人びとの満足気な表情のもつ意味を、なんとか記述することができないものかと考えあぐねているとき、本書のプロジェクトに参加できることになった。そこで得た演劇学の知見や議論の内容には大変刺激を受けたが、民俗学の立場をとる筆者が何かを語ることができるとすれば、やはり伝統的な地域共同体と結びついた地域演劇のあり方についてではないかと思う。本書のプロジェクトでは、筆者の調査地である兵庫県多可郡多可町の「むら芝居」をメンバーで総見した（二〇一八年十月六日～七日）が、このほかに、筆者は青森県下北郡佐井《さい》村の福浦歌舞伎（二〇一八年四月八日～十二日）、岐阜県高山市荘川《しょうかわ》町の村芝居（二〇一九年八月三十一日～九月二日）について、観劇とともに参与観察やインタビュー調査等を行う機会を得た。これらはいずれも地域の中核的な神社の祭礼を機に演劇（歌舞伎を含む）を行っている点で共通する。本章はこうしたあり方を地域演劇のひとつのパターンとして提示する役割を担うものと考えている。

三　農村の「素人演劇」——多可郡多可町加美区箸荷集落の場合

まず、本章が対象とする地域演劇のありようを具体的に把握していただくために、筆者が長年お世話になってきた兵庫県多可郡多可町の「むら芝居」について、その歴史的背景も踏まえながら概観する。

(1) 播州歌舞伎の町・多可

兵庫県多可郡多可町加美区（旧・兵庫県多可郡加美町）は、東播磨《ひがしはりま》内陸部に位置し、中国山脈に属する三国岳、千ヶ峰、笹形山などに囲まれた中山間地域である。

兵庫県は農村歌舞伎舞台が多く現存し、かつては芝居がさかんな地域であったといわれている。兵庫県下には江戸時代に作られたと思われる農村歌舞伎舞台が多く現存し、多可町内にもいくつかの舞台がある。この地域の歌舞伎舞台は、神社本殿の前にある屋根付き・板敷きの建物で、神事や氏子の集会を行う場である「長床《ながとこ》」としても使われている場合が多い。

兵庫県では江戸時代より、のちに播州《ばんしゅう》歌舞伎といわれる多くの一座がさかんに活躍した。播州歌舞伎の源流である高室《たかむろ》芝居が生まれたのは、多可町から直線距離にして約二十キロ南西に位置する兵庫県加西市北条町東高室である。(8) 東高室村の地芝居は元禄年間から興行をはじめ、十八世紀終わりから十九世紀にかけて、兵庫県下や中国・四国地方を巡演した。多可町の各集落でも、明治・大正年間に高室から一座を買った（招いた）話が伝わっている。明治初期には高室に七座以上、近辺にも多くの劇団があったというが、昭和に入ると徐々に下火になっていた。そんな時、高室の一座などで修業を積んだ二代目嵐獅山《あらししざん》が、一九三五年（昭和十）、多可郡中町（現・多可町中区）の松本源吉の養子となり、中町を拠点に活動をはじめる。松本源吉は芸者の置屋と料理屋を営んでいたが、芝居好きが高じて松ノ家という興行社をたちあげた人物である。戦後になると、高室生まれの嵐源之助も参加し、嵐獅山一座は播州歌舞伎最後の一座として活動をつづけた。やがて一座が一九七三年（昭和四十八）に国立劇場「民俗芸能公演」に出演、播州歌舞伎が一躍有名になったのをきっかけに、中町は播州歌舞伎保存会を設置、一九八八年（昭和六十三）には中町北小学校で「播州歌舞伎クラブ」が結成されるなど、播州歌舞伎は多可町の重要な伝統文化として位置づけられ、今に至っている。

このように人びとが歌舞伎などの芸能に親しむ環境こそが「むら芝居」を育てた土壌であった。

（2）箸荷集落の秋祭り

多可郡多可町加美区箸荷《はせがい》(9)は二〇一五年現在六十一戸、人口百九十七人あまりの集落である。箸荷の「むら芝居」は、集落のなかにある大歳《おおとし》神社の秋祭り（十月九・十日。近年は十月の第二土曜・日曜）において、村の青年団によって演じられてきたものである。

大歳神社は箸荷集落の氏神であり、集落を統合する象徴的な空間である。なかでも大歳神社の秋祭りは集落の年中行事のなかでも重要な意味をもっている。大歳神社の管理を担当するオトウ（御頭／御当）を交代する儀式であるオトウワタシ（御頭渡し／御当状渡し）が行われるからである。「むら芝居」は、あくまでこの儀式を中心とした秋祭り宵宮の余興として演じられるのである。「むら芝居」についての話を進める前に、この儀式について概観しておきたい。

十月十日の午前中、大歳神社境内の長床で行われる神事ならびにオトウワタシは次のような手順で行われる。各家の家長は神社に訪れるとご神灯、狛犬、末社におまいりし、長床に上がる。全員がそろうと、まず般若心経を皆で唱え、神主代行[10]が榊を振ってお払いした後、玉串奉奠《ほうてん》を行う。全員が終えたのち、会計や農事組合からの報告や事務連絡があり、直会《なおらい》となる。このとき、酒や軽いつまみのほか、もちごめを炊いたもの（白蒸）を檜葉を敷いた木箱に入れたものが必ず用意される。やがて、直会が一段落したところで、オトウワタシが行われる。神前に供えてあったオトウバコ（＝御頭箱／オトジョバコ＝御当状箱。細長い木箱で、これまでオトウを務めた家の記録などが入っているという）を、これまでオトウを務めた人が扇子の上にささげてもち、参加者全員の頭の上を一巡させ、次にオトウを務める人に手渡される。オトウ箱は再び神前に戻され、これまでのオトウと次のオトウが向かい合って盃といりこ（煮干し）を交わして儀式は終了する。

オトウとなった家はオトウバコを自宅で保管し、一年間毎月一日に赤飯を炊いて大歳神社に供え、月末には境内を掃除する。また、オトウは必ず親戚同士でない二軒一組で担当することになっている。オトウの期間中に不幸があった家は、喪があけるまで神社の仕事にかかわれないからである。オトウワタシの用意もオトウが行うが、後片付けは新しいオトウが担当するという。

大歳神社の秋祭りは、村の会計や農業関連の事務報告などがなされる村全体の会合の場である一方で、オトウバコの授受という象徴的な儀式によって一年のサイクルが可視化され、集落としてのまとまりが再確認される重要な行事であるといえる。箸荷にはこのほかにも、集落内にあるいくつかの神仏について、それぞれのオトウバコが家々をまわっており、それぞれの祭の日には、オトウから次のオトウへと、必ず扇子の上に載せてオトウバコが受け渡される。箸荷集落は六隣保《りんぽ》に分かれ、秋祭りなどの大きな行事の場合はオトウを中心に隣保単位で協力して行なう。社会組織は青年団（現在は解体し、消防団が実質的な後継団体となっている）・老人会・婦人会・消防団などがあるが、それとは別に、五～六歳の幅の同年代同士を成員とする年齢集団が存在し、年に数回程度会合を開き、酒を酌み交わす。他にも道普請や掃除など、集落の人びとが集まる機会は昔も今も無数にある。箸荷の「むら芝居」は、こうした緊密な人間関係のもとに行なわれてきたのである。

（3）箸荷青年団の「むら芝居」

箸荷の「むら芝居」の経緯は以下の通りである。かつて、大歳神社の秋祭りを盛り上げたのは村で所有していた曳山であった。青年団（高等小学校卒業～二十五歳までの青年が加入）は、毎年曳山を飾る作り物をこしらえることになっていた。一軒の家を宿として一週間ほどその座敷を借り受け、青年たちが夜を徹して「五条の橋の牛若丸と弁慶」「孔雀が羽を広げたところ」などのテーマで作り物をし、曳山を飾り立てた。このとき、夜食のさしいれをしてくれた人には、慣わしとして、藁で作った鍋つかみをお返ししたという。

宵宮の日には、青年たちが横笛に合わせ曳山歌をうたいながら、大歳神社に曳山を宮入りさせる。その夜、青年たちは布団持参で神社に集まり、ご神灯を守りながら朝まで過ごす。また、青年団のＯＢにあたる中老の人び

図①　大歳神社秋の祭礼での箸荷青年団（昭和 18 年／写真提供：今中孝介氏）

とが、花火をあげるのも常であった。翌日の本祭では、大歳神社の神事の後、青年団は曳山をひいて集落内をねりあるいた。その夜は活動写真や旅回り一座の芝居がかかることもあったという。

やがて戦争がはじまると、青年たちの多くは戦地へ赴き、また勤労動員で村を離れた。さらに、村の財産であった曳山が金属類回収令（昭和十六年公布）によって供出させられてしまった。そこで、青年団は曳山の代わりに芝居をやることにした。箸荷の青年団がはじめて演劇を行ったのは一九四二年（昭和十七）で、演目は『文治捕物帖』であった。大歳神社の長床に仮設舞台を組み、松明の明かりで上演したという。一九四三年（昭和十八）の演目は『神崎与五郎東下り』［図①］、戦争の激化でしばらく中止したが、一九四六年（昭和二十一）に『蔭に咲く花』を上演した。

箸荷青年団の村芝居を支えたのは、兵庫県丹波市山南町のニコニコ興行社[11]である。ニコニコ興行社は大正末期に創業、丹波市内をはじめ多可郡旧黒田庄（現在は西脇市）、旧加美町、旧八千代町（両者とも現在は多可町）など多くの集落の秋祭りや盆踊り大会などの余興をプロデュースしている興行社である。劇団や芸人の仲介を主としながら、丹波市内で一九六六年（昭和四十一）頃まで映画館を経営、また、ヒロミ劇団という旅回り一座を組織し、各地へ巡業した。ちなみに、嵐獅山一座を受け入れた松ノ家も、ニコニコ興行社と同様、この地域の劇団仲介業を担っていた。旧加美町の人びとに聞くと、松ノ家はもっぱら歌舞伎専門、ニコニコ興行社は剣劇専門というすみわけがあり、旧加美町では歌舞伎を呼ぶことは少なかったので、ニコニコ興行社と親しくつきあっている集落が多かったという。

箸荷では、一九四二年（昭和十七）の最初の上演時からニコニコ興行社に脚本の提供を受け、衣裳やかつら、舞台装置などを借り、本番まで数回にわたって演技指導を受けた。青年たちは刀のふりかたや台詞の言い回しなどを懸命に覚えたという。演目はほぼ毎年違うものをやったが、役柄は各人に合ったものをと皆で話し合って決めたため、ハマリ役がある人は毎年同じような役柄を演じた。○○さんは貫禄のある役どころが似合う、△△さんは女形がきれい、といった評判が配役の決め手となった。演じるのは男性ばかりであったため、線の細い人は女形として重宝された。

芝居の内容については、当時の脚本が残っておらず、実際に演じた方も記憶していないとのことで、タイトルから推測するしかない。たとえば一九四三年に上演された『神崎与五郎東下り』は同タイトルの浪曲が忠臣蔵シリーズとして一九三六年（昭和十一）に映画化されており、現在も大衆演劇で上演される演目と同じであると思われる。『蔭に咲く花』は現代劇ということだが、その詳細は不明である。

村芝居は大変好評だったが、青年団は毎年芝居をやったわけではなかった。楽団を組んで「湯の町エレジー」などを演奏したり（一九五〇年頃）、芸人を呼んだりしたこともあったという。昭和三十～四十年代になると、芝居が再び盛んに行われるようになった。演目は『源太時雨』『人情悲劇　男血桜　涙の再会』『お祭提灯』『好いた同志』『二人英五郎』などで、芝居がもっとも盛んな頃は、自分たちで考えた簡単な喜劇と、ニコニコ興行社に指導を受けた悲劇をそれぞれ一つずつ演じるのが常であった。この頃は女性も出演していたという。こうして続いた芝居の上演は、一九七八年（昭和五十三）頃を境に中断した。村を離れて就職する人が増え、青年団が事実上解散に至ったのが原因という。

ところで、前述のように、隣町である旧中町では嵐獅山一座が活躍し、歌舞伎の上演が盛んであった。もうひとつの隣町である旧八千代町では、いくつかの集落の人びとが集まり嵐獅山に指導を頼んで一九四七年（昭和二十二）頃から一九五五年（昭和三十）頃まで『一の谷嫩軍記　熊谷陣屋』『義経千本桜　吉野山道行』などを上演していたという。[12]箸荷青年団は、なぜはじめから歌舞伎ではなく「やくざ芝居」や現代劇を選んだのだろうか。

一九四二年（昭和十七）、はじめて芝居を上演したとき青年団に所属し、役者として舞台に出演したという老人に尋ねると、「歌舞伎は昔の人なら喜ぶかもしれないけど、なじめないし、意味がわからないから面白くない」[13]という答えが返ってきた。「意味」というのは台詞やストーリーのことだろう。歌舞伎のような特別な素養を必要とせず、集落の人びとと皆が楽しめる芝居が、箸荷では求められた。もしかしたら他の地区でも、戦中・戦後の若者たちは、歌舞伎より「やくざ芝居」になじみがあったかもしれない。祭りで「やくざ芝居」をやりたいという若者たちを、当時の箸荷の大人たちはあたたかく見守ったのだろう。

（4）箸荷「むら芝居」の復活

箸荷では、一九九三年（平成五）、消防団を主体として「むら芝居」を復活させた。[14]箸荷消防団は箸荷に住む三十代ぐらいまでの男性によって構成されているが、その宴席でかつて青年団が上演していた奉納芝居を復活させようという話が盛り上がったのがきっかけであるという。復活に際し、脚本や衣裳、かつらの貸出しと演技指導をやはりニコニコ興行社に依頼した。集落内にあった公会堂に酒の木箱を並べ、舞台とした。

芝居は毎年続けられ、やがて近くの老人ホームの依頼で出張公演もはじまった。また、財団法人日本消防協会から依頼を受け、自治体消防五十周年記念ビデオにユニークな消防団として出演した。それ以降、「日本で唯一、消防団員でつくる素人劇団」というキャッチフレーズで「箸消《はせしょう》興行」と名のるようになった。

一九九八年（平成十）には「あしたの日本を創る協会全国ふるさとづくり振興奨励賞」を受賞、それをきっかけに「むら芝居」の台本を全国公募した。二幕で五十分、登場人物六〜八人の時代人情劇という条件で募集したところ、三十二人から三十五点の作品が集まったという。ニコニコ興行社や箸消興行座長が審査員となり、最優秀作品に選んだものを箸荷秋祭りで上演した。

二〇〇二年（平成十四）には県の補助金を得て、集落の公会堂を取り壊し、箸荷むらづくり館を新たに建設した。舞台と短い花道を備えた芝居小屋の完成である。これをきっかけに、箸荷の「むら芝居」はさらに大きな飛躍を遂げる。まず、当時の集落の区長を会長として「むら芝居保存会」が結成され、箸消興行と協力して芝居を行う体制が整えられた。結成当初の「むら芝居保存会」のメンバーは、かつて青年団芝居を経験した世代が中心であり、若い消防団員と上の世代の人びととが芝居を通じても交流することになった。

さらにこの年、全国で「むら芝居」に取り組んでいる団体に新聞やインターネットで広く呼びかけ、「第一回全国むら芝居サミット」を開催した。箸荷むらづくり館で行われたこのイベントには、新潟や山形、愛知など様々な地域から十五団体が集まり、芝居を上演した。「むら芝居サミット」は、その後参加団体が持ち回りで主催者となり、各地で計七回開催された(15)。このように、「むら芝居」の全国的なネットワークが作られ、各団体が一堂に会する機会が設けられたのは、戦後に青年団組織が解体して以降はおそらく日本初ではないかと考えられる。参加団体は多くはなかったが、それでも全国各地を会場にして七回も開催できた要因は、箸荷のむら芝居保存会を中心とする人びとの尽力に加え、自宅に「むら芝居ネットワーク事務局」を置き、総合プロデューサーの役割を担った箸荷の今中孝介氏の功績によるところが大きい。全国で「むら芝居」を上演している団体は、メンバーの高齢化や財政難などに悩まされているケースが多い。このような全国的なネットワークが恒常的に機能すれば、「むら芝居」の新しい展開も期待できるだろう。

ただ一方で、「むら芝居」はそのように外部とつながることで変化・発展していく営みとは別の位相にあるというのもまた事実である。たとえば二〇〇八年九月、新潟県上越市で行われた第五回むら芝居サミットでは、箸消興行と保存会のメンバー十八人が貸し切りバスで約八時間かけて会場入りし、熱演した。しかし、それからわずか二週間後に行われた地元箸荷の大歳神社の秋祭りでは、サミットで上演した演目が同じメンバーによって上演され、さらには箸消興行の新作まで披露された。「むら芝居」は、あくまで箸荷集落の年中行事のひとつである秋祭りの余興としてあるのだ。

現在、箸荷の「むら芝居」は集落の人びとだけで練習し、上演している。各家にあった古い着物を集めたり劇団から譲り受けたりして、芝居でつかう着物は二百五十枚以上、かつらも十種類以上を揃えている。脚本もかつての作品を再演したり、集落の人のオリジナル作品を上演することが多い。作家も俳優もこなす若いメンバーに脚本を書くのは難しいのではないかと尋ねると、「芝居にはパターンがあるので、今までやったものをアレンジしたり組み合わせたりするだけで、難しくない」という答えが返ってきた。世代交代した今の芝居に対し、老人のなかには「昔の芝居のほうが本格的だった」と言う人もいる。しかしある若者は「今まで箸消〔消防団〕がやっていた芝居は難しくて、見ているお年寄りは感動して泣いている人もいたけど、自分は出演する気になれなかった。大人だけでなく子どももみんな喜ぶような芝居をやりたいと思った。今回の芝居はそうだと思ったから出ることにした」と話してくれた。時代によって、またそれを担う人たちによって、芝居のあり方は変化している。ただ、それだけではなく、観客のなかにかつて同じように舞台に立っていた大先輩がたくさんいて、それぞれの思いを抱えながら芝居を見て、時には意見したり、励ましたりと世代を超えた交流が生まれるところが、この集落の「むら芝居」を支えているように思う。

図②　『時代人情劇　情けの捕り縄』（2018年／撮影：筆者）

実際の上演の場の雰囲気を少しでも伝えるために、本書の執筆者たちで総見した二〇一八年の秋祭り余興大会について記したい。集落の中心部に位置する箸荷むらづくり館には、夜になると三々五々観客が集まって来る。観客は、箸荷集落の人びとと筆者たち、地元のケーブルテレビのカメラマンで合計百人前後といったところだろうか。年によっては集落外の人が見に来ることもあるが、むら芝居サミットの時を除いて、観客はほぼ集落の人びとのみという印象である。

開演は夜七時頃である。今回は区長の挨拶に続き、先述の年齢集団のひとつであるロマンス会による二人羽織、箸荷消防団『人情喜劇こぶとりじいさん』、富くじ、むら芝居保存会『時代人情劇　情けの捕り縄』〔図②〕というプログラムであった。消防団の喜劇は〈グーグルマップで箸荷に訪れた鬼たちが、村びとを食べようとするが、村びとがチキンラーメンを鬼と一緒に作り、一緒に食べて追い払う〉といったもので、話の筋はきちんとあるものの、俳優が台詞を覚えておらず焦る姿や、楽しそうにチキンラーメンを作るところで笑いが起きていた。桟敷にいた小さい子供が舞台上で喋っている自分のお父さんに話しかけたり、一緒に掛け声を上げたりする姿がさらに場を盛り上げた。一方、むら芝居保存会の時代人情劇は、一九九七年（平成九）の秋祭り余興大会でも上演されたもので、あらすじは〈ある男が家の軒先で雨宿りしていた男装の女性を不憫に思い、身の上話を聞いたところ、それはかつて生き別れた娘であった。娘は父に棄てられた後、「むささびお銀」と呼ばれるおたずね者に身をおとしていた。父を探して旅をしているという娘と男は、互いに名乗ることはないが、黙って酒を酌み交わし、娘は父である男の肩をもむ。そこへ男の家の娘婿である十手もちの親方が戻り、お銀を捕まえようとするが、自分の娘だと明かし見逃してくれるよう頼む男に心動かされ、お銀に逃げるよう言う。涙ながらに別れる父と娘〉。この芝居はプロから提供されたものを元にした作品と思われ、「八王子の生まれ」「角兵衛獅子に子どもを売って」といった多可町の観客にはなじみの薄いであろう言い回しもあったが、三十代～四十代を中心とする役者たちの台詞は聞きやすく、女形も堂に入っていて、熱のこもった舞台であった。観客は神妙に見ているもの、隣の人と話をしているものなどいろいろである。しかし見せ場になって役者がここぞという台詞回しをしたときには拍手や掛け声が起こり、あらかじめ用意されていたお花が舞台に飛ぶ。特に小さい子供たちは、親にタイミングを教えられて舞台にお花を投げるのを楽しんでいる様子である。

一連のプログラムが完了すると、出演者や保存会、婦人会メンバーなどが一斉に後片付けを行い、その場で宴会が行われる。この場は打ち上げもかねていて、集落の老人が出演していた若者の労をねぎらったり意見したりする姿が見られることもある。和やかな秋の夜である。

四　神社祭礼と「素人演劇」

多可町の「むら芝居」に見られるように、村や集落など地域共同体を母体とする「素人演劇」の場合、その重要な契機になるのが神社祭礼である。集落の中核となる神社の祭礼では、祝詞《のりと》や神楽《かぐら》といった神事のほかに、集落の人びとが奉納する芸能が発達する場合があるが、そのバリエーションのひとつとして「素人演劇」が行われるのである。

今回、筆者が見学の機会をいただいた青森県下北郡佐井村の福浦歌舞伎は、明治時代に上方から佐井村に移り住んだ歌舞伎役者の中村菊五郎・菊松夫妻から歌舞伎を伝授された村びとたちが、集落の氏神社である稲荷神社の祭礼（旧暦三月十日）やお盆・正月などの祝賀行事で上演するようになったものと言われている。(16) 二〇一八年四月に筆者がうかがった際も、祭礼の日の朝早くから稲荷神社にて神事が行われ、集落の人びとが立派な獅子頭と装束を身に付け、神社や集落内の家々、そして海に向かって獅子舞を奉納した後、その日の午後には休む間もなく歌舞伎の衣裳に着替え、舞台で熱演されていたのが印象深い。

また、岐阜県高山市荘川で行われる村芝居は、黒谷白山神社（九月一日）、一色白山神社（九月二日）、野々俣神社（九月三日）、荘川神社（九月十四日）の四つの神社の例祭の前夜に、各神社の氏子たちによって奉納される。荘川村では江戸時代から祭りで歌舞伎を演じていたと言われているが、現在は、獅子舞奉納などの後に、集落の人びとによる舞踊ショーと人情時代劇という、大衆演劇の公演さながらの華やかな舞台が繰り広げられている。筆者は二〇一九年に黒谷白山神社と荘川神社の芝居を観劇したが、荘川神社で翌日に行われた祭礼についても見学する機会を得た。前日は芝居を見るために近隣市町村から大勢の観光客が集まっていたが、祭礼の日はほとんど地元の人びとのみで、厳かな渡御《とぎょ》行列や神事が行われた後、獅子舞や舞踊の奉納が行われた。

神社祭礼における「素人演劇」が他の地域市民演劇と異なっているのは、上演する機会が必ず確保されていることである。たとえば有志が劇団を組織して公演を行う場合、その日時や場所の確保が問題になるが、神社祭礼の場合はあらかじめ決まった日に、必ず何かを上演しなければならない。これは集落内の担い手にとってある種のプレッシャーともなり得るだろう。よほどのことがない限り、中止や延期は許されないのである（それにつけても、コロナウイルス感染防止を理由に、日本全国ほぼすべての祭りが中止もしくは規模縮小となった二〇二〇年からの状況は稀に見る異常事態である）。

また、神社祭礼における「素人演劇」は、その地域の人が行うことに意味がある。外部の劇団や芸人を呼んで余興にすることもあるが、その主催者は地域住民である。集落の氏神への奉納芝居を行う地域では、そのときその集落に芝居好きや演技上手が存在しようがしまいが、誰かがやらねばならないのだ。人口が多い集落であれば融通もきくが、人口の少ない集落では、ほぼ全戸が何かしらの形で関わらなければ続けられない場合もある。必ずしも芝居好きが楽しみながら行っているとは限らないのだ。もちろん、初めはいやいやだったが、徐々に慣れてきて楽しくなる場合もある。また、長く続いている地域では親や近所の人が舞台に立つ姿を幼いころから見て、自然と受け入れていく場合もある。とはいえ、芝居がしたくて自らその機会を求め集まった人びとから成る劇団組織のありようとは全く違っている。

その意味で、このような演劇を「素人演劇」と呼ぶのは間違っているのかもしれない。神の前では演劇のプロか「素人」かの区別は無意味である。集落の人びとが真摯に演じることこそが、その本来のあり方なのだ。

余興とはいえ神事に関わる行事の一環であるからには、他の演劇にはない配慮や気遣いが求められる場合がある。たとえば二〇一九年に筆者が観劇した荘川神社の村芝居では、開幕前に「主役の俳優の近親者に不幸があり、神事ということで出演を見合わせようかとも考えたが、いろいろな人のご厚意もあって出演させてもらうことになったことを了承いただきたい」といった挨拶があった。いわゆる忌み・ケガレの意識であるが、神社祭礼の一環であるがゆえに、このような古式ゆかしい観念が舞台上に突如浮上する光景は、都市の劇場では見られないだろう。

以上、思いつくままに点描してきたが、地域共同体における神社祭礼の一環としての「素人演劇」について、その演劇の部分だけ取り出して論じることはできないと筆者は考えている。村芝居や地歌舞伎だけが観光資源として宣伝され、遠方から団体客がマイクロバスで一気に押し寄せ、幕が降りた途端にさっと帰っていくという現実を、これまで何度も目にしてきた。観光としてはそれもひとつのあり方だろう。しかし、こうした演劇の全容をつかむためには、その担い手である集落の人びとにとって、それがどのような体験としてあるのかを捉える必要があると思う。もちろん、奉納芝居という営みの神聖さや宗教的意識について議論すべきだと言いたいのではない。民俗社会における人びとの意識はもっとクールである。毎年めぐって来る神社の祭礼を無事に完了させなければならない。そのうちなくなったり変化したりするかもしれないが、とりあえず今年だけは、自分の代だけは、つつがなく終えねばならない。そのためにも、例年続けている芝居をやめるわけにはいかない。こうした現実的な意識に支えられ、神社祭礼の一環としての「素人演劇」の伝統が作られていくことを確認しておきたいのである。

五　「素人演劇」の身体と記号性

ここからは、「素人演劇」を演じる俳優の身体とその演技について考えてみたい。プロの俳優による劇場演劇と地域共同体における「素人演劇」の違いはどこにあるのだろうか。ここで参考にしたいのは、毛利三彌の演劇記号論による分析である。
劇上演は〈俳優――劇人物――観客〉の三角形の構造から成り、観客は俳優の演技によって虚構の劇人物を思い描くことで劇が成立する。毛利は俳優が劇中人物を演じることを次のような図式で示している。

身体の動作→〔記号性①〕→俳優の行為→〔記号性②〕→人物の行動(17)

観客は、舞台上で行われる身体の動作（歌舞伎の「弁慶」を例にとると、手を回し、足を上げて飛んでいく動き）を見て、まず俳優の行為（「飛び六法」という型）として捉える（〔記号性①〕）。そして、そこから虚構の領域としての劇中人物の行動（「弁慶が欣喜雀躍として走り去っている」）を読み取るのである（〔記号性②〕）。演劇において、観客は舞台上に立つ俳優に劇中人物の姿を見るわけだが、その営みは単に現実と虚構を重ね合わせるといったものではなく、俳優の身体の動きの意味を読みとり、さらにそれを劇中人物と結びつけて解釈する、という複雑な回路を辿るのである。

演劇の目的が劇中人物の姿を描き出すことだとすれば、重要なのは〔記号性②〕であり、観客は〔記号性①〕を可能なかぎりゼロに近づけ、〔記号性②〕に集中しようとする（たとえば、七十五歳の俳優が十七歳の劇中人物を演じるとき、観客は俳優自身の身体の動き〔記号性①〕をおのずと意識するはずだが、観客はあえてそれを無視し、十七歳の劇中人物として見ようと努める〔記号性②〕）。〔記号性①〕が強く意識されると、舞台上の動作は劇中人物のものではなく、俳優自身の動きとして捉えられることになってしまう。それを劇中人物の行動と結びつけるためには、観客の側にある一定の知識や経験が要求される場合もある（たとえば、「飛び六法」を見て変な動きだと思う観客は、俳優の身体の動きを見ただけということになる。同じ動きを見て「これは弁慶の欣喜雀躍の表現である」と理解できるためには観客に歌舞伎の知識が必要である）。

また、観客が〔記号性①〕に集中し、あえて〔記号性②〕を無視する場合もある。たとえば歌舞伎俳優の演技を見て、その俳優の親の演技と似ていると思うような観客は、〔記号性①〕のみにとどまっていると言えるだろう。また、商業演劇のスターやアイドルの演技があえて〔記号性①〕を際立たせ、ほぼ本人として舞台に立つことで、意図的に観客を〔記号性②〕に向かわせないようにすることもある。

以上が毛利三彌による示唆に富む分析である。これを用いて、プロの俳優による劇場演劇と地域共同体における「素人演劇」の違いについて考えてみたい。

プロの俳優は訓練された身体と演技の技術を備えており、舞台に立つその姿は、観客にとって自分とは距離を隔てた遠い存在として映る。先の毛利による図式に観客を書き加えるなら、観客と俳優とは隔てられたところに位置づけられるだろう（左図）。俳優の動作が生み出す行為〔記号性①〕は、俳優が表現しようとする劇中人物の行動〔記号性②〕へとスムーズに接続し、観客の前には劇中人物の姿が立ち現れる。観客は雑多な情報に邪魔されることなく、劇的世界へと没入することができる。

身体の動作→〔記号性①〕→俳優の行為→〔記号性②〕→人物の行動

観客

しかし、地域共同体における「素人演劇」は、俳優と観客がともに身内や知り合いである。また、舞台に立つ俳優は、台詞や動きをかろうじて覚えてはいるものの（それさえ怪しい場合もある）、特別な技術を身につけているわけではない。そのような「素人」の身体は、その俳優の普段の姿を熟知している観客に、多様なレベルの情報をはからずも伝えてしまう。観客は、舞台上での動きを見て俳優の行為の意味を解釈するが（〔記号性①〕）、その身体が発する多様な情報の錯綜は、虚構の劇中人物と結びつく〔記号性②〕にまで行き着かず、その前の段階（次の図の太字の部分）にとどまったまま終わる。「素人演劇」の客席で観客の話に耳を傾けていると、観客がストーリーや劇中人物を見るのではなく、俳優自身を見て「〇〇ちゃん、大きくなったなあ」「近所の△△くん、よく台詞覚えてるわ」といった感想を口にしている。もちろんその場合も、観客は舞台を見て笑い、泣く。しかしそれはストーリーや劇中人物よりも、俳優自身の「素」の姿を舞台上に確認することによって引き起こされたものであることもしばしばである。「××ちゃん、こんなに立派になった」というように。

身体の動作→〔記号性①〕→俳優の行為……〔記号性②〕→人物の行動
⇅
観客

地域共同体における「素人演劇」を見に来る観客は、こうしたありようをこそ醍醐味として求めている。俳優が台詞を忘れて焦ったり、思わぬハプニングにあわてふためいたりする姿に、観客は大笑いする。必要な小道具がなく舞台袖から投げ入れられたり、効果音がズレたり、俳優が刀で斬られるシーンで客席から「おとうちゃん、死なないで」と子供が叫んだりするたび、会場が沸く。俳優の側もそれを心得ていて、わざとハプニングを強調したり、アドリブで舞台を進行させたりするような場合まである。俳優と観客の間に生まれるこのような一種のコミュニケーションは、大衆演劇の舞台などでも見られるが、地域共同体における「素人演劇」の場合は、劇の本筋より重視されることも多い。俳優と観客の関係が密接であるほど、このような傾向は強くなるだろう。もし、共同体の外部から訪れた観客がいたら、それなりに楽しむことはできるだろうが、それは俳優の普段の姿を知っている共同体内部の観客の楽しみ方とはやや異なっている。「あの俳優は村の人気者なのだろうな」といった見方が求められるからである。もし、プロの演劇を見るのと同じような感覚で見に来た観客がいたら、「この芝居は俳優がトチってばかりいるではないか」などと怒り出すかもしれない。

俳優は、家族や親戚、近所の人など、普段の自分を知り尽くしている人びとの視線を浴びながら舞台に立つわけだが、そうした人びとの前で、全く別の人物になりきって迫真の演技をするのはとても難しい。そこで求められるのが、「これは虚構である」という境界線である。たとえば「やくざ芝居」のような時代劇が、今なお一部の地域共同体において演じられ続けているのは、お決まりのストーリーと、架空の時代・地域（たとえば清水次郎長や国定忠治らが登場しても、地域や時代は曖昧にされている場合も多い）、かつらや白塗り・和服姿、独特の台詞回しやチャンバラといった非日常的な仕掛けが求められるためである。特殊な扮装や現実離れした演技形態は、「これは虚構である」ことを一目瞭然に示してくれる。これによって普段の自分との間に境界線を設けることで、「素人」俳優は特別な声色を使ったり、大げさな動きをしたりできるのである。実際には様々なハプニングによって俳優は頻繁に「素」の自分の姿に戻ってしまうのではあるが、まず「これは虚構である」という境界線を引いてみせることが重要なのだ。

もちろん、芸達者な人物がみずから人前で芸を披露したり、カッコいい場面を演じてみたいと積極的に舞台に上がる「素人」もいる。ただ、ここで注目しておきたいのは、地域共同体のなかの、いわば日常と地続きの舞台の上で演技を行うのは、多くの「素人」にとって、簡単なことではないという点である。親兄弟や親戚、幼馴染ばかりが見ている前で、別の人間になりきることの照れくささ、恥ずかしさ、後で冷やかされるのではないかという恐怖。そうした感情と戦いながら「素人」が舞台に立つには、ある種のポーズが必要だ。「いま私は台本にある台詞を言わされているのであって、自分の思いを語っているのではない」「こんなおかしな格好をしているのは、そういう役だからだ」といったことを伝えるぎこちない身体。プロの演劇では訓練過程で初めに矯正されるであろうそれが、「素人演劇」では頻繁に見られる。時代劇のような演目は、どんな人であっても特殊な扮装をし、定型的な演技に近い動きをしさえすれば、「これは虚構である」ことを容易に示すことができる。[18]

このように考えてくると、地域共同体における「素人演劇」では、日常とかけ離れた設定と扮装、演技の定型さえあれば、ストーリーはあまり重要ではない、と言えるかもしれない。たとえば福浦歌舞伎は『義経千本桜』『太閤記』といった演目を上演するが、観客は本格的な化粧や衣裳に身を包んだ俳優たちに目を奪われるものの、その動きや台詞の意味をほとんど理解しないまま（前もって場内アナウンスであらすじが説明された）、拍手を送っていた。これは、演劇を見た観客の拍手というより、神楽や舞踊など民俗芸能を見た観客の拍手に近いと言えるだろう。歌舞伎を芝居として理解するために必要な素養が観客にほとんど共有されていない今の状況では、こうした歌舞伎の民俗芸能化は、ひとつの現代的なありようなのかもしれない。

しかし、多可町や荘川の時代劇は、ほぼすべての台詞やストーリーは観客に理解され、観客はそれ自体を楽しんでいるように見える。そして、観客は多くの場面で俳優本人に思いをはせている（〔記号性①〕）のだが、時としてそこに劇中人物のイメージを重ね合わせる（〔記号性②〕）瞬間が現出するのだ。たとえば、俳優のたどたどしいが温かみのある台詞を聞いているうちに「若い日の過ちを後悔する父親の姿は、実際にこんな感じなのではないか」と思ったり、白塗りの女形がたくましい腕を差し出す姿を見て「あの実直そうな様子が、親のために潔くお縄を頂戴しようとする娘の姿に見えてきた」といったような具合である。俳優自身も意図しないうちに滲み出てしまうような、その人本来の人柄や、それに裏打ちされた仕草や声に、観客の方が自分のなかで作り上げた劇中人物のイメージを重ね合わせて見てしまうのである（次の図の点線で囲んだ部分）。役柄がその俳優の「素」の人柄にマッチしているような場合、それをよく知っている観客の目には、より一層俳優本人と劇中人物が重なって見えるだろう。もちろんそれはプロの俳優のように、計算しつくされた演技ではなく、偶然の産物である。だが、人間の振る舞いのすべてが意図的な計算の上でなされるわけではない。「素人演劇」の身体であるがゆえに現出するリアリティが、観客に深い観劇体験を与える可能性があるのだ。

身体の動作→〔記号性①〕→俳優の行為 - - - → 〔記号性②〕→人物の行動

←→

観客

「素人演劇」の面白さは、様々な位相が存在し、多様な見方ができることにある。客席で涙を流しながら舞台を食い入るように眺めている観客は、もしかするとそこにプロの演劇以上の感動を覚えているかもしれないのである。

おわりに

本章では、神社祭礼の一環として集落の人びとが演じる村芝居を題材に、地域共同体のなかの「素人演劇」について考察してきた。一年に一度、神社に奉納するために上演される演劇は、観光客を集めるための催しとなっていても、名目上はあくまで神事に関わる年中行事である。それは集落の人によって演じられ、集落の人が見て楽しむものでなければならない。このような閉ざされた空間のなかで成立する「素人演劇」は、芸術性の高さを誇る劇場演劇や観客を楽しませ、満足させる商業演劇とは異なる、独自の論理がある。一番大切なのは、行事をつつがなく終えることであり、それに向けて集落の人びとが力を合わせることである。観客が眉をひそめるような演目は敬遠され、誰か一人が傑出した才能を発揮して悪目立ちするようなこともない。とはいえ、「○○ちゃんは、お父さんもいい役者だったから、芝居の血を受け継いでいるね」「あの役は△△さんの当たり役だ」といった評判は語り継がれ、集落の人びとの誇りとなっている。多可町箸荷で出会ったある老人は、「若いころにやった芝居が、今も夢に出てくる」と語った。芝居は、集落の人びとにとっていつまでも記憶に残る大切な体験なのだ。

地域共同体における「素人演劇」をいかに記述するかという問いに始まった本章の試みは、ずいぶん荒っぽいものになってしまった。地域演劇を議論するうえでのひとつの素材になれば幸いである。

（1）福島真人『身体の構築学――社会的学習過程としての身体技法』（ひつじ書房、一九九五年）、同『暗黙知の解剖――認知と社会のインターフェイス』（金子書房、二〇〇一年）。福島は、特に『暗黙知の解剖』において、精神病院や工場、学校など近代的空間におけるルーティンワークと伝統社会における儀礼とを相互に参照しながら、その複雑な技能習得プロセスについて論じている。

（2）河竹登志夫『演劇概論』東京大学出版会、一九七八年、二二〇頁。

（3）小山内薫「俳優D君へ」『演芸画報』一九〇九年一月。

（4）兵藤裕己『演じられた近代――〈国民〉の身体とパフォーマンス』岩波書店、二〇〇五年、二一六頁。

（5）同前。

（6）橋本裕之『民俗芸能研究という神話』森話社、二〇〇六年、四六頁。

（7）これまで「やくざ芝居」「やくざ踊り」について明確に定義した文献は見当たらないが、戦中・戦後の素人演劇についての史料のなかには頻繁にこうした演芸についての記述が登場する。たとえば高木護編『やくざ踊り　戦後の青春1』（たいまつ社、一九七八年）は全国の農山村出身の文学者たちの手による、戦後まもなくの「やくざ踊り」「やくざ芝居」体験談を集めた貴重な史料である。

（8）播州歌舞伎については、寺川俊人『播州歌舞伎の主役たち』（日本放送出版協会、一九七八年）、および、兵庫県立歴史博物館『開館記念特別企画展　播州歌舞伎（図録）』（一九七八年）などによった。

（9）箸荷集落および旧加美町についての記述は、『箸荷村落史』（非売品、一九九五年）と、二〇〇六年から継続的に行なってきたこの地域の方々への聞き取り調査で得た情報をもとに構成した。

（10）大歳神社神主は多可町中区糀屋の糀屋稲荷の神主がつとめている。秋祭りには例年神主は来訪しない。

（11）ニコニコ興行社については、二〇〇七年八月に行ったニコニコ興行社の高階三郎氏（一九二二年生まれ）への聞き書きにもとづいて構成した。

（12）名生昭雄編『兵庫県の農村舞台』和泉書店、一九九六年、一二一―一二四頁。

（13）二〇〇六年七月二十九日の聞き書きによる。

（14）箸消興行の経緯については、箸荷での聞き書きによる情報とともに、今中孝介「義理と人情のむら芝居でまちづくり」（『かがり火』二〇〇四年十一月）、亀地宏『笑う町には福来たる――兵庫・加美町みんなが主役のまちづくり』（神戸新聞総合出版センター、二〇〇三年）をもとに構成した。

（15）全七回の場所と日程は以下の通りである。第一回全国むら芝居サミットinはせがい（平成十四年十月十三日～十四日）、第二回全国むら芝居サミットin佐渡（平成十五年七月三十一日～八月一日）、第三回全国むら芝居サミットin西春（平成十六年七月三十一日～八月一日）、第四回全国むら芝居サミットin豊岡（平成十八年十月二十八日～二十九日）、第五回全国むら芝居サミットin大浦安（平成二十年九月二十七日～二十八日）、第六回全国むら芝居サミットinまさき（平成二十二年十月二十三日～二十四日）、第七回全国むら芝居サミットinくにさき（平成二十四年十月二十日～二十一日）。なお、第七回全国むら芝居サミットinくにさきに参加した団体は以下の通りである。国見歌舞伎保存会（国見市国見町）、NPO法人素人芝居大浦安（新潟県上越市）、劇団福祉座（愛知県名古屋市）、宵田一座（兵庫県豊岡市）、英ちゃん劇団（国見市国見町）、徳丸一座（愛媛県伊予郡松前町）。

（16）福浦芸能保存会『青森県無形民俗文化財　福浦の歌舞伎百周年記念誌』非売品、一九八八年。

（17）毛利三彌『演劇の詩学――劇上演の構造分析』相田書房、二〇〇七年、一三三頁。

（18）たとえば戦時中に大政翼賛会が推進した戦意高揚を目的とした素人演劇や、戦前・戦後の様々な政治的プロパガンダを目的とした素人演劇が地域共同体の人びとになかなか根付くことがなかったのは、「これは虚構である」という境界線を引くことが不可能な演劇であった点も一因としてあるのではないかと筆者は考えている。

第9章

超高齢社会における高齢者演劇の展開

「老いの空白」を豊かにするもの

五島朋子

一　超高齢社会における老いの受容

二〇〇〇年代中盤ごろから、中高年層のアマチュアによる演劇活動が「シニア演劇」や「シニア劇団」と呼ばれ広がりを見せている。本章ではその新たな展開を概観しつつ、特色のある二つの事例を取り上げ、超高齢社会におけるアマチュアの高齢者による演劇活動の意義と可能性を考えてみたい。

周知のように日本の高齢化は急速に進展し、一九七〇年に高齢化率（総人口に占める六十五歳以上の人口の割合）が七％を超える「高齢化社会」に、一九九四年には一四％を超え「高齢社会」に、二〇〇七年に二一％を超え「超高齢社会」に突入した。平均寿命も男女共に延び、今や「人生百年時代」とも言われる。かつてないスピードで超高齢社会を迎え、社会全体にもモデルがなく、個人にとっても「老い」は未知の領域である。高齢期は、身体的にも社会的にも、個人が大きな変化に見舞われる時期だ。定年を迎えて仕事を離れ、子どもたちも巣立って自由な時間を手に入れ、新たなライフスタイルを楽しむことができるかもしれない。反面、経済的余裕や社会的地位を失い、それまでのアイデンティティは揺らぎ、また親や知人など身近な人との死別、身体的な老化の進行、介護状態への移行など、老いに伴う変化が次々と訪れる。かつてなく長期化する老年期をどのように過ごしていけば良いのか。超高齢社会には、社会システムの変革とともに、個々人が自らの「老い」を受容する知恵や技術が必要だ。

「老い」は、生産性や効率性が価値を持つ現代では、依存、無力、衰退など、とりわけネガティブなイメージが先に立つ。哲学者の鷲田清一は、現代社会では「〈老い〉のかたち、〈老い〉の文化が、〈老い〉そのものの内にも外にも見えない……。〈老い〉は空白のままである」[1]と嘆く。私は、各地のシニア演劇を渉猟する中で、人生の後半に始める演劇が、この老いの空白に対して、大いに意味を持ちうるのではないかと思うようになった。

ところで、演劇に専門的に携わる俳優や実演者にとって、「老い」は必ずしもネガティブなことではない。私たちは一般的に俳優という仕事に定年があるとは考えていないし、俳優が「名優」や「老優」として長年舞台に立ち続ける姿を貴重なものと評価している。「円熟味が増した」とか、「いぶし銀の魅力」といった称賛の言葉を思い浮かべることもできる。特に、長い修練や実践経験の蓄積があってこそ一人前とされるような日本の伝統芸能の世界では、老いていることに価値があるという認識も共有されている。

しかし、ここで取り上げる「高齢者演劇」は、人生の後半に差し掛かって、初めて演劇実践に参加する人々の活動である。それまで演劇の訓練や実践の経験を積んでいないだけではなく、これから修練を積む時間や身体能力が物理的に限られているのである。演劇に必要な技術を習得する時間が限られているだけでなく、身体的能力や運動機能、セリフや段取りを記憶する認知機能が日々少しずつ減退していくのが、高齢期だ。ごく緩やかな下り坂に抗うように舞台に立とうとする、というところに、アマチュアの高齢者の演劇は大きな特色があるのだ。この困難を「問題」と捉えるのが普通かもしれない。しかし、その困難が、実は「老い」の受容についても、また演劇表現についても、大きな可能性を有しているのではないか。本章では、そのような視点から高齢者演劇を探っていく。

二　アマチュアの高齢者による演劇活動の広がり

アマチュアの高齢者による演劇活動自体は、特段新しいわけでも珍しいわけでもない。「じいちゃん劇団」や「おばあちゃん劇団」といった呼称は、過去の新聞記事でも簡単に見つけることができる。それらは例えば、老人クラブや敬老会の活動、昔の記憶を持つ高齢者による村芝居の復活など、町内会・自治会といった既存の地域共同体から生まれて継続されている活動である。また、高齢者学級や老人大学といった生涯学習施策の一環として開講された集まりを基盤に、地元の伝説や民話の伝承、戦争体験をもとにした平和のメッセージを伝えようとする演劇活動へと発展する事例も各地に見られる。「学級」や「大学」として、演劇人が指導者として招かれている場合もある。他には、高齢者福祉の促進と充実を目的として、老人保健センターや社会福祉協議会などを母体とする高齢者の演劇活動では、高齢社会に関する「問題」、例えばオレオレ詐欺、認知症や高齢者介護などをテーマにした寸劇を高齢者自身が演じる活動も多い。高齢者自身が高齢者を元気づけたり、次世代への歴史や平和の継承といったメッセージを分かりやすく伝える手段として演劇という形式が利用されているのである(2)。

このようなアマチュアの高齢者による演劇活動は、演劇を目的とした芸術活動というより、演劇を手段に何か別の目的を達成しようとする地域のボランティア活動という性格が強い。また、福祉施設や学校などでの訪問公演、地元イベントやお祭りでの上演といった、チケット販売を伴わず、特定の地域や施設で限られた観客を対象としていることも多く、広く集客をする必要がないため、公演や活動情報の提供も限定的である。したがって、このような高齢者演劇の活動を網羅的に把握することは困難だが、ウェブサイト「シニア演劇 web」や先行研究(3)（梶谷　二〇一五）から、アマチュアの高齢者による演劇活動の概要が確認できる。高齢者の演劇活動が全国各地に存在すること、設立主体は個人、自治体、民間団体（ＮＰＯ、劇団、芸能プロダクション）と様々で、上演の形式も群読、ストレートプレイ、コント、音楽や歌入芝居、ミュージカルと幅広いことが分かる(4)。

その中で二〇〇〇年代後半に増えているのが、演出家や劇団がイニシアチブをとってアマチュアの高齢者を集める演劇活動である。演出家の蜷川幸雄《にながわゆきお》（一九三五―二〇一六）が、二〇〇五年に彩の国さいたま芸術劇場（埼玉県立の文化施設）の芸術監督に就任し、五十五歳以上の中高年を公募して劇団「さいたまゴールド・シアター」を創設した。国際的にも活躍する著名な演出家が、アマチュアの高齢者を相手に本格的な演劇を作るということで、広く注目を集めるとともに、各地のシニア劇団の創設に影響を与えたといわれる(5)。二〇〇〇年代後半は、団塊の世代が定年を迎える時期でもあり、シニアに関する話題は演劇界を超えるインパクトがあったのだろう。この頃、演出家や俳優個人がアマチュアの高齢者を募って立ち上げたシニア劇団（鯨《くじら》エマによる「かんじゅく座」）、老舗劇団が新たな事業として創設した活動（文学座による「プラチナクラス」）、芸能プロダクションが設けるシニアクラス（「明治座アートクリエイト」）などが次々と創設されている。ゴールドシアター創設が、演劇人を刺激するとともに、舞台に立つという「夢」がこれからでも可能なのだ、と多くの中高年を奮起させたに違いない。アマチュアの高齢者の演劇活動は、生涯学習活動の一環として、また地域コミュニティにおける高齢者の社会参加や貢献意欲の発露として、多様な活動がこれまでにも行われてきたが、演劇の専門家が参入して、高齢者による演劇表現を目的とした活動の増加が、近年の特徴である。以下では演劇人が発案し、率いるシニア演劇の活動を検討していく。

三　民間ＮＰＯ劇場が立ち上げたシニア劇団

本書のプロジェクト（科研費研究課題「地域素人演劇の包括的研究」）への参加が契機となって、様々なシニア演劇の公演に足を運ぶようになったのだが、二〇一八年二月に観劇した『星組版　地獄八景亡者戯』（構成・演出、細見佳代）に惹きつけられるものがあった。京都府などが主催する「第三十九回 Kyoto 演劇フェスティバル」公募公演プログラムの一つとして、京都府立文化芸術会館大ホールで上演された作品である。上方落語「地獄八景亡者戯」をベースに、登場人物の亡者たちが、地獄に落ちなくてはならなかった過去を振り返りつつ、冥土への道行きや地獄の沙汰を切り抜けていこうと苦心する。大道具や背景など舞台セットは使われず、亡者たちは白、地獄の番人たちは黒と衣裳もシンプルで、縄や小物程度の道具を使って舞台は進む。セリフ劇ではあるが、三途の川や地獄絵などがアンサンブルで表現される場面も多く、参加者みんなで一つのシーンを作っていく。背景や道具に頼らずに、身体を使って伝える表現は、時折ドタバタとしたオーバーな印象もあったが、私と同世代以上のシニアたちによるためらいのない演技と力強い動きにちょっとした感動すら覚えた。また、アマチュアのシニア演劇につきものと言えそうなセリフ忘れもなく、役と本人との距離感から観客の方が感じてしまう気恥ずかしさもなかった。一方で参加者一人一人の個性も感じられ、一観客として楽しめる一時間余だった。何か既存の「演劇」と思われている枠組みへ近づけようとするような、これまで持っていたシニア演劇のイメージを良い意味で裏切られたのである。その後、運営母体であるＮＰＯ法人劇研（以降、劇研）理事長の杉山準《じゅん》、劇団指導者の細見佳代へのインタビューや、細見が指導する二つのシニア劇団「星組」と「そら色」の公演観劇や稽古への参与観察を経て、(6)劇研の活動コンセプトや細見の作品の作り方にその魅力の理由があると考えるようになった。

劇研は、京都市左京区下鴨の住宅街の中にある劇場「アトリエ劇研」の運営組織として始まった。客席数六十〜八十の小さな民間劇場は、仏文学者でもあり京都ドラマシアターという劇団で活動していた波多野茂彌《しげや》（一九二五―二〇一八）が自宅を改装し、「アートスペース無門館」として一九八四年に開館、一九九六年に「アトリエ劇研」と改称、京都の若手の演劇人たちが運営に携わり、三十年余り関西の演劇活動を支え演劇人を育てきた。高齢になった波多野の相続の問題もあり、劇場は二〇一七年に惜しまれながら閉館した。貸館だけではなく、演劇活動を担う人材を育てることを使命として、演劇祭の開催、芸術監督制の導入、舞台スタッフを派遣する事業「スタッフルーム」や俳優の育成事業「アクターズラボ」、国際交流、ジュニア劇団の育成など、民間団体だが公共性の高い活動を展開してきた。二〇〇三年にNPO法人格を取得してからは、指定管理者として左京西部いきいき市民活動センターの運営や、地域活性化を目的に京都北部の過疎地でアーティスト・インレジデンス事業を実施するなど、地域社会の課題に目を向けた活動にも積極的に取り組んできた。その一つとして二〇〇七年に始まったのが「シニア劇団」の事業だ。

劇研は、劇場という拠点を失った後もNPOとしてアクターズラボ、シニア劇団の事業を引き続き運営し、京都市のほか大阪府高槻市の文化施設・高槻現代劇場の事業を受託するなど、芸術文化を切り口に人材育成、芸術支援、まちづくり事業などを継続し、演劇というジャンルや京都市という地域だけにとらわれない活動を展開している。杉山準（一九六五年生まれ）は、京都の大学に進学後、学生時代の演劇活動を経て二〇〇〇年からアトリエ劇研の運営に携わっており、京都を代表する演劇プロデューサーの一人として活躍してきた。二〇〇六年に実施した大規模改修工事が、シニア劇団創設のきっかけになったという。小さな劇場には段差が多く、改修工事においてバリアフリー化を進めるうち、若い人だけではなく障害のある人や、多様な年代の人も集う開かれた場にしたいと、シニア劇団を企画した。現在劇研のホームページには、「シニア世代の皆様に、自由で豊かな表現活動を楽しんでもらいたい」と書かれているが、創設当初はまだ劇場拠点もあり、シニア世代にも小劇場の観客として足を運んでくれたらという、集客につなげたいという気持ちも強かった。ただ、「演劇研究会」をもとに「劇研」を名乗っている以上、作品性にこだわり、参加者が楽しんでやるだけの劇団ではなく、関係者以外の観劇にも十分値する舞台を目指してきたという。

劇研は複数のシニア劇団を運営している。参加資格は、五十歳以上、演劇経験は不問である。毎週一回二時間の定期練習が、京都では左京西部いきいき市民活動センターと人間座スタジオ、大阪では高槻現代劇場などで行われている。参加費は、入団費が六千円、練習費が月七千円のほか、一年に一回新作公演の際に、公演の規模によるが一人当たり三~四万円の費用をチケット購入として負担する必要がある。これらの練習費や公演費で、一つの劇団を運営し、そこから指導者への謝金が支払われる。練習費の徴収、稽古場の手配、指導者のサポート、参加者への連絡調整、舞台制作は、劇研NPOのスタッフが担当するので、参加者は費用負担はあるが稽古と上演に集中することができる。補助金だけに頼ると継続的な活動が難しくなるので、基本的に参加費、チケット収入でそれぞれの劇団活動が成り立つようにしている。

劇研のシニア劇団は、ひとつのグループに一人の演劇人が指導者として携わるため、指導者の個性が色濃く反映される。杉山には演劇人に仕事の機会を提供したいという考えもあり、関西圏で活動する小劇場の演出家、劇作家、俳優に声をかけてきた。二〇一九年六月時点の劇団名と指導者プロフィールを以下に示した。指導者の年齢は三十~四十代と参加者よりも若い。

・「星組」「空いろ」:細見佳代　一九七三年生まれ。俳優・演出家。大学非常勤講師。「五〇歳からのハローシアター」主宰。
・「銀宴《ぎんえん》」:田辺剛《つよし》　一九七五年生まれ。劇団「下鴨車窓」主宰。劇作家・演出家。

・「そよ風ペダル」：筒井潤　一九七一年生まれ。演出家・劇作家・俳優。公演芸術集団dracomリーダー。
・「恍惚《うっとり》一座」：山口茜　一九七七年生まれ。劇作家・演出家・俳優。二〇〇〇年トリコ・Aプロデュース設立。
・「WakuWaku」：高杉征司　一九七五年生まれ。俳優。

各劇団の参加者は十数人程度で、指導者によって作品の作り方は異なる。演劇人が指導するシニア劇団の場合、参加者がプロを目指しているわけではないこと、参加者全員を舞台に立たせるために、既存の戯曲ではなく、参加者に合わせて脚本が新たに書かれることが多いという。指導者や劇作家が新たに書き下ろす場合もあれば、参加者と指導者が一緒に脚本を作っていく場合もある。

二〇〇七年からこれまで続けてきて、参加者の変化や観客の反応から、杉山は大きな手応えを感じており、今後も劇団数を増やしたいという。しかし、「シニアの特性を把握し、自分の作品性を強要することなく、演劇作品としてのクオリティを確保できる」という要件に見合う演劇指導者を探すのが容易ではないと嘆いた。その中で、参加者の評判が良く、長続きしているのが、以降紹介する細見の「星組」である。

四　高齢者の身体と記憶に魅せられて

細見は、もともと舞台俳優を目指していた。高校時代は地元・福知山市の市民劇団「わっぱ」に所属、大学進学後も学生演劇サークルではなく、多様な世代の人と活動できる市民劇団に参加している。俳優を目指して卒業とともに上京し、前進座の養成所に入る。しかし、自分が考えていた演劇観とそぐわず、ふと自宅で録画を見た鈴木忠志の『劇的なるものをめぐって』を思い出して利賀《とが》村の劇団SCOT（Suzuki Company of Toga）に連絡をする。偶然にも県立劇団であるSPAC（静岡県舞台芸術センター）創設のタイミングだったため、入団試験を勧め

図①「星組」公演『きらきらひかるこの世の星よ』(2019年/写真提供:細見佳代氏)

られ、結果として三年間専属俳優としてSPACに所属することになった。契約期間が終了し、もう一人気になっていた演出家の太田省吾に学ぶことを考えていたところ、何の巡り合わせか、京都造形芸術大学に太田が教員として着任することが分かった。社会人で大学院に進学し、太田のゼミで指導を受けることができ、その頃から高校生への演劇指導を行うようになった。

修士論文に取り組む中で細見は、高齢者の身体と語りに対する関心に気がついたという。アルバイト先の文房具店では、オーナーのおばあさんに認知症の兆候があった。店を訪れるお客は少なく、細見はおばあさんのおしゃべりにずっとつきあった。しかし話題はいつも同じで、娘に財布を取られたことと、戦地に行った夫が帰ってきたときのことだった。おばあさんは、細見に何度も同じ話をしているのだが、毎回初めて話すかのように新鮮に生き生きと話は繰り返される。細見には、おばあさんの語りは今まで見たどの演劇よりも面白かった、と笑う。なぜその二つのエピソードだけが語るべきものとして選ばれたのかという不思議、そして語り続ける衝動と老婆の体の勢いに、細見は強く惹きつけられたと語る。その後細見は、高齢者福祉施設でのボランティア体験を経て、高齢者から思い出の写真とともに記憶を聞き取り、写真集や演劇作品を作るといった、記憶をテーマにした異世代交流アートプログラム「わたしの道プロジェクト」を実施する。その頃杉山から声がかかり、シニア劇団に携わるようになった。

「星組」〔図①〕は二〇〇七年に創設、二〇一九年時点のメンバーは十三名（うち男性二名）で年齢は五十代から七十代（平均年齢六十七歳、最年少五十九歳、最年長七十四歳）である。[7] そのうち、半数が七年以上「星組」に在籍している。週一回の定期練習は、メンバーの体調を確認するための体操や息を合わせる練習、発声練習から始まる。演技には人前に立ったときにオープンな状態でいられることが大切と、誰が何を言っても受け止めてもらえるという雰囲気をグループ内に醸成することを心がける。

細見の作品作りは、ワークショップによる集団創作的な方法だ。既存の物語（小説・落語・アニメ映画など）を手がかりにしたり、また「何かを手放す」とか「台所の記憶」といったテーマを与え、それぞれ参加メンバーがまず創作をしてみる。自分自身の記憶や体験もあれば、親から聞いた戦争中の記憶など周りの人の話を元にするなど実体験でない場合もある。人生経験を積んだ中高年だけに、与えたテーマに対し、細見が思いもよらないような様々な物語が返ってくる。その短い創作を通して、参加者それぞれの人生観や人間の捉え方が現れる。参加者が作った複数の物語を参加者と繰り返し演じてみながら、細見が全体を構成し一時間程度の作品にまとめ上げていく。最終的には、細見が脚本として書き上げるが、物語もセリフも参加者自身の中から出てきたものが基盤となっている。誰かから与えられ言わされる言葉ではなく、その人の内側から溢れ出る語りを目指して細見が工夫してきた結果だろうか。セリフ忘れのないことや私が感じた参加者の自然な勢いは、この創作プロセスによるのだと思う。

また、個人的な記憶や体験をオープンにして参加者間で共有するには、グループ内の信頼関係、指導者と参加者の間の信頼関係の醸成も重要だ。定期練習の最初に参加者の気分や体調を確認しあうとともに、その時の気持ちをさらけだすようなアクティビティを課しながら、これまでの活動を通じて互いを肯定しあえる関係性を作り上げてきたことが、細見らの舞台からはうかがえるのである。

五　揺らぐアイデンティティと老いの受容

中高年期は、青年期のあとの二度目の自分探しの時期だと言われることがある。定年で仕事から離れ、子どもたちも独り立ちしたのちの人生の時間は、「余生」と呼ぶには長く、現役時代と同等以上の意味を持つようになってきたと言える。父親や母親という家庭内の役割、仕事という社会的役割が相対的に小さくなる時期を、中高年のアイデンティティ「クライシス」と呼ぶこともある。

細見は、「星組」参加者十二名にアンケートを実施し、演劇が彼らにどのような意味を持っているのか、演劇でなければならない理由があるのかを探り、次の二点を見出している(8)。中高年にとってアマチュアの演劇活動は、ひとつは確立された自己像からの脱却と再構築というチャレンジを意味するということ、もうひとつは、人生の残り時間から遡って敢えて選択された切実さがあることである。長らく高校生や大学生とも演劇ワークショップをしてきた経験から、中高年との違いを細見はこう語る。自己像が未だ曖昧な若者の場合、ペアでお互いに関わる即興のエチュードに取り組ませると恥ずかしがってしまい、ワークショップが先に進まないことがままある。それに対し中高年の場合を次のように指摘する(9)。

自己像はこれまでの人生を踏まえて確立されており、ある種の自信も備えており、「こういう私」を他人に見せることに慣れている。逆に言えば、今までとは違う新しい「私」に変身したいと思っていても、「私」の仮面がしっかり素顔として定着してしまっている。そしてその身体にも長年培ってきた生活習慣、文化的背景などが色濃く反映されており、そこから大きく変化するのは若者よりずっと難しい。

中高年にとって「演技すること」が、これまで生きた「私」から自由になるプロセスとなりうるか、そして新しい「私」を発見するという冒険となりうるか。中高年になってから始める演劇はこの点において挑戦的であり、その冒険を追求しえた舞台にこそ、中高年のアマチュア演劇の面白さが生まれるのではないだろうか。人生の残り時間に、敢えて演劇活動に取り組む高齢者には、身体を使うがゆえに、元気なうちの「今」やっておかなければ、という切実さがある。高齢者劇団に参加するシニアは、これからプロの俳優になろうとか、スターになりたいと夢見ているわけではない。「姿が見えつつある「死」から照射される生を探求する営みとしての演劇」が、中高年にとっての演劇なのだと細見は言う。各地に広がるシニア演劇の活動全てが必ずしも、これら「これまでの私から自由になるための」「死から照射される切実な生の探求としての」演劇活動、という二つの要素を追求する営みとして実践されているわけではないだろう。しかし、この二つの要素が真摯に探求されるとき、高齢者の演劇活動は老いの「空白」を豊かにする試みとなるはずだ。そのような探求を可能にする演劇づくりのプロセスや方法が、超高齢社会のシニア演劇に求められている。

六　高齢者介護と演劇は相性がいい——老いと演劇 OiBokkeShi の実践

細見のシニア演劇が、中高年の確立した自己を揺さぶるプロセスを特徴とすれば、菅原直樹は高齢者の身体

的・認知的な衰えそのものを演劇に取り込むことで「老い」「ボケ」「死」にポジティブな視点を与えようとする。(10)

介護福祉士の資格とキャリアを持ち、また俳優・演出家でもある菅原(一九八三年生まれ)は、二〇一四年に「老いと演劇プロジェクト」を立ち上げ、今や演劇と高齢者介護を架橋する演劇人として引っ張りだこだ。菅原は、そもそも人とのコミュニケーションが得意ではなかったというが、そんな人でも演劇には出番があると高校時代の経験を通じて気づき、桜美林大学に進み映画や演劇を学んだ。卒業後は、フリーランスの俳優として、小劇場を中心に若手劇作家・演出家の作品に出演、二〇一〇年四月からは平田オリザが主宰する劇団「青年団」にも所属している。結婚し子どもが生まれたことをきっかけに、演劇以外のスキルを身につけようと、俳優業の傍らホームヘルパー二級の資格を取得し、特別養護老人ホームの介護職員としても働いた。高齢者介護への関心は、介護職ならばどこでも仕事があるという実際的な面だけではなく、認知症が進行する祖母との暮らしが影響を与えたと振り返る。祖母の不可思議な言動をどう受け止めれば良いのかという戸惑いとともに、認知症が謎として心に引っかかっていたという。特別養護老人ホームで働く中で、認知症の高齢者と関わりあうには、演技が役に立つと気づく。また、老人ホームで接する高齢者の姿を見て、個性が「煮詰まった」様子やそれぞれの人生をまとった雰囲気に、「すごい俳優ばかり」で見ているだけで面白いという驚きと感銘があったと話す。

菅原は、東日本大震災・福島原発事故から一年後の二〇一二年、妻子とともに縁もゆかりもない人口一万五千人の岡山県和気《わけ》町に移住する。いったん演劇活動は休止し、和気町の特別養護老人ホームに勤め始め、介護と演劇の相性の良さを改めて確信する。そこで二〇一四年六月に「老いと演劇 OiBokkeShi(おいぼっけし)」として、演劇体験を通じて認知症の人とのコミュニケーションを考えるワークショップを開催した。菅原には、「老い」をテーマにした演劇作品を作りたいという考えがあったが、いきなり演劇ワークショップと銘打っても参加者は集まらないだろうと、まずは「介護」を入り口に多様な人に参加してもらい、そこから演劇に関心を持ってもらえれば良いと始めたのだった。和気町の住民の協力を得て、事前に何度かシミュレーションをしてワークショップの内容を組み立てたという。ワークショップは、実施前から反響を呼んだ。特に読売新聞の記者が強い関心を持ち、自ら朝日新聞、山陽新聞など他紙の記者に声をかけ、記者会見さながらに菅原の趣旨説明が行われた。こうした地元メディアの反応に菅原自身も驚くとともに、「演劇と介護」に大きな手応えを感じることになった。岡山市を除く岡山県内全ての自治体で、高齢化率は全国平均を上回り、和気町では四〇%を超えている。高齢化の進展は都市部より早く、認知症は非常に身近なテーマであり、また地方都市のコミュニティの小ささと親密さが、菅原の取り組みに対する関心を急速に集めた。

「ボケは正さず演じ受け止め」という『朝日新聞』に出た紹介記事[11]を見て、ワークショップ当日一番乗りで来場した「おかじい」こと岡田忠雄との出会いが、現在まで続く二人三脚の始まりだった。一九二六年生まれの岡田は、このとき八十八歳である。菅原は、二〇一五年三月には和気町の老人ホームを退職、岡山県北部の奈義《なぎ》町に拠点を移し「老人介護の現場に演劇の知恵を、演劇の現場に老人介護の深みを」という理念のもと[12]、「老いと演劇」を考える講演とワークショップ、そして演劇作品の創作と上演という二つの柱で活躍している。

七　劇団 OiBokkeShi の看板俳優「おかじい」

劇団 OiBokkeShi は、二〇一五年以降「おかじい」が主役を務める六作品を上演している。岡山市在住の岡田は若い頃から演劇に興味があり、ホテルマンの仕事を定年退職した後は、地元で行われる映画撮影のエキストラ募集を見つけては参加していた。一方で、菅原のワークショップに参加した二〇一四年当時、同い年で認知症の妻（要介護五）を既に十年近く在宅介護していた。つまり、菅原が提唱する「演劇」と「介護」は、岡田にとって最大の関心事だったのだ。認知症の妻を介護する芝居好きの八十八歳と、介護福祉士で俳優・演出家の三十一歳との出会いが、おかじいに『俳優』という役割を、菅原に「監督」という役割を与えることになる。

おかじい出演、菅原作・演出のこれまでの作品は以下のとおりである。(13)

(1)『よみちにひはくれない』(二〇一五年一月上演):実際の和気町駅前商店街で、俳優と観客が一緒に歩いて、認知症の高齢者を探す回遊型の上演で、菅原は「認知症徘徊演劇」と名付けている。その後二〇一九年十一月に、同じ和気町商店街で再演された。

(2)『老人ハイスクール』(二〇一五年十一月上演):旧内山下小学校(岡山市)、和気閑谷高等学校(和気町)を会場に、廃校になった小学校を介護施設としてリニューアルしたという設定で、観客は校舎や校庭を移動しながら観劇する。

(3)『BPSD:ぼくのパパはサムライだから』(二〇一六年十一月上演):旧内山下小学校で上演された。ヤクザの長男が寝たきりの父を介護しているという凄惨な在宅介護の現場に、派手なドレスのヘルパーが登場する。介護イメージの転換を狙った舞台である。

(4)『カメラマンの変態』(二〇一七年十二月蔭凉寺(岡山市)、二〇一八年一月特別養護老人ホーム蛍流荘(美作市)上演):売れっ子カメラマンだった男は、脳梗塞で体が不自由になり、今は老人ホームで車椅子生活をしている。そこへかつてのモデル女優が訪ねてきて、老人は立ち上がり再び写真を撮ろうとする。老人ホームでの上演には、高齢者福祉に携わる人の観劇が多かった。

(5)『ポータブルトイレットシアター』(二〇一八年三月初演):まさにポータブル・トイレのように、持ち運び可能な作品として作られた。岡山で活動する文化団体の合同企画「ニシガワ図鑑」の一つとして西川アイプラザ(岡山市立図書館複合施設内小ホール)で上演され、その後九十二歳になった岡田とともに、熊本、高

図②「おかじい」こと岡田忠雄（右）と菅原直樹。『ポータブルトイレットシアター』公演写真（2018年／撮影：南方幹氏、提供：菅原直樹氏）

知、東京と巡回し、二〇二〇年二月には横浜での上演も果たした。内容は、認知症の妻を介護するおかじいの日常から派生した物語である［図②］。

(6)『認知の巨匠』（二〇一九年十一月上演）：和気町駅前の多目的スペースENTER WAKE三階で上演された。老人の家に「映画を撮る」ために集まった人たちだが、老人とのやりとりは本当に映画撮影なのか、それとも老人の介護なのか、その境界が曖昧となるような物語を、ワークインプログレスとして上演した。

以上の作品で岡田以外の出演者は、岡山や地元で活躍する演劇関係者や、劇団「青年団」に所属するなど演劇経験を積んだ俳優が中心だ。『ポータブルトイレットシアター』では、菅原自身も介護士役で登場する。『よみちにひはくれない』や『認知の巨匠』のように作品によっては、年配の役者が参加することもある。八十八歳から舞台に立つこととなった岡田の身体能力に合わせて、菅原は作品ごとに様々な方法を試している。高齢者介護に関する作品内容に、菅原のこれまでの介護福祉士としての実感や経験が生かされているのはもちろんだが、『よみちにひはくれない』や『ポータブルトイレットシアター』は、認知症の妻を介護する岡田自身の日常を題材とし、常日頃、岡田が繰り返し語る言葉がセリフに使われている。菅原や他の役者が話題を振れば、おかじいはいつも同じ話で応答するため、セリフ覚えの負担が少なくて済む。そもそもおかじいは、大変なおしゃべり好きで、菅原は「驚くべきコミュニケーション能力の持ち主」と評する。この年齢の男性にしては（日本では）珍しく、誰とでもすぐ話ができ、どこへ行ってもすぐに友達を作ってしまうという。現役時代が接客業であったことも影響しているのだろう。

そんな話好きのおかじいは、話しだすと止まらない。そこで菅原は『カメラマンの変態』では、脳梗塞の後遺症で言葉が出ない老人役をおかじいにあてた。セリフ覚えも必要ないし、何よりお年寄りには佇まいだけで観客に説得力をもたらす存在感がある。セリフなしで、おかじいが舞台にいるだけで、人生の物語を現すような舞台を作るというコンセプトだった。ところが、おかじいにとって発話のない役はセリフに頼らず段取りを覚えねばならず、また発話しないことや脳梗塞の後遺症で役柄上「右半身麻痺」といった身体的コントロールに苦労したようだった。菅原もそのことにいささか懲りたようで、その次の作品『ポータブルトイレットシアター』では、大体の構成や流れは決まっているものの、おかじいの普段のおしゃべりをうまく生かす作品作りとなった。

おかじいのおしゃべりは、細見が演劇的であまりにも面白かったと語る、毎回飽きることなく繰り返されるおばあさんの語りを想起させる。菅原は、話しだすと止まらないおかじいをそのまま舞台に上げる。細見が関心を寄せる、高齢者特有の語りへの衝動とその身体が舞台化されていると言える。しかし、ここではおかじいは、おかじいという染み込んだ個性のまま舞台に立っており、そこには、細見のシニア演劇メンバーが経験しているアイデンティティを一旦白紙にして、別の誰かを演じる、というプロセスは生じてはいないのかもしれない。おかじいがおかじいのまま舞台にあることで、フィクションと現実が入り混じる面白さが OiBokkeShi の作品の魅力だと言えるだろう。

「老いと演劇プロジェクト」は、活動当初から地元の岡山県内では新聞報道のほかテレビでも頻繁に取り上げられてきた。(14)認知症や高齢者介護という切羽詰まった身近なテーマと「演劇」という意外な組み合わせ、岡山県の小さな町でのプロジェクトであること、認知症の妻を介護する「おじいさん」が現代演劇の主演を務めていることなど、多くの話題性があったことは確かだ。そしてこうした反響の大きさは、未曾有の超高齢社会を迎える中、「老い」に対して高齢者当事者だけではなく、多くの世代が漠然とした不安を持っていることを証左するものではないだろうか。おかじいは、二〇一八年七月に脳梗塞で一カ月ほど入院したが、十月には高知県立美術館で上演された『ポータブルトイレットシアター』に参加している。その後も、体調を壊しての緊急入院などを経て、二〇一九年秋には要支援から要介護となり訪問介護のサービスを受けているというが、「人生は舞台そのもの」と演劇が生きるエネルギーとなっている。「最期は棺桶に入る役ができる」という岡田、その岡田との演劇活動を菅原は「狂気の旅」と呼ぶ。二人の二人三脚は、衰えていく身体や能力によって可能になる表現を追求することで、私たちに「老い」へのオルタナティブな向き合い方を提示している。

八　アマチュアの高齢者たちと作る『老人ハイスクールＤＸ』

また菅原直樹は、三重県で介護や老いを考える「介護を楽しむ・明るく老いるアートプロジェクト」に取り組んでいる。(15)これは高齢者福祉の担当部署ではなく、三重県文化会館の事業として二〇一七年に始まった。自治体の文化振興を担う公立ホールが、演劇による社会的包摂を意図して発案、高齢者福祉や医療部門と積極的に連携しながら進めている。プロジェクトの一環として、アマチュアの高齢者による舞台作品『老人ハイスクール』

（二〇一八年）、『老人ハイスクールDX（デラックス）』（二〇一九年）が菅原の作・演出で上演された。

プロジェクトは、「介護を楽しむ」をテーマとして介護に演技の手法を取りいれたワークショップの実施と、県内公募メンバー「老いのプレーパーク」による「明るく老いる」未来を探るための演劇上演、という二本立てである。プロジェクトを通じて、介護は憂鬱で老いは暗いもの、というイメージを覆すことが目指されている。「介護を楽しむ」では、菅原がこれまで各地で実践してきた演劇ワークショップを「介護に寄り添う演技」体験講座として、病院、特別養護老人ホーム、市役所などで看護師、介護士、ケアマネージャーなど直接高齢者福祉に携わる専門家や、身近な高齢者を介護する地域住民を対象とするほか、中学校や高等学校などで、三年間二十六カ所で開催され、のべ七百人弱が参加した。

ワークショップの内容は、「遊び」を通じたリハビリの技法、認知症の人の気持ちを体験するワークショップ（認知症の人の立場になってみるロールプレイ）、認知症の人の言動を演技で受け止めるというものである。この三つの内容は、菅原による「老いと演劇」ワークショップの定番で、私自身も奈義町に菅原を訪問し、教員三名、学生六名で参加体験したことがある。認知症への関心や介護経験がなくても参加でき、気づきが得られる敷居の低い工夫されたワークショップだ。三重県文化会館の報告書には、ワークショップ参加者の感想が掲載されている。介護福祉士を目指す学生は、認知症の人が安心するような声かけをすることは、嘘をついて認知症の人を騙しているのではと罪悪感を覚えていたが、ワークショップを通じて、認知症の人と一緒に「演技」をしながら演劇をしてその人の物語を作り上げていると考えれば、明るい気持ちで介護ができると書いている。介護する側とされる側という立場をいったん脇に置いて、いまここに共にいる時間を一緒に楽しむことで、認知症介護の視点は変わるということを実感させるワークショップである。

もう一つの柱である演劇上演へ向けた活動は、一年目は「老いのリハーサル」をテーマに、演劇を通して老いた自分の予行練習をし、不安を解消したり、老いに前向きになることを目指すワークショップが行われた。具体的には「老い」の短所と長所を考え、そこから明るく老いるためのイベントや商品を提案、それを三十秒コマーシャルにして演劇で表現する、という内容だった。二年目からは、二〇一八年の公募で集まった老いや介護に関心のある三重県内の十九～九十歳（当時）により結成されたグループ「老いのプレーパーク」（略称：老いプレ）による作品上演が行われた。メンバーは、定年退職したシニア、理学療法士、介護中の主婦、親子などで六十代以上が大半を占めた。菅原が二〇一五年に上演した『老人ハイスクール』をベースに、参加者がアドリブで演じる試みなどを経て再構成し、『老いたら遊ぼう！「老人ハイスクール」』として三重県文化会館小ホールで上演された。

図③　『老人ハイスクール DX』公演写真（2019 年／撮影：松原豊氏、提供：三重県文化会館）

三年目の二〇一九年は、一部新たなメンバーに入れ替わり、新たなシーンも加えるなどして九月に『老人ハイスクールDX』として上演された〔図③〕。作品は二部に分かれており、前半の一限目は、「人生はごっこ遊び！：恋に非行に、個性豊かなおいびと達の青春群像劇」、後半の二限目は「夕暮れのロックンロール：破天荒な親子の看取りを描いたドラマ」というテーマで、上演時間合計一時間半、十八人が舞台に立った。

一限目は、少子化で廃校になった高校を再利用した老人ホームが舞台で、入居者のお年寄りは、それぞれの配役を決めて介護職員も一緒に「ごっこ遊び」をしているという設定の「劇中劇」である。入居者の中には認知症が進んで、今も自分を現役の教員と思っている人や、クラスメートの女子に恋をしては振られることを毎日新鮮に繰り返す男子生徒などがいる。人は「役割」があることで、認知症があっても生き生きとその時間を楽しむことができる、という菅原の経験を通した実感が反映されている。

二限目は、同じ老人ホームの別の一室が舞台となっており、看取りの段階に入った高齢男性がベッドで寝ている。長く引きこもっていた息子が父の看取りを契機に、一度諦めたバンドを再開しようとしている。引きこもりになったのは、バンド活動に反対した父が原因ではないことを父の最期に伝えたかったのだ。ホームの一室に集まった入居者や介護士を前に、息子とバンドメンバーが父の好きだった歌「高校三年生」を歌い出すと、父がベッドから立ち上がったというストーリーだ。

舞台に立った十八名の内訳は、四十代、八十代、九十代が一人ずつ、あとは六十代、七十代が占める。全員三重県内居住者で、事業団のチラシやネットなどの広報を見て集まった。地元で演劇や音楽活動に携わっている人もいれば、親やパートナーを介護中の人、看護師や介護を職業としている人もおり、「老い」と「演劇」の双方から参加者が集っている。親子での参加も二組あり、そのうちの一人には認知症があるという(16)。最高齢九十二歳の男性は、足が弱っているため車椅子を利用することもあり、二限目の余命いくばくもない「父」をベッドに横たわって演じた。認知症の参加者は、二限目の老人ホームの入居者の一人として、介護士役に付き添われて登場するなど、老いの様々な段階にある人たちがそれぞれ何らかの役割を担って一つの舞台に立っていたのである。

私は九月二十九日に観劇したが、会場の小ホールは立ち見も出る盛況ぶりだった。菅原は、「超高齢社会の新しい演劇」を「セリフが覚えられなくても、立てなくなっても、全然大丈夫な演劇」と形容する。老いて体が弱っても、認知症になっても、コミュニティの中に居場所があるということを、舞台そのものが体現しようとしている。菅原が、俳優そして介護福祉士として演劇と高齢者介護の領域を往還しながら発見した、「演技と介護」「老いと演劇」の相性の良さが、前例のない超高齢社会を進んでいく私たちにとって一筋の曙光となることを期待したい。

九　豊かな老いの時間と高齢者演劇

細見佳代と菅原直樹の実践は、近代的規範を脱臼させる演劇の模索と見ることができるだろう。確立された「私」を揺るがし、新しい「私」を再構築するプロセスを有する細見の実践、さらに歳を重ね、覚えられない、思い通りに動けない身体と心を抱擁する舞台を目指す菅原の実践。その舞台に立つ高齢者たちが新たな演劇表現を生みだし、同時に、長期化する老年期を私たちが安心して衰えることができる希望を示してくれる。

二人の演劇人の実践から、アマチュアの高齢者による演劇表現の質は、「高齢者」の特性をどのように捉えているか、その特質をどのように舞台に乗せようとしたかということと深く関わっていることが分かる。舞台上の高齢者に、長年の人生経験から滲み出る魅力や存在感があることは確かだろう。しかし、そこに依存するだけではなく、長年染み付いた個性や身体的特性からの跳躍という挑戦が求められてこそ、アマチュアの高齢者ならではの見る人の心を動かす舞台となるのではないか。また思うままにならない、今日より明日が良くなっているとは限らない老いの姿を、どのように作品創造のプロセスや舞台作品そのものに反映することができるのか、そこにこそ演劇の専門家が高齢者演劇に携わる意味と可能性があると考える。

そのような高齢者演劇の活動を継続していくためには、練習や上演が行われる地域コミュニティにおける多様な連携が必要だ。参加者の身体的特性や変化に配慮し、例えば介護や医療など高齢者福祉の専門的サポートを柔軟に得られるような連携があれば、より多様な高齢者に創造の機会を開くことができる。また、若い世代の演劇活動者との協働ができれば、相互の刺激となって地域コミュニティにおける演劇文化の幅が広がるだけでなく、高齢者イメージの転換にもつながるだろう。さいたまゴールドシアターが、同じく蜷川幸雄が彩の国さいたま芸術劇場で指導した若い世代の俳優グループ「ネクストシアター」との共同によって、稽古や上演をしていたように、シニア演劇の活動を多世代で共有する仕掛けがあっても良い。そして、三重県の事例のようにシニア演劇の活動に、自治体や公立文化施設が、福祉、舞台芸術、地域づくり、メディアなど地域の多様なアクターとシニア演劇の活動を結びつけるプラットフォームのような役割を持つことができれば、アマチュアの高齢者による演劇表現の追求は、超高齢社会における老いを、空白としてではなく多様な豊かさに満ちた時間として生きられるものへと変容させるに違いない。

（1）鷲田清一『老いの空白』弘文堂、二〇〇三年。
（2）園部友里恵「高齢者の演劇活動の展開——活動のねらいに着目した新聞記事の分析から」『演劇学論集』日本演劇学会紀要第六〇号、二〇一五年、四七—六七頁。
（3）シニア演劇web（http://s-geki.net/html/gekidan_index.html）には、サイトを運営する朝日恵子が訪問したシニア演劇の劇団や活動のリストが掲載されている。また、梶谷智『地域社会におけるシニア演劇の可能性——箕面市の劇団「すずしろ」を事例に』（静岡文化芸術大学修士論文、二〇一五年）は、全国六十三のシニア演劇活動をリスト化している。
（4）五島朋子「日本における「シニア演劇」の現状と展望——演劇の専門家が主導する高齢者演劇を事例として」『地域学論集』第一七巻第二号、二〇二〇年。
（5）前出、園部、六一頁や、朝日恵子「シニア演劇、その後」『上方芸能（特集：演劇のゆくえ　関西の課題）』第一九五号、二〇一五年、一九—二三頁など。

（6）インタビューを杉山準（二〇一八年十二月十四日）、細見佳代（二〇一九年八月二日）に行ったほか、細見の構成・演出による星組公演『きらきらひかるこの世の星よ』（二〇一九年四月）、そら色公演『だいどころ二〇一九』（二〇一九年十月）を観劇した。

（7）細見佳代「実践報告「私」を求めて――シニア劇団星組の稽古場から」『アートミーツケア』第一〇号、二〇一九年、五三―六八頁。

（8）前出、細見。

（9）前出、細見。

（10）本節の記述は、二〇一八年五月三十一日に行った菅原直樹へのインタビュー、二〇一九年十月三十一日に鳥取大学で開催した「高齢者による舞台芸術の可能性を探る」講座のための研究会（菅原、細見、五島のほかフリーランス演劇制作者・斎藤啓、鳥取大学准教授・竹内潔〔文化政策〕、スコットランドで中高年の演劇活動 The Flames を率いる演出家 Fiona Millar が参加）での議論、および『カメラマンの変態』（二〇一七年十二月、二〇一八年一月）、『ポータブルトイレットシアター』（二〇一八年三月）、『よみちにひはくれない』（二〇一九年二月）、『認知の巨匠』（二〇一九年十一月）観劇に基づく。

（11）『朝日新聞』二〇一四年五月三十一日朝刊・岡山全県版。

（12）OiBokkeShi 公式サイト http://oibokkeshi.net/profile

（13）二〇二〇年十月末現在、次の新しい作品『ハッピーソング』の上演（会場は奈義町文化センター）が十一月末に予定されている。

（14）活動開始から間もなく、二〇一五年には、地元テレビ局によるドキュメンタリー番組『よみちにひはくれない　若き〝俳優介護士〟の挑戦』（ＯＨＫ岡山放送）が制作され、第二十四回ＦＮＳドキュメンタリー大賞優秀賞を受賞している。

（15）三重県文化会館『OiBokkeShi × 三重県文化会館　介護を楽しむ　明るく老いる　アートプロジェクト　二〇一七―二〇一九のあゆみ』公益財団法人三重県文化振興事業団、二〇二〇年。

（16）参加者のプロフィール、年齢などについては、事業を担当された三重県文化会館事業課演劇事業係・堤佳奈氏より教示を受けた（二〇二〇年九月二日）。

第10章

「弱さ」とともにある表現

紙芝居劇団「むすび」

中川　真

一　釜ヶ崎と「むすび」

「むすび」は大阪市西成区の通称・釜ヶ崎を拠点とする紙芝居劇団だ。アマチュア劇団だが、「プロ／アマチュア」という対比のなかではどうも捉えきれそうにない。比較不可能ともいえる唯一無二の表現形態をもつ劇団であり、そのメンバーにはアマチュア劇団の人々が通例もつような情熱や献身性はない。極論すれば、集まる理由は紙芝居でなくてもいい人たちなのだ。だからといって紙芝居に対していい加減な取り組みをしているわけではない。稀有な紙芝居を演じるチームとして頻繁にメディアに取り上げられ、一部に熱狂的なファンがいるほどだ。そのあり方が実に不思議で不可解なところがある。それをなんとか解きほぐして説明したいというのが本章の執筆動機だ。

釜ヶ崎に行くには大阪のＪＲ環状線「新今宮」駅か地下鉄御堂筋線の「動物園前」駅で降りる。駅前の太子交差点から東方の坂の上に、日本で最も高層のハルカスビルが聳え立っている。釜ヶ崎はそのビルからほんの十分ほどのところにある。駅前のバックパッカー向けのホテル群を離れて少し南へ歩くと、視界には中高年以上の男性が目立つようになる。そう、ここは男性比率が八三％で一世帯の構成は一・一三人、つまり大半が単身の男性が住む街なのだ。派手なスーパーの角を西に折れて一両電車が走る阪堺線のガードをくぐれば雑然とした街並みが現れ、自転車、コインロッカー、安価な宿泊施設、一杯呑み屋などがひしめき、中心部に要塞のような西成警察署が鎮座している。さらに南には住民が常在する三角公園があり、今どき珍しい街頭テレビが設置されている。盆や正月には小さなステージで祝祭芸が繰り広げられる。コップ酒を持っている人が多く、粘りつくような視線を感じるときもあって、この公園に平然と足を踏み入れるようになるには少し時間がかかる。

釜ヶ崎の始まりは一八九一年（明治二十四）に、現在地より北にあった（日本橋近く）九千人以上の人々の住む長町《ながまち》の長屋（木賃宿）群が解体され、多くが周辺地域に移り住んでスラムを形成した時点まで遡る。(1) 木賃宿を市内で営むことが廃止されたため、新たなスラムが市外へと延び、その一つに釜ヶ崎が選ばれた。第五回内国勧業博覧会が一九〇三年（明治三十六）に開催されたのち、日本橋筋の市電敷設用の道路拡幅工事によって多くの人々が追い出され、また一九〇六年（明治三十九）からの難波署による「貧民窟の掃討」の圧力がかかるなどして、釜ヶ崎への人口集中に拍車がかかった。

釜ヶ崎という地名は一九二二年の新町名制定で消え、一九二五年に大阪市西成区に編入されたが、通称の「釜ヶ崎」は引き継がれる。日雇いなどで働く人々が全国から集まり、大きな「ドヤ街」として釜ヶ崎の人口は密集していった。低賃金や不当な扱いなどをめぐって一九六〇年代から暴動が発生し、府市・警察を通じての特別施策が一九七〇年代から始動した。対象地である〇・六二平方kmの範囲を行政的には「あいりん地域」と呼ぶが、その名称を使うのはマスメディアだけだ。したがって、本章でも釜ヶ崎と呼ぶことにする。戦後日本の右肩上がりの経済活動をここの人たちの肉体労働が支えてきたといえる。

しかしその後の経済の低迷、特に一九九〇年後のバブル崩壊以降の求人数減少のあおりで釜ヶ崎からは活力が失われ、収入が激減した中高年齢層の働き手たちは住む場所を失って、大量に路上へと押し出されていった。全国的に失業率が高まり、釜ヶ崎経由の仕事斡旋量は十分でないのに、釜ヶ崎以外の地で仕事を失った人が身過ぎ世過ぎを求めて釜ヶ崎に来るものの、当てが外れ、野宿に至ることも多発した。(2)

一九九八年に大阪市内で目視された釜ヶ崎系の野宿者は約八千六百人、現在では行政や支援団体などの介入によって約五百人にまで減少しており、シェルターなどの稼働で実際に野宿しているのは百人を切っている。連動して生活保護の受給者が急速に増えていった。もちろん依然として日雇い労働者も少なくないが、現在は仕事を得るためのルートが多様化しており、「寄せ場」としての釜ヶ崎の姿は背景に退き、前景には福祉の街としての姿をくっきりと表しつつある。「ドヤ」と呼ばれた簡易宿泊所のニーズが下がるにつれ、ホテルや福祉マンションなどへの転換が一気に進んだ。いまや釜ヶ崎は単身高齢者を対象とする全国屈指の福祉の先進地域ともいえる。かつて釜ヶ崎は「怖くて危なく、近寄ってはいけない場所」というのが大阪周辺の通り相場であったが、もはやこのイメージすら薄れてきている。

いま、高校生や大学生が見学・研修で釜ヶ崎を訪れた際の印象は「意外と静かで、綺麗な街」というものだ。「ドヤ」はバックパッカーのためのホテルへと多く衣替えし、海外からの資本も流入して、ある種の活気が生まれつつあるが、彼／彼女たちは、路上でひっそりとアルコールを嗜む人、ポツンと公園に佇んでいる人の姿を見逃さない。それら高齢者は単身であるゆえに孤立していることが多い。路上生活から脱したものの彼らの間に横のつながりは薄く、最悪の場合、孤独死という結末を招く。また結核の罹患率が飛び抜けて高い。おそらく釜ヶ崎の住人の平均寿命は相当低いと推定される。一見穏やかな街の風景で、さまざまなセーフィティネットが張り巡らされてはいるものの、釜ヶ崎は底無し沼のような不気味さをたたえている。

「むすび」はこういう空間を生息地としている。男性ばかり八人のメンバーで二〇〇五年にスタートしたが、現在では女性メンバーもおり、多くが生活保護を受けながら福祉系のマンションに暮らしている。二〇二一年十二月の時点で平均年齢は七十二歳、最高齢は九十二歳だ。

「むすび」の発祥は、野宿から畳に上がった生活保護受給者の生きがいサポートをするＮＰＯが二〇〇四年に始めた紙芝居活動「ごえん」に遡る。紙芝居に歌が入り、演者が面をつけ、小道具が飛び出すユニークな上演スタイルはこの頃に生まれ、パフォーマンスは評判になった。しかしこの支援ＮＰＯは突然消滅してしまう。困ったメンバーが別のＮＰＯ「ココルーム」の代表である上田假奈代《かなよ》に相談したことがきっかけで、活動が継続される。二〇〇五年に「むすび」と改称し、支援マネジャー（石橋友美）がつき、助成金を活用したり支援者を募ったりながら、やがてココルームから自立する。ちなみに二〇一九年度の公演は十四回。一ヶ月に平均一回強で、収益は「むすび」の運営と福利厚生（誕生会や季節の行事、遠足など）のために使われ、個々のメンバーに分配されることはない。

レパートリーは十二作あり、そのうち四作が「ももたろう」などの原作もの、それ以外の八作はオリジナルだ。紙芝居といえば、芝居師が声を使い分けながら絵を順番に繰って物語を進めてゆくが、「むすび」は違う。紙芝居は拍子木が打たれて朗々たる口上で始まる。中央に絵をめくる人がおり、その両脇にメンバーが椅子に座って台本を手にしている。奇妙な飾りや被り物をつけている人もいる。物語はメンバーが台本を読んでいくことによって進行する。登場人物ごとに語りがメンバーに振り分けられている。だが台本通りにはなかなかいかない。言い間違い、セリフを飛ばすなどの事故が頻発し、そのたびに客席で笑いが弾ける。椅子から立ち上がり演技やダンスをする。少女やうら若き女性から鬼にいたるまで登場人物を変幻自在に演じる。あるファンが「立体紙芝居」といったが、まさにその通りだ。熱演すればするほどおかしみが増してゆく。台詞や所作の失敗を客がこんなに大っぴらに笑っていい芝居は、コミュニティに根ざす「村芝居」の雰囲気だ。むしろその脱線の瞬間を待っているといってもよい。あまりにも緩い演劇。そこにあるのはメンバーの日常と地続きの時空間だ。彼らは何を見せているのだろう。日常の姿？　作品？

劇団の居心地は良い。この緩さは実は釜ヶ崎の冷え冷えとした過酷な現実、問題群の裏返しともいえる。週に一回集まるが、大半はおしゃべりと食事に費やされる。毎回やって来るメンバー、たまにしか来ないメンバーなど様々だが出席義務はなく、自由意志に任される。場合によっては公演日に現れないこともある。コンプライアンスとかガバナンスなどという観点からするとイレギュラーな組織だが、釜ヶ崎に住む人は過度な干渉や管理を嫌う。集団活動に関する厳密なルールがあれば鬱陶しくて足が遠のくのであろう。日雇いや賭け事などの経験の多さから「その日暮らし」的な感覚が身についている。つまりコツコツと地道に何かを蓄積してゆくことが苦手な人たち。悪くいえば一攫千金、宵越しの金は持たない主義、刹那的。良くいえば天衣無縫、臨機応変、天才的。台本を緻密に読んで練習を積み上げるというスタイルはなじまない。演者がドタキャンすれば、その場で聴衆に突然入ってもらって公演を成り立たせる。

「むすび」は釜ヶ崎という文脈に依存し、だからこそ輝きを放っているともいえる。その特色や存在理由は何であろうか。まさに本章における核心的問いであるが、まずははじめに「むすび」がどのように論じられてきたのかを垣間見ておこう。

二　論じられる「むすび」

「むすび」に関する雑誌などでの報告記事、インタビュー記事、大学のゼミなどの訪問後の感想文、個人的に訪問した際のお礼の手紙などが、「むすび」事務所で数百件保存されている。公刊されたものでは「むすび」自身が編纂した『紙芝居劇むすびの10年史』（二〇一五）が小史とともにいくつか重要なエッセイを載せている。また『むすび新聞』を二〇〇七年より発行しており、二〇二一年十二月号までで計八十六号を数える。「むすび」メンバーによる自分語りのメディアだ。ほかに神田誠司の単行本『釜ヶ崎有情』は二〇頁を割いて「むすび」に触れている。

学術論文あるいはそれに近いもの（卒業論文を含めて）は意外と少なく三件しかない（能川《のがわ》泰治、伊藤紀恵、中川真）。ここではその三件の論じ方を概観したいと思う。

能川は戦後の釜ヶ崎の変転、特に一九九〇年代後半のバブル崩壊後の経済破綻、リストラ、高齢化といった問題群に取り組む地域再生運動の中から生まれてきた部分に焦点をあてる。

能川は「生存の歴史学」を組み立てようとするなかで、日雇い労働者として釜ヶ崎に漂着した人々が獲得していった心性に二つの特徴を見出す。すなわち「自己否定」と「他者との関係を構築することへの否定的感情」（能川：二二頁）だ。この二つの感情が彼らの社会的孤立、孤独化を胚胎させる。

九〇年代後半に一気に野宿者が増加し、その対策が地域や行政の喫緊の課題となった。対策の一つに一九九九年に発足した「釜ヶ崎のまち再生フォーラム」の取り組みがある。その特筆すべき活動は、稼働率の低下した簡易宿泊所をサポーティブハウスに転用し、野宿者の生活再建を居住と各種ケアによって支援したことと、地域住民の自治と社会再参加の実現を重視したことだ（能川：二〇頁）。そこでのボランティア養成講座のなかから結成されたNPO「かまなび」が紙芝居グループ「ごえん」を発生させ、のちの「むすび」の土台を築く。

能川は「むすび」の活動とメンバーのなかに「自己否定」と「他者との関係を構築することへの否定的感情」の克服をみる。

紙芝居劇に参加するきっかけについて「部屋に閉じこもっていてもやることがない」「ここに来れば誰かおる」などの声を、必ずといっていいほど聞かされた。「おっちゃん」たちは孤独感を紛らわせるために集まっていたのである。そして、紙芝居劇を担うことによって、「おっちゃん」たちは孤独感解消以上の収穫を得ることとなった。それは、観客に喜ばれて拍手をもらうことへの喜びと、そのような手応えを得るからこそ、紙芝居を続けようとする意欲、すなわち生きがいである。さらに生きがいを得たことは、それを少しでも長く享受するためにも、ささやかな自己変革に努めようとする姿勢を促した。（能川：二二一―二二三頁）

「ごえん」が「むすび」になる際に相談を受けたココルームの上田假奈代は、紙芝居活動がメンバーの経済的自立を促すことができないだろうかと考えた。

〔メンバーは〕慰問公演をかさね、この紙芝居によって「収入を得たい」と考えるようになったと聞いたのが昨年末。わたしはこの機を待っていた。直感でこの紙芝居をおじさんたち自らのビジネスモデルになればいいと思っていたから（上田二〇〇五：facebook）(3)

紙芝居が収益事業をおこなうことは、生活保護者が自分の技量によって収入を得ることになり、時宜にかなった判断といえるだろう。そして高齢者のビジネスモデルを視野に入れて有料公演（二〇〇五年三月二十八日）が企画された。ちょうど上田はアートによる就業支援を考えていたところであり、紙芝居活動はそのモデルになる可能性があった。また紙芝居という表現活動に対して正当な対価が支払われるべきだという思いもあった。しかし、マネジャーの石橋はそちらの方向にアクセルを踏むことに躊躇した。能川はそこに着目し、メンバーと支援者との関係性について考察する。

当初のメンバーは全員が男性、支援者の多くは女性であった。下手をすると依存関係が生じる可能性があるが、幸いにも互いの存在に感謝し合う関係が構築されていると能川は観察する。それは「元野宿者と支援者という次元を超え、〔…〕あらゆる生活領域に市場原理と競争原理が浸透して人間関係が希薄化する中で、言葉と気持ちを介しながら共生しようという関係が両者の間に構築されているように思えてならない」（能川：二四頁）ものだ。

能川は時代の深刻な社会的課題のフロンティア的現場ともいえる釜ヶ崎が抱える「生きづらさ」や「高齢者の孤立、相互不信」を乗り越えるモデルケースとして「むすび」を捉えている。それは確かにあるべき希望のモデルであるが、この論考が発表されてから十年近く経ついま、その流れは必ずしも順調とはいえない。ジェントリフィケーション的な様相はさらに深刻さを増している。そして、現在の「むすび」には野宿者出身のメンバーはおらず、野宿者の生活再建の受け皿としての「むすび」ではなくなり、能川の構想するモデルの前提は崩れている。とはいえ、何らかの「傷」を負った人が集まっているのは確かであり、さらに別の物語が加えられる重層的な場と捉え直せることはできるだろう。

学部卒業論文である伊藤紀恵の論考（二〇一四）は、「むすび」の内部コミュニティの実相に誠実に向き合った佳作だ。能川のような、新自由主義的な構造化が生み出す歪みからの脱却というマクロな視点に立脚するのではなく、メンバーの生き方そのものに着目する。テーマは「シンプルライフ」だ。彼女は「「シンプルに生きる」ということが、現在の幸せの価値とは違う、あらたな幸せの価値のひとつではないだろうか」と問いかける（伊藤：二頁）。

このシンプルライフ論は主として「むすび」マネジャーである石橋友美へのインタビューに基づいている。したがって正確にいえば「むすび」ではなく石橋が語る生き方の流儀であるが、「むすび」のマネジャーをするからこそ身につけた倫理的規範だといえる。それは「質素」「対等」「ありのまま」「自然」の四要素からなる。四要素と措定するに至った詳細な説明はここでは省くが、「自分の欲望を満たすための消費」「結婚し家庭をもつこと」「成長や目標主義」などという現在の一般的な幸せの価値との対照性を浮き上がらせる。その紋切り型な対比はやや残念だが、能川の捉える「生きづらさ」や「高齢者の孤立、相互不信」を乗り越えるための行動規範を具体的に考察しようと試みている。私が伊藤の着眼点を評価したいのは、彼女のシンプルライフ論が「むすび」の創造的な側面、すなわち紙芝居の表現内容とリンクしているように見えるからだ。その点についてはのちに触れることとして、次に中川の論考（二〇一三）を取り上げたい。

そこではメンバーの中心人物で紙芝居の台本作者である一人のメンバーに焦点を当て、「むすび」に参加したがゆえに豊かになった最晩年の人生のあり方について考察することから始まる。殺伐とした人間関係のなかに漂う紙芝居コミュニティのポジティブな側面が描かれるが、考察は能川や伊藤を超えるものではない。むしろ特色は後半で論じられる表現の質に関する部分にある。作品やパフォーマンスを「低い」「いたい（痛い）」と評したり、「コミュニティアートは流行っているけれど「質」が問題だよね」という外部のアート関係者からの声に対して、「むすび」の表現の質の独自性を明らかにしようとする。

「アート関係者や行政などの権力はアートの質を固定化することで、意識的にせよ無意識的にせよ一定の人をアートの対象からはずしてきたのではないか」というココルームの上田假奈代の言をひきながら、アート関係者やアカデミズム、行政などの権力や資本から提示された「質」が正統性をもってしまいがちななかで、それに対抗する空間として「むすび」（やココルーム）が存在することの積極的な意味について論じている。

偶然とはいえ、以上三つの論考はほぼ同時期に発表された。それは「むすび」が世間から注目され、第一期の活動のピークを迎えた時期と重なる。「むすび」は発足から今日（二〇二一）まで三つの特徴ある時期を経過してきたが、本章は現状（第三期）の様子をもとに記述する〔図①〕。

		2005	06	07	08	09	10	11	12	13	14	15	16	17	18	19	20	21
	生年 - 没年																	
第一期	1928-2011								死亡									
	1936-2017													死亡				
	1931-2014										死亡							
	?			死亡														
	1932- ?			死亡														
	1936-2009					死亡												
	1933- ?																	
	1948- ?																	
	1933-																	
	1942-																	
第二期	1934-2014										死亡							
	1930-2015											死亡						
	1919-2013									死亡								
	1955-																	
	1934-2011							死亡										
	1950-2014										死亡							
	?																	
第三期	1952-2015											死亡						
	1947-												失踪					
	1953-																	
	1947-																	
	1944-																	
	1947-																	
	1937-2019															死亡		
	1953-																	
	1941-2020																死亡	
	1950-																	
	1929-																	
	1959-																	
	1957-																	

図①「むすび」メンバー構成推移図

三　台本――浅田浩の作品世界

「むすび」の台本を対象とした作品論はこれまで現れていない。理由は定かではないが、研究者は主として社会的機能への関心へと向かっていったように思う。しかし「むすび」の台本には作者の世界観が色濃く反映されており、それだからこそ「むすび」を内側から理解する大きな鍵となる。様々な経験を経てきた人が何を伝え残しておきたいと思ったのだろうか。

「むすび」のレパートリーは全部で十二作あり、年代順に記述すると次のようになる。

「ももたろう」（二〇〇三）、「おむすびころり」（二〇〇三）、「ぶんぶくちゃがま」（二〇〇四）、「ぶんちゃんの冥土めぐり」（二〇〇五）、「はな」（二〇〇五）、「春の里山　七人衆」（二〇〇六）、「おじちゃんたちのロンドン珍道中」（二〇〇七）、「ともちゃんとカッポレくん」（二〇〇八）、「ネコちゃんの人生スゴロク」（二〇〇九）、「孝太と亀吉」（二〇一五）、「ちのか少年探偵団」（二〇一七）、「プトリと一二人のプトラ」（二〇二一）

「ももたろう」「おむすびころり」「ぶんぶくちゃがま」の三作は「ごえん」と称していた時代の作品であり、残りの九作が「むすび」以後につくられている。台本作者は「ももたろう」「おむすびころり」「ぶんぶくちゃがま」「ぶんちゃんの冥土めぐり」「はな」「春の里山　七人衆」「おじちゃんたちのロンドン珍道中」「ともちゃんとカッポレくん」が浅田浩、「ネコちゃんの人生スゴロク」が上田假奈代（編集）、「孝太と亀吉」が吉岡浩幸・忢《ただ》田雄一、「ちのか少年探偵団」が浅田稔、「プトリと一二人のプトラ」がメンバー合作だ。

現時点でのレパートリーの三分の二が浅田浩の作であり、発足以来これまでに上演した演目も浅田浩作品が圧倒的な回数を占めている［表①］。つまり「むすび」のパフォーマンスは浅田浩作品への依存度が高く、それを抜きにして「むすび」の紙芝居は語れないのだ。そこで本章では浅田浩の台本に焦点をあて、その内容について考えてみたい。まず彼の来歴を簡単に記す。

浅田浩は「むすび」の草創期から参加、二〇一一年に八十二歳で没した。その生涯は次の通りだ。昭和三年（一九二八）に山口県の瀬戸内海沿岸の街で生まれる。第二次世界大戦中の少年時代は学徒動員で軍艦に燃料を積む仕事をしていたが、十六歳のときに終戦。小説を書くのが趣味だった。十九歳のときに外事専門学校（外国語学校）の社会学科に入学、卒業後は九州で高校の教員をするが一学期で辞める。人事院の公務員試験を受けて合格、裁判所に書記官として勤める。二十八歳のときに結婚。裁判所勤務を続けていたが、四十歳の頃に結核になり入院。妻子を捨て病院の看護師と駆け落ちをして北海道へ出奔。だがそれも離別を迎える。その後、関西へ単身で移動し、発電所の電気工事関連の図面を引く仕事につく。だが七十三歳のときに会社が傾き、人員整理で退職を余儀なくされる。退職金を全部つぎ込んで四国、九州の旅行をした後、大阪に戻り、新大阪駅周辺のマンションで暮らすが、家賃が払えなくなった。そんな折、西成のマンションの営業社員が「うちに来ませんか」と声をかけてくれたのでついて行っ

順位	題名	制作年	回数	物語作者
1	ぶんちゃんの冥土めぐり	2005	128	浅田浩
2	ももたろう	2003	58	民話（浅田浩再話）
3	ぶんぶくちゃがま	2004	56	民話（浅田浩再話）
4	おむすびころり	2003	49	民話（浅田浩再話）
5	春の里山　七人衆	2006	37	浅田浩
6	ともちゃんとカッポレくん	2008	31	浅田浩
7	はな（鼻）	2005	19	浅田浩
8	ネコちゃんの人生スゴロク	2009	18	上田假奈代（編集）
9	おじちゃんたちのロンドン珍道中	2007	12	浅田浩
10	ちのか少年探偵団	2017	9	浅田稔
11	孝太と亀吉	2015	5	吉岡浩幸・旡田雄一
12	プトリと一二人のプトラ	2021	1	共同制作

表①「むすび」作品上演回数（全部で447回の公演。そのうち上演題目がわからないのが34回）

た。それが釜ヶ崎生活の始まりだ。生活保護を受け、ほとんど外には出歩かずに部屋のなかでCDを聴いて過ごす。近所にNPOがあり、女性従業員がコーヒーを飲ませてくれるから訪ねるようになった。NPO代表が、フィリピンのストリート・チルドレンのために英文の紙芝居を送りたいと浅田浩に相談を持ちかけてできたのが「ももたろう」制作の始まりだった。以後、七～八人のメンバーを募って近所に上演に出かけていく。それが紙芝居「ごえん」であり、のちに「むすび」が結成されたときの中心人物も彼であった。

浅田は野宿もしていないし、肉体労働者として釜ヶ崎を根城に働いていたわけではない。そういう意味では根っからの日雇い労働者ではなく、生きづらさや生活困難を抱えて釜ヶ崎にやってきた近年に多いタイプの釜ヶ崎住人だ。クラシック音楽や文学を愛するインテリの彼は、他人を寄せつけない孤独な生活を送っていた。釜ヶ崎に住む野放図な人々に対しては批判的であったが、やがて「識字教室」の教師や保育園の掃除、運動会の会場整備、釜ヶ崎ウォークの案内人などに携わるうち、「他者の役に立つ人」に目覚めていった。最期は「ありがとう、ありがとう」といって息を引き取ったという。そのような釜ヶ崎での自己の位置取りの変化とシンクロしながら、彼は「むすび」の台本を精力的に書いた。

紙芝居を初めて上演したとき、聴衆がとても前向きに反応してくれたことに大きな手応えを感じた浅田は、以来、常に聴衆を意識して台本を書いた。彼の作品は大人も楽しみ、様々な想いを馳せさせるものだが、特に留意したのは子どもだ。子どもは外見で判断しないからねと彼はいう。だからこそ自分の世界観を子どもたちに伝えておきたいと思ったのだろう。いったい何を伝えたかったのか。

手短かに結論を述べると、彼は弱いものへの愛を表現し、共生的な世界の到来を願った。第一作の「ももたろう」には現れていないが、創作を続けてゆくにつれ徐々に形となっていった。釜ヶ崎で生活しているうちに起こった自分の変化。それを表現できるメディアとしての「むすび」。その集大成となったのが彼の最後の作品「ともちゃんとカッポレくん」だ。ここではまず、到達点である「ともちゃんとカッポレくん」の世界を論じたのち、そこに至った過程を振り返ってみたい。

「ともちゃんとカッポレくん」のあらすじは次のようなものである。

ゆるやかな山麓の農家でお父さん、お母さんと一緒に住む五歳の女の子ともちゃんが主人公。ともちゃんとカッパとの交流が物語の軸。カッパは秋になれば沼を出て山の中に入る。ある春の日、ともちゃんは山にヨモギ取りに出かけた。そこでお化けのような格好をしたカッパの親分（カッポレ）と出会う。カッポレは春になったので沼に戻ろうとするが、どこにあるのか分からなくなり、途方に暮れてともちゃんに助けを頼む。ともちゃんの案内で無事に沼に戻れたカッポレは、遊びにきてねといい残して沼に潜る。五月のある日、ともちゃんはおにぎりを持って沼のカッパの国を訪ねる。彼女はカッパに歓待され、カッパの生活を垣間見る。それは人間の生活とさほど変わるものではなかった。時は過ぎ、六月のある日、大雨が降って沼の堤防が決壊し、水が溢れ出して下の村への浸水が始まった。堤防修理のために土嚢《どのう》を担いで沼にやってきた村人は、カッパがモッコで土を運んだりして懸命に土手を直そうとしているのを見る。感心した村人は土嚢積みをカッパに託す。後日、ともちゃんの両親がカッパ一族を家に招待し、ご馳走を用意して労をねぎらう。カッパは怖いと思っていたのに、こんなに優しいなんて……と、ともちゃんは思う。

カッパと人間の二つのコミュニティが併存し、片方が他者を見下す非対称的な関係にあったが、ある出来事（沼の決壊）をきっかけに、両者の理解が進んでゆく。紋切り型の設定ともいえるが、沼を釜ヶ崎の比喩だと比定すれば、浅田の切実な声が聞こえてくる。釜ヶ崎の住民はいわれなき差別や偏見を甘受しているが、そこに身をおく浅田にとって痛切に感じられた社会の歪みだ。

「ともちゃんとカッポレくん」の冒頭では、沼に遊びに行こうとするともちゃんに、両親は「カッパはとても気が荒くて怖いんだよ」(父親)、「水の底に引っ張り込むのよ」(母親)と、カッパへの注意を促す。しかし偏見なく世界を見る子どもとして描かれるともちゃんは自らカッパの世界(沼底)へと入ってゆく。人間を初めて見たカッパたちは「私たちによーく似てますねぇ」と驚く。カッパもご飯を炊く。「人間と同じですよ。おマンマがないと、われわれも困りますからね」。そしてコマまわしや風船飛ばしや相撲をしているカッパを見て、ともちゃんは「私たちと同じようなことをしている」ことを知る。

そして物語は沼の決壊というドラマティックな場面へと移る。沼の決壊を止めようと土嚢を担いで集まってきた村人の前に、必死になって決壊を抑えようと立ち働いているカッパたちの姿があった。これなら大丈夫と判断した村人はカッパに感謝しながら土嚢積みを託す。前半では、ともちゃんとカッポレくんを軸としたパーソナルな交流、そして後半ではカッパ・コミュニティと村人というソーシャルな交流を配置し、最後にともちゃんの両親がカッパたちを自宅に招くという、冒頭の差別感を解消する場面へと連なる。構成に緩みはなく、集大成というにふさわしい仕上がりだ。このエンディングに向かって、浅田は何本も台本を書き続けたのだった。

浅田の全八作のうち四作には原作がある。「ももたろう」「おむすびころり」「ぶんぶくちゃがま」「はな」だ。先に書いたように「ももたろう」「おむすびころり」「ぶんぶくちゃがま」は「ごえん」時代の作品であり、それらに戻って浅田の創作の軌跡を辿ってみよう。

「ももたろう」では、一般に流布している勧善懲悪的なあらすじを踏襲している。

桃太郎の「俺は鬼たちを征伐に来た。俺たちに出来ないことは何もないのだ、覚悟せい!」というセリフの万能感には、桃太郎を批評する眼差しはない。村へ帰還して、

犬「ワンワン、鬼を踏みつけてやったぞー」

猿「顔を引っ掻いてやったー、キャッキャッキャッ！」
キジ「キキキ……鬼の目をつぶしてやった！」

そして、ナレーターの「桃太郎にとって何より嬉しかったのは、鬼退治というでっかい仕事をみごとにやり遂げたことと、村人たちがたいそう喜んでくれたことでした」とあるところも、桃太郎という物語がもつ「排除的」な要素が強調され、後年に現れる包摂的な作風の片鱗はない。

第二作「おむすびころり」は善行を積む老夫妻が得た財宝を見て、自分たちも得ようと企む強欲な老夫婦が失敗する話だ。興味深いのは、強欲な老夫婦の造形に注力している点だ。物語の最後で、強欲な老夫婦を「良いことは何一つありませんでした」と切り捨ててはいるが、二人をコミカルに描いているところ、浅田はどこか彼らに共感している。後年の作品ではこういった人々を切り捨てることなく、「ぶんちゃんの冥土めぐり」で鬼やエンマ（閻魔大王）の目に涙を浮かばせたように、あらゆる事象・事物を包摂する作風へと向かってゆく。

第三作「ぶんぶくちゃがま」では脚色の手が色濃く入っている。この物語には多くのバリエーションがあり、何を原本にしたのかは分からないが、興味深いのは、この台本に「悪人」がいないことだ。罠を仕掛けた荒っぽい猟師は、「狸を預からせてくれ、後でお礼する」という庄兵衛に、「今回だけはお前に任せよう……そうと決まったら、早う罠を外してやれ」と優しい心根を示す。猟師はのちに狸踊りを芝居小屋で見て「おー、あの時の狸か。大したもんだ。おーい、頑張れよ!!　おれも応援しとるぞー」と声をかける。それに対して狸が「おー、頑張るぞー」と応える。

世話になった人（庄兵衛）に対して経済的に報いるのは鶴の恩返しを思い起こさせるが、浅田の視線はそこにではなく、狸と庄兵衛、和尚、さらには猟師との間の信頼関係や愛情の交歓に注がれている。以後、浅田の視点は、勧善懲悪的なものから、他者を一義的に解釈しない「多面的な存在」として位置づける方向へと移っていく。

初めてのオリジナル台本である第四作「ぶんちゃんの冥土めぐり」は、浅田の全作品のなかで「ともちゃんとカッポレくん」と並び立つ高峰であり、最も上演回数の多い人気作品だ。あらすじは次のようになる。

ぶんちゃんは五歳の女の子。彼女はお母さんや友だちが見守るなか、「わたしが死んだらどこに行くの」と心配しながら息を引き取る。あの世に渡ったぶんちゃんはこわそうな赤鬼・青鬼と出会う。しかしぶんちゃんはかまわず鬼と仲良くなる。一緒に寝てとせがんだり、どこかへ連れて行ってとねだったりする。鬼たちはぶんちゃんを三途の川に連れて行った。川には白鳥がいる。川を回遊したのち、文ちゃんは向こう岸に見えるエンマさまの宮殿に行く。恐ろしいエンマさまもぶんちゃんの遊び心に振り回されつつ、無邪気な心に触れる。そして鬼たちや白鳥と相談してぶんちゃんを現世に戻すことを決める。この世に戻ったぶんちゃんのまわりでは、家族や友だちが泣いていた。「ぶんちゃんの冥土めぐり」はここでおしまい。この後、ぶんちゃんがどのように育ったのかは誰も知らない。

息を引き取った五歳の女の子ぶんちゃんが彼岸の住人との交流を経て此岸に戻ってくるというストーリーで、浅田の好む「異人、異界、子ども」というテーマが初めて習合する。この作品のキモはぶんちゃんの彼岸での様々な体験場面にある。主人公はぶんちゃんだが、むしろ鬼やエンマといった地獄の住人たちの描かれ方に特徴がある。彼らは無邪気なぶんちゃんの振る舞いによって心が穏やかになり、日常のルーティン（断罪）を棚上げして彼女を楽しませようとする。その間に二度、鬼の目に涙が光る。

ナレーター「ぶんちゃんは鬼の背に乗り、首に抱きつくと、すぐ眠り始めました」
青鬼「俺たちを信じ切っているんだな、こんな子もいるんだな〜」

ナレーター「鬼たちは話をしながら歩いていましたが、その目には涙が光っていました」

エンマもぶんちゃんの無邪気さに圧倒される。

エンマ「ぶんちゃんという子は、こんなところにいる子ではないわ、あんまり無邪気すぎる」
赤鬼「わたしは、あの子によって、やさしさというものを知りました」
エンマ「ぶんちゃんよ、お前はこんな冥土におったらだめじゃ、もう一度お父さん、お母さん、友だちのいるところへお帰り」
ぶんちゃん「いやだいやだ、わたしはここにいて、子エンマさまになるのよ」

しかしぶんちゃんは無理矢理、此岸に戻される。背中でぐっすりと眠るぶんちゃんは、鬼を一〇〇％信頼している。その無心が鬼たちの心を打ち、溶かしてゆく。恐ろしいもの、危険なもの、異質なものとの積極的な交流と相互信頼を描くことによって共生の概念は明確に主題化されてゆく。

生き返ったぶんちゃんに、この世はどのように見えたのだろう。ナレーターは「これから以後のことは、よくわかっておりません。生き返ったぶんちゃんが、どのように育ったのか。大人になってから、どのように生きていったのか。みなさんはどうお考えでしょうか、どうするのが一番よいのでしょうか、皆さん考えてみてください」という。思い起こされるのは芥川龍之介の『羅生門』の最後の一行「下人の行方は、誰も知らない」というフレーズだ。羅生門の楼上空間から下に降りるように、冥土からこの世に戻ってくることはどういうことなのかと浅田は問う。果たしてどちらが修羅なのかと。

浅田の台本はここで頂点に達したといえる。その次の高峰である「ともちゃんとカッポレくん」の間に「はな」「春の里山　七人衆」「おじちゃんたちのロンドン珍道中」を挟むが、「はな」は翻案もの、「おじちゃんたちのロンドン珍道中」は二〇〇七年のロンドンの「Ten Feet Away Festival」に参加したときの道中記であって、繰り返し上演されることがないことから、ここでは触れず、第六作「春の里山　七人衆」を見てみよう。あらすじは次のようなものである。

竹の子のゴン太が春の一日を小動物、花たちと里山をめぐる話。同行するのは、わらびのチョロ助、すみれのスーちゃん、タンポポのポコちゃん、メジロのジロー君、リスのリー君。皆は連れ立って進む。山道、田んぼのあぜ道などを歩き回っているうちに、スーちゃんとポコちゃんが疲れたと言って休む。それから川岸に降りて水浴びをしたりして涼んで、元気を取り戻す。リー君が見つけてきた縄で縄跳びをする。やがて遊び疲れた頃、夕陽が沈みかけ、皆は家路につく。竹林ではお父さんが待っていた。ゴン太は一日で少し太ったので、自分の抜け出した穴へなかなか戻れなかったが、ようやくのことで落ち着き、眠りにつく。

この紙芝居を初めて見たとき、駄作ではないかと思った。竹の子が歩き出すという少し変わった設定は浅田らしいが、異界に行くわけでもなし、劇的なヤマらしいヤマもなく、春の一日がのどかに過ぎるだけの話なのだから。しかし「むすび」のメンバーには好評なのか、上演頻度の高い作品である。不思議に思っていたのだが、何回か見ているうちに、そして私が「むすび」の事務所に足繁く通ってメンバーとの交流が深まるにつれ、少しずつ見方が変わっていった。六（人）が連れ立って仲良く里山の野道を歩き、水浴びをしたり縄跳びをしたりする風景。この極めて平凡ともいえる風景は、浅田にとっては手放したくないものだったのではないか。波乱万丈ともいえる人生を歩んできた浅田が求めるのは、平凡な日常のありがたさだ。伊藤紀江の論文の中で、「むすび」の倫理的規範として「質素」「対等」「ありのまま」「自然」という四つの特徴が指摘されたが、本作には「対等」「ありのまま」「自然」が描かれている。一（人）も悪者が登場しない。全て思いやりに満ちた者たちばかりだ。ゆえに起伏に乏しい台本になっているのだが、浅田はそれを承知でユートピアを描こうとしたのではないか。私には、連れ立って歩く六（人）が互いに助け合う「むすび」のメンバーに見える。そういう意味では、二つの高峰の中間に位置するまさに里山的コモンズがここにある。

以上が、浅田の世界観、人生観の投影としての台本の簡略な分析だ。作家・作品論を展開するのであれば、影響を受けた小説家や音楽家を調べ、そういった作品群の地平上に位置づけるのが基本だと思うが、まずは浅田が釜ヶ崎と向かい合う中で獲得していった台本世界を紹介したかった。さらに彼の個人的な事情との交差という点から、一つ触れておきたいことがある。「ぶんちゃんの冥土めぐり」と「ともちゃんとカッポレくん」に登場してくる五歳の女の子についてだ。「むすび」事務所の石橋が指摘するように、駆け落ちで出奔し、残してきた我が子への思いが投影されているようだ。浅田の台本では、あって欲しい世界の姿とともに、我が子への切ない思いが混ざり合っている。平明な語り口であるにもかかわらず多くの人を魅了するのは、わざとらしい仕掛けを設けることなく、この二点を真っ直ぐに描いているからだろう。私は台本を読むたびに、浅田の訥々としたナレーションを思い出す。

さて、ここまで台本分析を行なってきたが、未だ「むすび」の紙芝居としての全貌は伝えきれていない。台本はいわば楽譜であり、それが生身の身体で上演された瞬間に作品として立ち上がってくる。絵の分析も必要だし、浅田の世界が描き込まれている台本から大きく抜け出すことはないものの、演じ手の個性が強く反映されるのが「むすび」のパフォーマンスだ。そういう意味では「むすび」のパフォーマンス論が続かねばならないが、本章では紙幅の都合から割愛し、次の第四節で「むすび」の社会的意味、価値について考えたい。

四　「むすび」のイメージの形成

私はなぜ「むすび」に惹かれるのか。一言でいうならば「ゆるさ」だ。彼らのパフォーマンスは正確さに乏しく、言い間違い、セリフの飛ばし、筋からの脱線など逸脱行為に満ちており、だからこそ魅力がある。演じるメンバーの人格と表裏一体であり、そういった個々人への熱烈なファンもいる。始まってみないと分からない不安定感やゆるさ。特に「むすび」第一期の頃はそれが顕著であった。近年のパフォーマンスは言い間違いや逸脱がやや後退気味であるが、逆にこれまでにない迫力や凄みが出てきている。

発足当初には鑑賞者が「頑張って〜」といってメンバーを応援していたものだが、二〇二一年三月の上演時のアンケート回答では「以前は熟した柿がいまにも枝から落ちてしまいそうなスリルとおかしさが魅力だったが、いまや芸が熟達した玄人の領域に達している」（六十歳代）、「以前は一人一人の人生で感動していたのが、今回は一人一人のパフォーマンスで感動した」（四十歳代）、「「紙芝居むすび」から「パフォーマンス集団むすび」へと次元上昇したと思います」（四十歳代）というように印象は変わりつつある。リップサービスもあるが、「むすび」の上演の変化に驚き、熱演に圧倒されている。しかし他方で「演技達者な人が増えたけれど、みんなが色々ありながらも仲良く支え合っているところは変わりませんね」（五十歳代）という回答もあった。上手くなっても「むすび」だという。変わるところはある。しかし変わらぬところもあり、それこそが「むすび」を「むすび」たらしめている所以に違いない。

現在のレギュラーメンバーは、マネジャーの石橋を除いて七名で、うち三名が男性、二名が女性、どちらでもないが二名だ［図②］。二〇一三年参加のAさん（一九四七生）、Bさん（一九四七生）、二〇一六年のCさん（一九

図②　保育園での「むすび」公演（2019年5月、大阪市西成区／撮影：筆者）

五〇生）、二〇一八年のDさん（一九二九生）、二〇一五年のEさん（一九五三生）、二〇二〇年のFさん（一九五九生）だ。これまで二十九名が参加し、十一名が他界し、五名が不明だ。現在の平均年齢は七十二歳で、これまでとほぼ変わらない。AさんとCさんがプロの劇団出身、Dさんは詩人で作曲家、Eさんは現役の看護師でメンバーの健康チェックも行なっている。Fさんはアート歴が長い。最も新しいメンバー（二〇二一年に参加）Gさん（一九五七生）は介護職に携わっている。短期間の路上生活経験者は一人いるが、家族や親戚のしがらみを断って紆余曲折の末に釜ヶ崎にたどり着いた人が多い。釜ヶ崎はいまや日雇い労働者だけではなく、こういう人たちの受け皿になっている。三名が生活保護制度の利用者だ。AさんとCさんは釜ヶ崎の別のアマ劇団にも属して台本や演出を担当している。

　第二節では学術的な論文における「むすび」論を紹介したが、ここでは感想文や新聞記事、雑誌記事などによって形成される「むすび」のイメージについて考えてみたい。それらのレポートや記事は外部の人々による価値の付与といってよいが、イメージはときに独り歩きをし、また当事者がイメージに影響を受けるといった相互作用も発生する。「むすび」には大学や福祉機関・施設からの見学が多く、まずはそういった人々からの手紙、感想文から少し引用しよう。最も多い反応は「むすび」メンバーの元気な姿、パワーに関する率直な言葉だ。

・高齢になってもこんなに生きがいをもって過ごすことができるんだと、逆にパワーをいただいた……

（医療機関相談員、二〇〇七年七月）

・皆さんが生き生きと活動していらっしゃる姿から大きな力を与えていただきました。

（神戸大学学生、二〇〇七年五月）

・むすびの中は生きがいが溢れていると思いました。

（鳥取大学学生、二〇〇七年三月）

・歳になんて負けないくらいの元気の良さで、若い僕たちにもすごく大きなパワーをおじいちゃんたちからももらうことができました。

（中津川市立第二中学校生徒、時期不明）

初めて見た時の衝撃（パワー）については、予期せぬものだったようだ。訪問者は社会的課題としての釜ヶ崎に関して事前学習を行なっていることから、ある程度似たような関心が生まれるのだろう。「関係性」に着目する反応も多い。メンバーたちのパワーの源泉は何だと考えたのだろう。

・関係性を築くことは「むすびのおじさん」だからできる。「その人」だから築ける。そうやって初めて誰かから〝私〟を認めてもらうことができるんだと思う。そんな温かい関係がむすびにはあって「あぁ良いな」

と本当に、本当に思いました。

（鳥取大学学生、二〇〇七年三月）

・日々顔を合わせ、人と人とが支え合うことの大切さを改めて認識しました。

（徳島県北島町教育委員会・社会教育指導員、二〇〇五年）

・ホームレス問題の解決として地域とのつながりを持つことは、住み続けたい地域となる上でとても大切なことだ。

（東京学芸大学学生、二〇〇七年五月）

このような言表が報告書として公開されたり口コミで広がったりすることによって、社会科学系のアカデミズムや行政機関で「むすび」のイメージが広がってゆく。それが現在でも年間に数回はある大学ゼミのグループや機関の視察団へとつながっている。だが外部によるイメージ形成という点でいうなら、最も大きな影響力をもっているのが新聞などの公共メディアだ。いくつかの典型的な例を挙げよう。

・孤立しやすい生活保護の受給者たちを社会に結びつける役割も果たしている。どのような状況になっても、人が人として生きるためには、社会のなかで何らかの「役割」が必要だ。そして、それは探せばきっと見つかる。

（「誰かの役に立つこと模索」『産経新聞』二〇〇七年十二月二十七日）

・今はむすびを自分の居場所と感じる。みんなと結びついている実感がある。独りぼっちで沈み込まなくていい。

（「人と人　結びたい」『山陽新聞』二〇〇七年十月二十日）

・孤立しがちな高齢者のだんらんの場。自分たちと同じように苦労する人を笑顔にしたい。

（「紙芝居で交流　始まり始まり」『日経新聞』二〇一三年六月十七日）

・自分の気持ちを表現し、人から認められ、会話が生まれることで、次第にパチンコから遠ざかり、酒量も減った。

（「生きがい　社会とつながる」『読売新聞』二〇一八年八月一日）

各新聞の論調は驚くほど似ていて、「むすび」の社会的機能を、そのネーミングとひっかけながら「人と人をつなげる装置」と捉える。背景には釜ヶ崎の高齢化、失業、孤立といった、特に二十一世紀に入ってから顕著になった社会問題を前提とし、「むすび」を問題群を克服する社会関係資本として捉えようとする。メディアとしては順当な戦略だろう。これまでの釜ヶ崎のイメージは「危険、汚い、怖い」というふうに良くないが、「むすび」の記事はそれを緩和し、明るい話題として強調される側面がある。これらの記事や論考によって「むすび」の外的なイメージが定着し、社会的に価値づけられている。

だが、「むすび」メンバーはそういうイメージに影響を受けている気配はない。彼らの視野は紙芝居を見に来てくれる観客との個々の関係性の中にあり、世間でどう思われているのかということには無頓着だ。釜ヶ崎で生きているというのはまさにそういうことであり、世間の目や社会的評価から一線を画すのが生きる流儀でもある。メディアがやってきて騒ごうと、いまのメンバーは淡々と受け流している。

五　弱さとともにある「むすび」

前節に紹介した新聞などのメディア資料は二〇〇七～一三年のものが多い。社会的課題の克服を証する「むすび」という構図が盛んにメディアに取り上げられ、熱狂的なファンを生み出していった時期だ。初期にはそれを勘違いして傲慢な言動をするメンバーも出てきた。金銭や飲酒の問題もくすぶっていた。「むすび」はある意味で様々な思惑をもつ人によって「消費」されようとしていた。それを危惧した支援マネジャーの石橋は行動ルールである「むすび心得」を考え文章にまとめたが、若かった彼女がそれを言うとさらにこじれることを危惧して表沙汰にはしなかった。そういう山や谷を経験したのち、現在は極めて平穏な雰囲気へと落ち着いている。私が定例ミーティングに参加し始めてから二年になるが、一度たりとも罵り合いや剣悪な空気になったことがない。

いまの「むすび」のメンバーは、先ほど述べたように外部の人々がつくっているイメージに煩わされたり、影響を受けたりはしていない。メディアでの注目がひと段落したからでもあるだろう。また二〇二〇年に発生した新型コロナの感染拡大による公演活動の激減もメンバーを内省化させている要因だ。これまで能川や伊藤たちが「むすび」を解釈する価値概念を提示してきたが、最後に「弱さ」と「表現への渇望」という別の価値概念に焦点をあてながら論じてみたい。

「むすび」は「弱さ」という価値を「表現」あるいは「具現」することによって「むすび」たり得ているのではないか、というのが私の仮説だ。表現における「弱さ」の価値に気づかされたのは、二〇一八年に沖縄へ調査に行った時のことだ。コザ（沖縄市）で高齢者のジャズバンドの再生に寄り添う犬塚拓一郎（沖縄ダンスネットワーク）は、彼らの演奏の特徴は「弱さ」「欠けていること」にあり、ゆるさや隙間を多くもつところに「祝福」を感じるという。「明瞭、速さ、強さ」とは反対の「曖昧、遅さ、弱さ」が肯定的に捉えられている。祝福とは実にいい得て妙だ。弱くて欠けているからこそ恵みであり幸いなのだという発想は、私にアートへのアプローチ（実践や批評など）に関する新たな尺度、基準をもたらした。

石橋はメンバーの弱さについて、次のように語る。「高齢とか会社が潰れるなどという不可抗力の弱さというか、襲ってきた災難には自分の力ではどうにもならないという諦めの感覚があるんですね。自分たちにはそんな力はないと、あっけらかんで拍子抜けするほどです。シャバの年寄りはサプリなどで抗ってますよね。「むすび」のおじさんたちにはみんな疚しい後ろめたい部分がある。褒められたものではない自分を「むすび」で償う。

紙芝居がしたい訳ではなく、ちょっと良いことをしたいんやという感じかな」。冷静な観察だが、パフォーマンスでも見られない等身大の「むすび」メンバーの日常の姿が浮かび上がってくる。新聞記者であり「むすび」サポーターであった友岡雅弥はそこに着目して次のように言う。

「周囲に「ちから」を与える「弱さのちから」……ディスポニビリテ（disponibilité）は障がいや生活困窮など、困難を抱えている人の周囲に、いろんな力を持つ人が集まってくる、というような状況のときに使われる言葉です」と前置きをしたのち「むすびの事務所に行けば「何かしたい」と言う気持ちになります。ただし、その「何かしたい」というのは自己満足、単なる自己実現であることが多いのも事実です。かわいそうな高齢者、かわいそうな日雇い労働者などという「類型」に対して、自分の支援者欲求を満たすためだけの自己実現。しかし、むすびと頻繁に長く付き合えば、そのような支援者の自己実現欲求は、磨かれてメッキが剝げて、メッキの下の心自体が光るような気がします」という（友岡：六八―六九頁）。

外部の人間が「むすび」に関わる場合、何かお手伝いしたいという動機のあることが多い。そこでは「支援する／される」関係が現れやすいが、いつしか「むすび」メンバーの平等な空間に呑み込まれて等間隔に収まってゆく。なんといえば良いだろう。私的感想になるが、私は釜ヶ崎のエリアに入ったらホッとする。居心地がいい。釜ヶ崎という場所が醸し出す空気。もちろんそれは一方的な思い込みであることは自覚の上だ。ふだんの私は大学教員の役割を演じていて、それが無意識のストレスになっているのかもしれない。肩の荷を降ろせる感じだ。釜ヶ崎以外の場所で覚えるような人間関係の非対称性に縛られることがない。さらにもう一点、調査でしばしば訪問する東南アジアの都市の風景と似ていることも私を安心させる。取り澄ました関係ではなく、たとえ路上の偶然の遭遇であっても、それなりに密な関係が生まれる。たまたま隣り合わせにいる人と自然に話をしてしまい、肩を寄せる感じ。

鷲田清一は著書のなかで「弱い者こそ、他者を深く迎え入れることができるのだ。〈わたし〉をほどきあえるのだ」（鷲田：二二七頁）というが、自我や煩悩で凝り固まっている自分が、弱い人に接することによって溶解し、逆に助けてもらっている感覚を覚える。そのような力を分け合い、ひらき合うことができるのが弱さの力だという。弱さは関わる人々をつなげ、再編成してゆく。「むすび」はそのような場所といってよいのではないか。弱いからこそ人々は集まり、いつしか地ならしされて「むすび」共同体のメンバーへとなってゆく。それは自らの弱さを確認する場所でもある。弱さはマイナスではなくプラスなのだ。

そして「むすび」はその弱さを潜在力として紙芝居という表現を行う。公演に至るまでの過程で、一つ不思議なことがある。台本読みでも通しリハでも「ダメ出し」がないということだ。こうすれば良いとアドバイスしたり指導したりすることはない。ココルームの代表・上田がかつて「ごえん」の時代のリハーサルを見て「かすれた声や、セリフをまちがえたり、何回も同じところで失敗したりしてしまうおもしろさみたいなものが、指導者の主観によって修正され、つくられてゆく様子を見て、このままでは釜ヶ崎のオッチャンたちをつかった宣伝、プロパガンダになりかねないかと」と心配した。「むすび」では個々の人たちが個々の声で、個々の抑揚で表現することを見せる、という点が重要なのだ。実際、何度も書いているように、「むすび」の魅力は逸脱や脱線を含む「ゆるさ」にある。この「ゆるさ」を保証するのがダメ出しなしのリハーサルだ。

鷲田が「ほんとうに苦しいことについてはひとは話しにくいものだ。話したくないものだ。忘れてしまいたいということもある。どのように言っても追いつかないという想いもあるだろう。だから、そこから漏れてくる言葉は、ぷつっ、ぷつっと途切れている」（鷲田：二二二頁）というように、弱い者の声は聴き取りにくい。弱くない者は、そういった微かな声を聴くことに不慣れだ。しかも弱い声は一様ではない。強い声は時として均一で支配的だが、弱い声は繊細で多様だ。「むすび」のリハーサルは、そういった多様な声を認め、尊重する場であり、公演は聴き取りにくい声を届ける場となる。

そこにどんな声があるのか。九十二歳の男性(Dさん)が五歳の少女を演じる。Dさんは長年にわたって自らがゲイであることを秘匿していたが、二年前にカミングアウトした。五歳の女の子の声、台本を書いた浅田浩の声、九十二歳のDさんの声が共存する。二年前に「むすび」に参加したときは重い感じがあったDさんがリラックスしてときに軽口をたたく。Dさんのなかに閉じ込められていた声が解放され歌になる。その声は、表出されることを渇望していたのだ。全てのメンバーについてこのような表現の層が織りなされ、全体として多声の空間が出現する。観客は、芝居のゆるさに笑いながら、他方で捉えきれないほど多くの声が聴ける場にいる。

ココルームで働いていたアートマネジャーの原田麻衣は釜ヶ崎における表現活動を「そこにいた私と、それをつくった人の物語があり、一緒にいた状況が思い出されたり語られたりとか、空気だったりとか、そういうものが全部ある」という(中川:五一頁)。表現は日常生活や人格と分かち難く結ばれ、混在している。たとえば「村芝居」のように役者の人柄や私生活まで知りながら楽しむ演劇が近いイメージかもしれない。近現代の演劇は日常のくびきからパフォーマンスを引っこ抜き、劇場空間に囲い込んで非日常の別世界を組み立てた。そこで確立した批評は、スキル、完成度、新規性、独創性などを基準として機能する。そういう観点からすれば「村芝居」は批評の対象にすらならないだろう。しかし、それでいいのかという問いを「むすび」は投げかける。そこで要請されるのは近代的な批評が削ぎ落とした、文脈的(コンテクチュアル)で、曖昧さや弱さなどを正当に評価する批評の回復だ。「むすび」の美的で社会的な価値はここに存すると私は思う。

さて最後に一言述べておきたい。「弱さ」を軸とした「むすび」の捉え方は、現在のグローバル化による巨大な社会的歪みに対して一矢を報いる先鋭的な表現という方向性を示すが、「アンチ新自由主義」という点を主張すればするほど、それは新自由主義に依存する構造をもつ。表現の自由の問題も含めて、そういった「アンチ」

の言説空間はいまや我々のなかで大きく広がっているが、安易にそれに乗ることなく、寄らば大樹の陰にならぬような研究を、心してさらに進めてゆければと思う。

（1）加藤政洋「釜ヶ崎の歴史はこうして始まった」、原口剛・稲田七海・白波瀬達也・平川隆啓（編）『釜ヶ崎のススメ』洛北出版、二〇一一年、一六六頁。以下、ここにおける小史の記述は加藤の論考に基づく。従来、第五回内国勧業博覧会の整備のためのクリアランスによって住民が追い出され、今宮村に移住することによって釜ヶ崎が成立したという説が一般的であったが、加藤は精緻な資料批判を通してそれを否定し、市電の拡幅工事と警察署による掃討が原因であるとする。
（2）松繁逸夫「失業の嵐のなかで」、前掲『釜ヶ崎のススメ』二七四頁。
（3）上田假奈代の facebook のＵＲＬは以下の通り。https://booksarch.exblog.jp/1612287/

〈参考文献〉


伊藤紀恵『「シンプルに生きる」ということ――紙芝居劇むすびのマネージャー　石橋友美さんとともに学ぶ』鳥取大学二〇一三年度卒業論文、二〇一四年、四三頁。

上田假奈代「お互いの表現を認め合うことを大切にしたい」『福祉のひろば』二〇二〇年一一月号、社会福祉法人大阪福祉事業財団、二〇二〇年、一二―一五頁。

神田誠司『釜ヶ崎有情』講談社、二〇一二年、二四〇―二五九頁。

友岡雅弥「「むすび」いらんかねー、旅のお伴にいらんかねー」、石橋友美他（編）『おむすびころりスッテン TEN――紙芝居劇むすびの10年史』かみ芝居劇むすび（発行）、二〇一五年、六八―七一頁。

中川眞「地域を開く」『アートの力』和泉書院、二〇一三年、三七―六〇頁。

能川泰治「高度成長期以降の大阪・釜ヶ崎における高齢者の生存と共同性」、歴史学研究会（編）『歴史学研究』九〇一、青木書店、二〇一三年、一七―二六頁。

鷲田清一『〈弱さ〉のちから――ホスピタブルな光景』講談社学術文庫、二〇一四年、二五三頁。

五島朋子（ごとう ともこ）
鳥取大学地域学部教授　専攻＝アートマネジメント
「地域とともに未来をつくる劇場を目指して――鳥取県鹿野町 NPO 法人鳥の劇場の挑戦」（野田邦弘ほか編『アートがひらく地域のこれから――クリエイティビティを生かす社会へ』ミネルヴァ書房、2020 年）、「地域劇団と公立文化施設の協働が生み出す「わが町の劇場」――三股町立文化会館と劇団こふく劇場を事例として」（『地域学論集』第 16 巻第 2 号、2020 年）

中川　真（なかがわ しん）
大阪市立大学特任教授
専攻＝アーツマネジメント、サウンドスケープ、アジアの民族音楽
『平安京　音の宇宙』（平凡社、1992 年）、『アートの力』（和泉書院、2013 年）

［編者］
日比野啓（ひびの けい）
成蹊大学文学部教授　専攻＝演劇史、演劇理論
『三島の子どもたち――三島由紀夫の「革命」と日本の戦後演劇』（白水社、2020年）、編著書 *Music in the Making of Modern Japan: Essays on Reception, Transformation and Cultural Flows* (Palgrave Macmillan, 2021)

［執筆者］（掲載順）
本橋哲也（もとはし てつや）
東京経済大学コミュニケーション学部教授　専攻＝カルチュラル・スタディーズ
『ポストコロニアリズム』（岩波新書、2005年）、『『愛の不時着』論』（ナカニシヤ出版、2021年）

鈴木理映子（すずき りえこ）
ライター、編集者　専攻＝近現代日本演劇
『日本の演劇――公演と劇評目録　1980年〜2018年』（監修、日外アソシエーツ、2019年）、「漫画と演劇」（共著、神山彰編『演劇とメディアの20世紀』森話社、2020年）

舘野太朗（たちの たろう）
東京文化財研究所無形文化遺産部研究補佐員など　専攻＝日本芸能史、民俗芸能
「「相模の團十郎」たち――村芝居の興行」（神山彰編『興行とパトロン』森話社、2018年）、「民俗藝能の大正――民衆藝術・ページェント・郷土舞踊」（『都市民俗研究』第24号、2019年2月）

片山幹生（かたやま みきお）
大阪市立大学大学院文学研究科都市文化研究センター研究員
専攻＝中世フランス文学、フランス演劇
「『恋愛の誕生』をめぐる言説――シャルル・セニョボスの「神話」の形成について」（『フランス語フランス文学研究』第112号、2018年）、「典礼から演劇へ――典礼劇の言葉と音楽」（『Études française』第27号、2020年）

畑中小百合（はたなか さゆり）
大阪大学非常勤講師　専攻＝民俗学
「憑依と演劇――メディアの向こうの「なまなましい」身体をめぐって」（川村邦光編著『憑依の近代とポリティクス』青弓社、2007年）、「戦時下の農村と演劇――素人演劇と移動演劇」（『演劇学論集』第47号、日本演劇学会、2008年）

「地域市民演劇」の現在——芸術と社会の新しい結びつき

発行日…………………………2022年3月1日・初版第1刷発行

編者……………………………日比野啓
発行者…………………………大石良則
発行所…………………………株式会社森話社
〒101-0047 東京都千代田区内神田1-15-6 和光ビル
Tel 03-3292-2636
Fax 03-3292-2638
印刷・製本……………………株式会社シナノ

ISBN 978-4-86405-165-1 C1074

近代日本演劇の記憶と文化（全8巻）

第1巻　忘れられた演劇　神山彰編

明治期から戦後の女剣劇まで、小芝居、女芝居、節劇、剣劇、宗教劇、連鎖劇など、今日ではほとんど忘れられたさまざまな演劇領域と役者たちをとりあげ、近代化が進む日本が失ってきた演劇の面影をたどる。各巻A5判352頁／4950円（定価10％税込）

第2巻　商業演劇の光芒　神山彰編

新派、新国劇をはじめ、東宝系演劇や松竹新喜劇などの多彩な「商業演劇」は、近代演劇史のうえでなぜ語られることが少なかったのだろうか。明治末期から戦後まで、多くの人々の記憶に鮮明に残る黄金時代の輝きをよみがえらせる。376頁／5060円

第3巻　ステージ・ショウの時代　中野正昭編

20世紀を絢爛豪華に飾った少女歌劇、レヴュー、裸ショウなど多彩な「ステージ・ショウ」の世界。大衆社会の憧れや欲望を反映した舞台の誕生を、宝塚や浅草、丸の内など日本を中心に、ヨーロッパ、アメリカ、東アジアの都市と劇場にも見る。400頁／5280円

第4巻　交差する歌舞伎と新劇　神山彰編

歌舞伎と新劇は、今では漠然と対立的に捉えられているが、実際には明治期以来、横断的な人的交流があり、相互に影響・補完しあう関係にあった。さらに新派や前進座、アングラなどもふくめた、近代演劇の複合的な展開を多角的に考察する。352頁／4950円

第5巻　演劇のジャポニスム　神山彰編

幕末・明治期の芸人たちに始まり、無名の役者から歌舞伎俳優まで、外国人の欲望に応えて海外で演じられたさまざまな「日本」。興行的な要請のなかで曲解を含みながら海外で演じられ、そして日本にも逆輸入された近代演劇の複雑な容貌をたどる。368頁／5060円

第6巻　戦後ミュージカルの展開　日比野啓編

現在の日本で最も人気のある演劇ジャンル、ミュージカル。東宝・松竹の興行資本による戦後黎明期から、新劇、アングラ、劇団四季、ジャニーズ、2・5次元ミュージカルや地域市民演劇としてのものまで、多種多様な形態を初めて包括的に論じる。392頁／5280円

第7巻　興行とパトロン　神山彰編

興行師やパトロンなどの複雑な人的交流によってつくられる「近代演劇」。開化と改良の時代から現代まで、企業資本や政財界人による近代的な整備と関与の一方で、興行師、花柳界、小芝居や村芝居など、興行をめぐる多層的世界をさぐる。368頁／5060円

第8巻　**演劇とメディアの20世紀**　**神山彰編**

20世紀の演劇を考えるとき、近代に発達した印刷や写真、音声、映像などの多種多様なメディアの存在を抜きには語れない。多くの人々が舞台や役者を記憶にとどめ、想起するときの、それらメディアの果たした役割を検討する。368頁／5060円

＊　＊　＊

近代演劇の脈拍——その受容と心性

神山彰　舞台の豊かさは、過去からの多層的な記憶とともにあり、その周辺の気配や時代の色彩、陰翳によって鮮やかに彩られている。明治期から平成期までの約150年の生動感に溢れた「近代演劇」の芸談や批評、思い出から浮かび上がる各時代の欲望と多面的様相を描き出す。A5判392頁／5390円

近代演劇の水脈——歌舞伎と新劇の間

神山彰　新派、新国劇、宝塚、軽演劇等々の複合的、中間的な領域の演劇は、歌舞伎の変容や新劇の盛衰とどう関わったのか。また、劇場の明りや匂いなどから、近代の演劇空間の変貌を子細に読み解く。A5判400頁／6160円

幻影の「昭和芸能」——舞台と映画の競演

藤井康生　『滝の白糸』『明治一代女』『国定忠治』『瞼の母』『曾根崎心中』『忠臣蔵』など、かつての名作・人気作品の舞台と映画の関係を検証し、多彩な「昭和芸能」の魅力をさぐる。A5判448頁／3960円

浅草オペラ　舞台芸術と娯楽の近代

杉山千鶴・中野正昭編　大正時代の浅草で熱狂的な人気を博した「浅草オペラ」。理想的な西洋の芸術と、日本の大衆や現実の興行が出合うなかで誕生し、大正の芸術と娯楽を彩りながら、やがて昭和のモダニズム文化にもつながった浅草オペラの人と舞台を多角的にさぐる。四六判296頁／3080円

俄を演じる人々——娯楽と即興の民俗芸能

松岡薫　その年の祭礼だけで上演され、台本や記録を残さないことが多い「俄」。世相風刺や機知に富む滑稽な小芝居は、いつ頃から作られ、どのように上演されてきたのだろうか。北部九州での現地調査から、制作と上演の様子をつぶさに観察し、この即興芸能が創出される現場をリアルに捉える。A5判280頁／7040円